日本語教育学の新潮流 22

中国人日本語学習者の学習動機はどのように形成されるのか

*M-GTA*による学習動機形成プロセスの構築を通して見る日本語学校での再履修という経験

中井好男

Using a modified grounded theory approach to investigate the motivation of a language learner of Japanese from China repeating a level at Language School

Using a modified grounded theory approach to investigate
the motivation of a language learner of Japanese
from China repeating a level at Language School

First published 2018
Printed in Japan

Coco Publishing Co., Ltd.

ISBN 978-4-86676-009-4

まえがき

本書は2009年度に提出した大阪大学文学研究科博士学位申請論文に加筆、修正したものである。修正版グランデッド・セオリー・アプローチを用い、日本語学校で学ぶ中国人日本語学習者の学習動機の形成プロセスを理論化することで、再履修という経験について理解するとともに日本語教師や日本語学校のあり方について考える内容となっている。

筆者が日本語教育に携わるようになったのは2001年のことである。当時勤務していた日本語学校では、特に中国からの学習者の増加が著しかった。日本が留学生の受け入れを拡大していたことや中国における経済発展の波が留学の大衆化をもたらしていたことがその背景にあったからである。そのため、様々な背景を持つ中国人学習者が来日し、学校では学習者のやる気のなさが目立つようになるなどの変化が見られるようになった。アルバイトに専念したり、成績が到達目標に届かずコースから落第したりする学生が多くなっていった。筆者は、決して恵まれた環境にあるとは言えない若い世代の中国人就学生に関わる中で、彼らと教師との隔たりを感じるようになった。その隔たりは日本語学校での権威的な教師と学習者の間にある格差であり、学習者についての教師の理解、歩み寄りが足りないことから生じているのではないかと考えた。そこで、当時大学院に通っていた筆者は、学習動機の形成という側面から学習者の理解を促す研究を修士論文の研究として行うことにした（中井2006）。学習動機は学習者を取り巻く文脈によって形作られるものであり、教師もその要因として存在している。そのため、教師のあり方も見据えながら学習動機の形成を取り上げることで、彼らに関わる教師に学習者について理解する機会が生まれると考えたからである。

中井（2006）ではグラウンデッド・セオリー・アプローチを用いて再履修者や教師へのインタビューデータを分析し、学習動機の形成とそれに関わる要因を理論として示した。この再履修者というのは、進級に関わるテストの成績がよくないため、進級せずに再度同じレベルで学習する学習者のことである。この中井（2006）で得られた理論は、現場に応用することで、中国人就学生の学習動機の低迷を改善できるという点で有用であったと言える。しかし、その分析方法やデータの扱い方などに改善の余地があったため、その内容を改訂し、不足点を補う形で本研究を進めた。

本研究では、

（1）学習者がなぜ規定のコースから落第することになるのか

（2）再履修をすることによって学習者はどのような影響を受けているのか

という2つの命題を明らかにするとともに、学習者を再履修者へと導く要因や学習者が再履修者となる過程で起こっている変化、また、再履修という措置がもたらす心理的な影響や日本語学習に与える影響など、学習者に起こっている現象やそれに対する彼らの気持ちを理解することを目的とした。本研究は、学習者の成績や日本語の運用能力の分析を通して、再履修という制度の妥当性を検討したり、その制度を改善したりすることに主眼があるのではない。再履修という制度が学習者にどのような影響を与えているのか、また、再履修者となる、あるいは再履修者になった学習者はどのような経験をしているのかを明らかにすることが目的である。以下に、本書の構成とそれぞれの部で述べる内容について簡単にまとめておく。

第1章　本研究の位置づけ

第2章　再履修者のインタビューデータを用いたM-GTAによる学習動機の分析

第3章　ケース・スタディによる再履修者の日本語学習の分析

第4章　教師のインタビューデータを用いたM-GTAによる教師の対応の分析

第5章　考察

第1章では、本研究に至った経緯と日本の留学生の現状について述べる。留学生の増減に関する動向や日本政府の取り組み、研究を行った当時の中国人留学生に見られる変化なども示す。また、中国人日本語学習者や第二言語教育における学習動機に関する先行研究について概観し、本研究の位置づけを行う。

第2章では、初めに、質的研究と質的研究方法を採用する必要性について述べる。そして、中井（2006）で採用したグラウンデッド・セオリー・アプローチと本研究の骨格となる理論を導く修正版グラウンデッド・セオリー・アプローチについて概観する。最後に、調査協力者と調査方法について示した後、中国人再履修者を対象に行ったインタビューデータを用いて、本研究の骨格ともなる学習動機形成プロセスの理論構築を行い、その理論について考察する。

第3章では、教室で再履修者は実際にどのように学習を進めているのかを授業観察によるケース・スタディを用いて明らかにする。そして、第2章で得られた学習動機形成プロセスの理論の不足点を補うために、第三者としての筆者の視点を導入したケース・スタディの結果を理論に統合し精緻化を図る。

第4章では、教師に行ったインタビューデータを用いて、教師がどのように再履修者を捉え、対応しているのかを分析する。そして、教師のインタビューデータの分析結果を第3章までで得られた理論に組み込み、中国人就学生の学習動機の変遷に関する理論を完成させる。第2章では再履修者の視点、第3章では第三者としての筆者の視点を理論に取り入れたが、教師の視点を取り入れることで、学習動機形成プロセスの理論の客観性をさらに高めることができると考えられるからである。

第5章では、最終的に得られた理論をもとに考察を行い、そのうえで日本語教育に携わる者が考えるべき課題について述べる。

第4章 | 教師のインタビューデータを用いたM-GTAによる教師の対応の分析…………173

第*1*章 本研究の位置づけ

1 はじめに

1.1 「教室の風景」

〜初級クラスの*1*日〜

午後1時、教室のドアを開ける。そこには、いつものように学生たちが20名近く座っている。楽しそうに話している学生、眠そうにあくびをする学生、一生懸命電子辞書で何かを調べながら教科書を見ている学生。いつもの風景である。

教師:「こんにちは。」

この挨拶とともに1日の授業が始まる。出席を取っているときに駆け込んでくるのはいつものあの学生、Pさんだ。

教師　:「また、起きられませんでしたか。」
学生P:「はい、すみません。」

にこにこと少し照れたような様子で席に向かう。出席を取った後は事務連絡を済ませ、週末の出来事、ニュースなど身近にあった話でしばし学生たちと会話を始める。

学生P:「また昨日もお酒を飲みました。毎日毎日。」

いつも冗談を言うPさん。楽しく笑うみんなの声が響き渡る。

教師　　：「じゃ、今日もテストがありますから、宿題の答え合わせをしましょうか。」
ある学生：「また……。テストが嫌です。」

困ったような表情を見せるが、テストの前に、本を開いて宿題だったページの答え合わせをする。すると、教師の質問に元気よく答える。

教師　　：「質問は……。」
ある学生：「ありません。早くテストをしましょう。」

学生に質問をするや否や、催促の返事が返ってくる。テストを配布すると忘れないうちに書いてしまおうとペンを走らせる学生たち。20分ほどたてば全ての学生がテストを終わらせる。

教師：「それでは、勉強しましょう。」

カリキュラム通りに学生たちと学習を進めていく。

教師：「絵を見てください。これは……。」

学生たちは熱心に絵カードを見て、書かれている絵について口々に説明している。その説明の中に、ちらほらと学習項目となっている文型が聞こえてくる。予習をしているのだろう。あまり熱心じゃないクラスでも、こういう学生は1人ぐらいはいる。その日のターゲットとなっている文型の説明を終えた後は、ロールプレイなどを交えた練習を行う。

初級クラスと言えば、こういう熱心で積極的な学生が楽しく学んでいる景色が私の頭の中に映し出されるのであるが、その景色の中にどうしても気になる部分がある。和気藹々とした雰囲気の中にある小さな影。それは、他の学生とは全く違った雰囲気を見せる学生である。楽しそうな笑顔の中にある無表情。質問をすれば答えてくれるが、他の学生の発言の中にうずもれるようにじっと黙って座っている。

分からないことがあれば、学生は周りの学生にこそこそと聞いたり、すかさず教師に質問をしたりするものだが、それとは対照的に、電子辞書や本を眺めるだけで誰を頼ることもしない。それに、時折疲れきった様子で眠ってしまうこともある。

彼らはいつからこういう姿を見せるようになったのだろう。クラスに友達がいないのか、日本の生活がつらいのか、授業がつまらないのか。休憩時間に話しかけてみても、問題ないといった様子で、笑顔まで見せてくれる。それにもかかわらず、授業になると、なぜかこのようになってしまう。そして、時間がたつとともに、成績も伸び悩みやる気を失ってしまう。私たち教師の心配とは裏腹に、彼らはこの教室からどんどん遠くへ行ってしまうような気がする。初級のころからこういった態度を見せる学生は、上級クラスに上がるころには、手に負えなくなるほどひどい状況になってしまうこともある。教師の話も指示も聞かない、注意でもしようものならすぐに言い返してくるようになる。

学生S：「勉強はやっても無駄だからやりたくない、大学にさえ入れたらそれでいい。」

大学進学に向けて毎日熱心に勉強に取り組んでいた頃とは態度が変わってしまった彼らは、もう違う道を歩んでいるように思える。

～上級クラスの1日～

上級クラスでは、初級クラスで感じる「あどけない」雰囲気はもうない。1年以上の滞在で、全てに慣れてしまったのか、アルバイトで疲れているのか、そこにある雰囲気は初級クラスとは随分違っていることが多い。続けて同じクラスに入れば、昨日見なかった人が教室に座っていて、また、昨日見た人が今日は欠席、教室の学生の顔ぶれが日替わりで変わることもある。

学生Q：「先生、昨日も飲んだんですか。」
学生Z：「昨日は何をしてたんですか。デートですか。」

雑談に花を咲かせる学生たち。ところが教科書を開くと一変して重々しい雰囲気になる。眠ってしまう学生もいる。教師は本読みを当てたり、質問をしたりして学生の眠気を覚まそうとするが、それでも眠ってしまう。そんな場合は、学生の隣に行って肩をたたく。

このような状況であっても、ひとたび誰かが関係のない話題を持ち出せば、寝ている人まで起きてきてその話題に夢中になる。教師はこういう脱線も時には必要だと思い、集中力を持たせるために時折利用することもあるが、それでもどうしようもないことがしばしばある。もし、授業で寝ている学生を何度か起こしても起きない場合、その時間を欠課として扱うことがある。もちろん、欠課にするという警告は彼らに伝えた上でだ。しかし、彼らの中には、

学生W：「私は授業にいたのに、どうして欠課になっているんですか。欠課にする前に起こせばいいんじゃないですか。」

教師　：「何度起こしても起きなかったでしょう。次起きなかったら欠課にしますよと言ったでしょう。」

学生W：「私は知りません。起こされたのも全然知りません。」

このように教師に不平不満を言ってくることもある。また、何度起こしても起きない学生に、「起きなさい」といつもより強い口調で言ってみれば、

学生S：「頭が痛いから仕方がないでしょう。寝ていませんよ。伏せているだけです。どうして怒るんですか。」

と逆に学生に言い返されてしまうこともある。

こういったことは日常茶飯事で、悪いのは教師なのか、学生なのか、聞いている私にはどちらに非があるのか分からないような出来事を他の教師からもよく聞く。

クラスによって状況は異なるが、在籍期間が長くなればなるほど、やる気、集中力を持続させるのは難しいことが多い。こういう学生の変化を見ていると、私はいつも考える。私に何かが足りなかったのだろう。

今の私に何かできることはないのだろうか。話しかけるだけでは救えないし、それだけでは何の役にも立たないのは分かっていた。しかし、彼らを変えてしまった原因は一体何なのだろう。どうしてもそれを知りたい。それを知れば、少しは彼らの役に立てるかもしれない。

1.2　本研究に至るまで

筆者はこれまで、就学生[1]、留学生、短期滞在者、ビジネスマン、技術研修生など、様々な日本語学習者に関わってきた。筆者が日本語教師として初めて関わった学習者は日本語学校で進学を目指して日本語を学んでいる就学生である。教師になったばかりの頃は、学習者の立場により近い教師であろうと思いながら、日々日本語の授業に専念していた。先輩教師のやり方を何度も見学し、より“効果的”な日本語の指導方法を身につけようとしていた。そんな中、専任講師を続けながら大学院に進学することになったのであるが、当初の筆者が考えていた学習者の気持ちというのは、教師側の視点から捉えた学習者の気持ちであったのではないかと思うようになった。それは、自身が「再履修者」の対応に苦慮したことがきっかけである。

この再履修者というのは、筆者が勤務していた大阪府下の日本語学校に在籍していた特定の学習者のことである。この学校では、初級・中級・上級・超上級という4つのレベルが設定されていた。1学期はおよそ3か月で、各学期の最後に定期テストを行っているが、その結果によっては学習者の進級を認めず彼らに同じレベルにとどまってもらうことがあった。この同じレベルで再び学習する学習者が「再履修者」である。再履修者は再び同じレベルで学習することを嫌がり、教務課に上のレベルへ行きたいと訴えてくることもあった。同じ時期に入学した学習者の進級の流れから取り残されること、それによって周りの学習者から冷ややかな視線を浴びることになるなど、再履修者自身にかかる大きな心理的負担がその理由であることは想像に難くない。

筆者が勤務していた日本語学校は2001年以降、着々と学習者数を伸ばしていた。特に中国からの学習者の増加は著しいものがあった。クラスの規模は20人前後であったが、そのほとんど、あるいは、全員が中国出身者で構成されることも多かった。そのような状況の中、中国出身の再履修者も急激に増加した。中国出身の再履修者の急増の要因については、中国出身者の人数そのものが増えたこともあるが、次のような理由も当時の教師間の共通認識としてあった。それは、わがままな学習者や基本的な学習姿勢が身についていない学習者が増加したということである。教室で授業を始めても全く話を聞かない学習者、大きな声で私語をしている学習者、立ち上がって遊んでいる学習者、さらには、教師をからかう学習者も見られるようになっていた。このような学習者が全て再履修者になるというわけではなかったが、再履修者の中にも、こういった学習者が存在していた。

定期テストの結果によって進級を拒まれた再履修者は、授業に集中しない、指示を守らない、授業を聞かずに寝てしまう、さらに、アルバイトに多くの時間を費やすようになり、学校に遅刻したり休みがちになったりする傾向があった。つまり、再履修者は再履修をすることで、結果的に、「やる気」を失ってしまうのである。そのため、私を含め、フィールドの教師は教師として教室運営をするにあたって再履修者への対応が大きな問題となっていた。実際の教師の対応を見ると、注意するぐらいの対応しかできず、持てあましたり、手に負えなかったりして、放置しているのと同じ状況に陥っていたのである。

筆者はこの状況を目にし、学習者を再履修させるということに疑問を感じるようになった。また、彼らの気持ちを理解できているのかという疑問も持つようになった。再履修をするというのはどういうことなのか。クラスの友人から取り残される気持ちはどのようなものなのか。彼らはこれまで本当に努力してこなかったのか。そもそも、なぜ再履修をする必要があるのか。なぜ学習の効果が得られなかったのか。教師は彼らに「できない」とレッテルを貼る必要があるのか。数多くの疑問がわき起こった。

当時の教師たちは学習者に再履修させることによって、到達目標に達していなかった学習事項を埋めることができると信じていた。しかし、実際には再履修によって、学習者はやる気を失い、教師はそんな彼らから遠のいていく。つまり、教師が学習者のためになると考えて取った再履修という措置は、彼らの学習状況を悪化させるだけではなく、再履修者は勉強ができない学習者であるという認識を教師に生み、教師自らが再履修者と距離を置くようになるという結果を招いていたのである。この状況を改善するには、学習者自身を理解する必要があるのではないかと考えた。再履修という状況に陥る原因や再履修させられる学習者に起きている現象など、彼らの置かれた状況を把握する。そうすれば、教師が持つ再履修に対する認識を改め、彼らの学習環境を改善することができるかもしれない。このような思いから、彼らを取り上げた研究を始めるに至った。

筆者は修士論文の研究において、中国人再履修者を対象に、学習動機という側面から調査を行った（中井 2006）。中国人再履修者、担当教師へのインタビューデータを質的研究方法の1つであるグラウンデッド・セオリー・アプローチを用いて分析した。その分析を通じて、なぜ彼らが再履修をすることになるのか、また再履修が彼らにどのような影響を与えているのかという点を明らかにした。その結果、「孤独感」、「自立心の芽生え」、「学習性無気力」、「日本語学習の場の移行」といった要因が学習者を再履修へと導くことが示された。また、再履修者には、再履修という事実から受ける学習者自身の心理的要因、クラスメートとの関係などのクラスに関する要因、さらに、ピグマリオン効果といった教師とのインタラクションに関する要因が影響を与えていることも分かった。さらに、これらの理論からその中核に位置する中核カテゴリー「日本語教師の教師文化」を抽出した。日本語教師が持つ学習者観といった教師の背景にある教師文化が、再履修者のみならず学習者の日本語学習に大きな影響を与えていることが明らかとなった。

しかし、この修士論文の研究には改善すべき点があった。それは、再履修者、教師、クラスメートというそれぞれ異なる視点から得られたデータをその質的な差異を無視して分析したことである。また、インタビューデータからの分析のみであり、第三者の視点による実証もなされていなかったため、妥当性の担保など多くの問題点が残った。そのため、これらの修士論文の研究の不備を補完し、新たな調査分析を行うことで、得られる結果をより有益なものにすることを目的として本研究を行った。理論の妥当性・客観性の担保という課題の解決を見据え、再履修者の視点で捉えた事実、教師の視点で捉えた事実、第三者としての筆者の視点で捉えた事実という3つの観点から再履修という経験についてのより深い理解を進めることを目指した。

2 外国人留学生の現状

2.1 日本における留学生の受け入れに関する政策

戦後の日本は目覚ましい経済発展を遂げ、世界でも有数の経済大国となった。それに伴って世界における日本の地位も向上し、国際的な役割を担う立場になったことで、文化交流や人材育成など、人や文化の交流を通じた国際社会への貢献の必要性が高まった。そこで、1983年、中曽根康弘内閣は「留学生10万人計画」を打ち出し、留学生受け入れ数を21世紀の初頭までに、当時のフランスと同程度の10万人にまで引き上げるという目標を掲げた。留学生10万人計画が発表された後、日本では留学生受け入れ数を増やすために、様々な施策が講じられた。国費留学生の枠や奨学金・学習奨励費支給の拡大、ビザ発給に関わる審査の緩和、国内外での日本留学試験の実施などの施策である。これらの施策によって、多少の増減はあったものの、留学生数は着実に伸びてきた。その留学生数の変化については図1に示すとおりである[2]。

その後2007年に政府では留学生の受け入れをさらに増やすべきではないかという声が高まり、「留学生30万人計画」という政策の骨子が2008年7月に作られた。これは、2020年を目途に留学生の数を30万人に拡大することを掲げたもので、これによってさらなる留学生の増加を目指した取り組みが始まることになった。

次に、留学生10万人計画、留学生30万人計画、就学生を取り巻く状況、中国人日本語学習者の多様化について述べる。

2.2 留学生10万人計画とこれまでの留学生の受け入れに関する政策

留学生10万人計画は、1983年の「21世紀への留学生政策に関する提言」や1984年に文部省で行われた「21世紀への留学生政策に関する展開」という会議の報告の中で形作られた方針である。「21世紀への留学政策に関する提言」が出された当時、国費外国人留学生制度という制度があったが、留学生の数は8,116人にとどまっていた。このような状況の中、国際社会における日本の役割について議論されていたこともあ

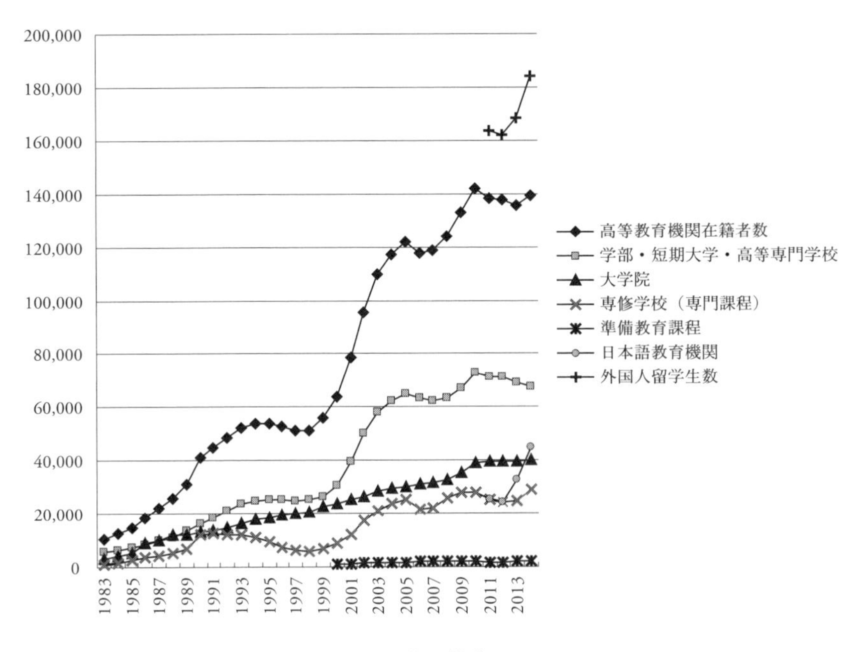

図1　外国人留学生数の推移（各年5月1日現在）

り、この留学生10万人計画が出されることとなった。また、この計画が出された当時、中国では改革開放政策で私費留学が認められるようになり、日本留学の需要が高まったが、これがその後の日本の留学生数を押し上げる要因となった。

この提言が出された1983年以降、留学生の数は急激に伸びた。1983年から1992年までの10年間で、1万人程度であった留学生数が5万人にまで増加した。当時は在留資格「就学」の前身となる「4-1-16-3」という在留資格を持つ学習者が日本語学校に入学し、日本語を学習していた。日本語学校は大学に留学生を送り込むという役割を担っていたが、学校としての認可制度もなく、法制度の面で何も整備されていなかった。そのため、どのような形態であっても自由に日本語学校が経営できる状態にあり、学校側が入学許可書さえ発行すれば、海外からの留学生を受け入れることができた。次に、日本語教育機関数の推移（図2）と、上位3位の出身国・地域からの留学生数（2010年以前は就学生数）の推移（図3）を示す[3]。それによれば、2015年現在日本に存在する日本語教育機関は334機関あり、その機関に在籍する日本語学習者数は50,847人に上っている。その中でも最も多いのが中国人の17,655人で全体の34.7%を占めていた。それに次いで、ベトナムが15,715人で30.9%、ネパールが6,301人で12.4%と続いている。「就学」が「留学」と一本化された2010年は、中国が29,271人（67.0%）、韓国が6,708人（15.4%）、台湾が1,924人（4.4%）という順位であったが、特に日本語教育機関に在籍する学習者は、就学、留学という在留資格にかかわらず中国出身者が最も多くなっていることが図3から分かる。

このように、日本語学習者の在籍数は中国出身者がその大半を占めている。特に2009年から2012年までは中国出身者が全体の6割を占めていた。2012年まで2番目に多かった韓国は2008年までは7,000人程度から10,000人程度へと安定した伸びを見せていた。しかし、その後減少し2013年以降はベトナムやネパールの在籍者数が伸び韓国を上回るようになった。一方、総数の変遷を見ると、2012年までは中国出身の在籍者数と連動して増減していることから、中国出身者の数が日本にいる就学生の総数を左右していたということが分かる。2012年以降の総数については、中国出身者数の変動とは関係なく急激な増加に転じているが、これはベトナムやネパールなど、中国以外の国・地域出身の在籍者数が全体的に増加傾向にあることが影響している。また、2010年まで在留資格の上では、就学生は留学生と区別されていたが、留学生10万人計画の数には両者ともに含まれている。この就学生の7割が日本語教育機関を修了した後、国内の大学や大学院、専門学校などに進学しており、留学生の予備軍であった[4]ことを考えると、就学生の受け入れの減少は留学生数に大きな影響を与える要因であるということになる。

留学生10万人計画が発表された1980年代はバブル経済の真っただ中であった。この発表を受け、法務省入国管理局（以下、入管とする）が留学生のアルバイトを認めるようになったことから、日本の企業の中には、人手不足を補う目的で日本語学校を設立する動きも見られた。認可制度などの制度が整っていないことに加えてバブル経済の絶頂期であったこの時期、日本語学校が乱立し、入学許可書が乱発された。入学金や授業料を納めたにもかかわらず入国ビザが取れないということで上海の領事

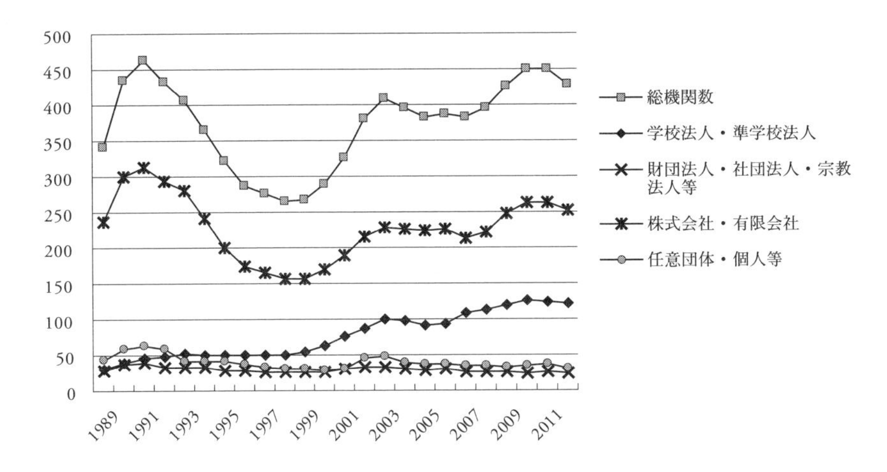

図2　日本語教育機関数の推移（各年度末。ただし、平成27年度は平成28年1月31日現在）

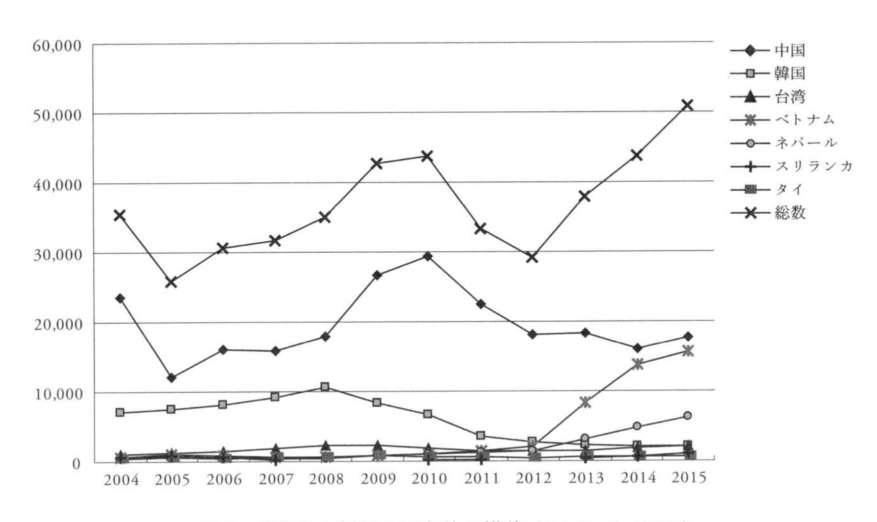

図3　就学生の新規入国者数の推移（各年度7月1日現在）

館が取り囲まれた、いわゆる「上海事件」はこのときに起こっている。このように、80年代後半から90年代の初めにかけて急増した日本語学校の学習者が、日本語学校卒業後に大学に進学したため、1993年の留学生数が5万人を超えるようになったのである。

しかし、5万人を超えてからは10万人に到達する過程で数の伸びが停滞した。これは、日本語学校の乱立や入学許可書の乱発が引き起こした混乱を理由に、入管が入国審査を厳格化したからである。これと同じ時期である1990年には、改正入管法（以下、入管法とする）が施行され、在留資格が再編されることとなった。この再編により「就学」と「留学」という在留資格が創設された。就学生は学校法人として認可を受けた専門学校の日本語教育機関を除き、高等学校、専修学校、各種学校、日本語学校などに在籍する外国人留学生を指し、留学生は大学院・大学・専門学校などで教育を受けている外国人留学生を指していた。改正以前は、「就学」は「4-1-16-3」、「留学」は「4-1-6」という在留資格であった。改正前の「4-1-16-3」という在留資格は比較的取得しやすく、日本語学校などでの語学学習や文化交流などを目的とする外国人に発給されていた。この「4-1-16-3」を含め全ての在留資格は入管法の条項を示した記号によって表示されていた。しかし、この表示が分かりにくいということもあり、在留資格の表示が「就学」、「留学」、「人文知識・国際業務」といったように具体的な活動内容を示す表示となった。その後、「就学」と「留学」は2010年に「留学」への一本化が実施され、現在に至っている。

一方、この入管法が改正された1990年には、財団法人日本語教育振興協会が設置され、日本語学校の審査認定が実施されるようになった。この審査認定は、日本語学校の設置に混乱が見られたことから、日本語教育や国際交流を担う学校としての制度を整えるために行われた。しかし、入管の日本語学校に対する認識は変わらず、就学ビザの発給率は伸び悩んだ。この時期は大学に直接入学する留学生の数が伸びなかったこともあるが、就学生に関する出入国管理政策が当時の日本の留学生数の停滞の主な原因の1つであったと言える。しかし、停滞していた就学生数は1996年から増加傾向に転じた。それは、不法残留の発生率をもとに国や学校別に就学に関する審査を行うようになり、それと同時に在留に必要な身元保証人の制度を廃止したからである。この審査に関わる変更に伴って就学生の数が2000年に入るまでに2万人近くにまで増加した。

2000年以降、留学生数は留学・就学在留資格認定の審査が大幅に緩和されたことによって急増した。就学生の数も増加傾向にあったが、これには日本語教育機関などの受け入れ機関による査証発給の代理申請を認めたほか、資格外活動であるアルバイトの規制も緩和されたことが影響している。しかし、2003年度には留学生の数が激減した。これは2003年度の留学・就学希望の外国人に対する在留資格審査において、入管の政策方針が厳格化された[5]ためであり、申請者のうちおよそ54%が不認定となったからである[6]。その中でも最も数を減らしたのは中国出身者で、申請者の7割を占めていた全中国人申請者の約75%が不認定となっている。翌年の2004年度、その翌年の2005年度も主として中国からの留学生や就学生が減少した。この2年間における就学生の状況を見れば、「「就学」はあきらかに中国からの入国者数の増減によってのみ、その年の入国者数全体が決定していることが分かる。2004年及び2005年の中国の申請数に対する認定証明書交付率は50%～40%程度とされており、日本語学校に対する需要圧力は強いものの、在留審査をクリヤーできないという状況」であった（http://www.abk.or.jp/asia/pdf/20061225.pdf 2016/2/1）。在留資格の上では、就学生は留学生と区別されているが、留学生10万人計画の数には両者ともに含まれている。この就学生の7割が日本語教育機関を修了した後、国内の大学や大学院、専門学校などに進学しており、留学生の予備軍となっていた[7]状況を考えると、就学生の受け入れの減少は留学生数に大きな影響を与える要因であったということになる。

2.3　留学生30万人計画に関する動向

このように、留学生数は、実質的には社会的な影響などを考慮した出入国管理の方針によって大きく左右されている部分はあったが、留学生10万人計画に基づいた政策によってその数を伸ばしてきた。10万人を突破し当初の目標が達成されたころ、産業界や経済界、国連から日本は高齢化に伴う経済の衰退が懸念されるため、海外から労働者や高度人材を受け入れる必要があると指摘されていた。それを受け、経済財政諮問会議ではさらなる留学生数の拡大だけではなく、質に関する議論、つまり、いい留学生をより多く確保しようという議論がなされるようになった。この質と数の確保という議論の背景には、先述のような状況に加え、日本を含めた世界各国の社会と経済のグローバル化に伴って、優秀な人材を高等教育の段階から日本へ誘致しなければ国際競争に勝てないという認識が生まれたことがある（太田・白石2008）。それまでは、日本政府は国際協力、国際貢献という視点に立った留学生の受け入れを進めてきたが、国益という視点から高度人材を早期に獲得するための受け入れ政策の策定を重要視し、国際貢献ではなく国家戦略として留学生受け入れ態勢を整えなければならないと考えるようになった。そこで、第165回国会における安倍晋三首相（当時）の所信表明演説を受け、日本がアジアと世界の懸け橋となるという「アジア・ゲートウェイ構想」の検討が始まった。アジア・ゲートウェイ戦略会議は2007年に報告書を取りまとめ、「国際人材受入・育成戦略」を掲げた。そこでは、高度な国際人材を受け入れ、そのネットワークのハブを構築することで日本経済の継続的な発展を促すことが謳われた。そして、海外での留学生の獲得、海外における日本語教育機関の増大、産学官連携の留学生就職支援、国費外国人留学生制度の充実など受け入れの促進に関する具体的な方針が挙げられている。

その後、経済、教育などの部門においても留学生の受け入れ促進について討議され、より具体的な方策が打ち出されている。そこで策定されたのが、「留学生30万人計画」である。その中でも注目したいのは、質の高い留学生を受け入れる大学を設定し、重点的な支援を行うという「グローバル30」というプログラムの稼働である。これによって、国内に国際化の拠点となる大学が13設定され、留学生の受け入れや支援、環境の整備などが推し進められた。このグローバル30に関しては、文部科学省は2014年、国際化拠点である「グローバル大学」を重点支援するために「スーパーグローバル大学」を新たに創設している。また、大学などの教育機関における在籍管理の徹底と、入国時の在留査証の申請や更新、変更などに関わる審査の簡素化と期間の短縮を図ることも掲げている。これは日本における外国人の就労者数が近年大幅に増加しているという背景から、留学生の就職をさらに促進することで高度な人材を確保しようとするためである。また、当時はすでに「アジア人財資金構想」が開始されており、大学と企業の連携のもと、必要となる技術や専門知識、ビジネス日本語などの教育といった就業支援も行われていた（白石2007: 2–8）。

このように、日本の留学生受け入れ政策は単に国際交流や国際貢献を目指すだけではなく、留学の入口から就職までを支援しながら高度な人材を獲得することも視野に入れて進められるようになった。受け入れの際の手続きを簡素化し、日本の技術や日本文化など日本の魅力を訴えることで外国人留学希望者の目を日本に向けてもらう。来日後は、改善された学習環境の中、奨学金などでの経済的な支援を行い、卒業時には就職のサポートを行う。それには、経済界や教育分野、政府といった産学官の連携が重要である。しかし、それらの連携もさることながら、出入国管理に関わる政策や海外において激化する留学生獲得競争への対策といった課題についても検討していかなければならない。

2.4　就学生を取り巻く状況

前節で述べたように、留学、就学という2つの在留資格は留学に一本化された。これは、2008年に福田康夫首相（当時）の下で策定された留学生30万人計画の実現に向け、留学生の増加を狙ったものである。それまで、諸外国ではこういった区別がないという現状から、日本も一本化するべきであるという指摘があった。また、受入先となる教育機関からも一本化を要請する声があったが、日本の法務省は不法残留などの問題を避けるために一本化には消極的であった。しかし、不法就労等の問題が減少していること、改正入管法で導入される在留管理制度により一本化が可能であると判断されたため、2009年度から順次実施されることになった。

この一本化によって、就学生の環境が改善された。それまで、就学生は留学生に比べて不利な点が多かったのである。それは、就学生となるための就学ビザを取得する際の書類審査に関する条件や、就学生としての生活環境、例えばアルバイトに関する制限や奨学金などの学習補助に関するものが挙げられる。ここで、本研究の研究協力者である就学生が置かれていた状況について述べる。

まず、日本語学校等で学ぶ際に必要な就学ビザを取得するために必要な書類は、その日本語学校が適正校であるか、非適正校であるかによって異なっていた。この違いは、2000年に入管が審査条件を大幅に緩和したことから生じている。この適正校、非適正校は入管が定めるもので、不法就労者や不法滞在者の数が学校の在籍者数の3%を超えるか否かで決定されていた[8]。適正校であれば就学ビザの期限が1年、非適正校であれば半年になり、日本語学校が適正校であるか非適正校であるかによって就学ビザの期限が異なった。それに加えて、非適正校という認定が下されれば、新しく入学を希望する学習者のビザ申請に関する提出書類が多くなり、その審査も厳しくなっていた。

調査協力校があった関西地方で適正校の場合に必要となる書類の一部を次に挙げる。関西地方に限定したのは、地方によって管轄する入管が異なっており、各地方の入管に提出する書類も異なるからである。また、学習者の出身国、出身地域によっても条件が異なる場合があるため、ここでは本研究の調査対象となった中国出身者について述べる。

就学生の在留資格となる就学ビザ申請時には、日本語能力試験4級合格、あるいはそれに相当する150時間以上の日本語学習歴の証明書と、最終学歴の卒業証明書を提出しなければならなかった。さらに、就学期間の2年に必要な預金残高の証明も必要であった。この預金残高については300万円必要とされていた。しかし、これらの書類以外にも、さらに厳しい条件が付されていた。

中国での日本語学習歴の証明書や最終学歴の卒業証明書、預金残高証明書を提出しなければならなかった。しかし、預金残高証明書は、偽造の事例が多く発見されて以来、その証明書の信頼性が低くなり、かなり懐疑的に見られる傾向にあった。さらに、日本語学習歴の証明書に関して言えば、150時間の日本語学習はどのような日本語教育機関で行われたのかということも厳しく審査された。仮に、日本語学習証明書を発行する機関が、過去に偽変造などを施した証明書を発行したことが疑われる日本語教育機関であれば、その日本語学校が出す証明書とは別に日本語能力を証明する必要があった[9]。

卒業証明書や預金残高証明書に関しては、「最終学歴卒業証書調査票」

や「預金残高証明書調査票」[10]の提出が別に求められた。さらに、預金残高証明書については、その証明書で表示される額面通りの金額が、実際に就学生本人のために使用されるということを立証することが求められる場合もあった。また、就学ビザ更新時には、就学ビザ申請時に記載した経費支弁方法のとおりに、保証人からの送金が記されている預金通帳のページのコピーなどを提出しなければならなかった。こういった状況は中国に限らず、ミャンマー、バングラデッシュ、モンゴルからの就学生に対しても厳重に行われていた（http://www.abk.or.jp/asia/pdf/0501b.pdf 2016/2/1）。

以上、関西地方にある日本語学校に求められていた書類を挙げたが、さらに、日本全国にある日本語学校が提出しなければならなかった書類を挙げる。それは中国で行われる統一試験の点数である。この統一試験というのは日本のセンター試験にあたるもので、中国の高校生が大学に進学する際に学生が一斉に受験する試験のことである。この統一試験は中国の教育庁という官庁が管理しており、ビザを申請しようとする者は、教育庁に書類の申請をしなければならなかった。そもそもこの書類は、入管ではなく日本語教育振興協会が提出を求めたものであった。日本語教育振興協会が中国の教育庁から申請料の一部を受け取る形で進められていたのである。しかし、後に入管でも審査の参考資料として認知されるようになり、この書類の提出がない場合、入管に未提出の理由を改めて説明しなければならなくなった。こうして発給される就学ビザの期間は最長で2年であり、2年間の滞在を終えた就学生が、仮に大学や専門学校の受験に失敗していれば、それらの在留資格である留学ビザへの変更ができないため、帰国を余儀なくされた。

就学中のアルバイトに関して言えば、就学、留学ともに資格外活動許可書を取得する必要があり、就労時間に制限が設けられていた。就学生では1日4時間、週に20時間以内で、留学生は1週間に28時間以内となっていた。留学生については長期休暇であれば1日8時間の就労が認められていたが、就学生には認められていなかった。就学生の場合、時給900円のアルバイトを週に20時間、1か月行うと、その収入はおよそ72,000円となる。これは、住居費や光熱費、食費など日本の物価を考慮すると、留学生活を支えるには決して十分とは言えない条件であると言える。また、実際には、来日時に必要とされる300万円の資金を持って来日する学習者は少なく、アルバイトで経済的な補填が必要となる状況であった。

さらに、奨学金や交通機関などの料金の減免といった面でも就学生は留学生に比べて冷遇されていた。就学生は、通学定期に学割が適用されないばかりか、政府の留学生支援もほとんど受けることができなかった。当時、日本政府が就学生に対して支給している奨学金には、日本語教育機関就学生学習奨励費というものがあった。しかし、この奨学金を受けている就学生は、日本全国の日本語教育機関の中のわずか1,200人、就学生全体の3％ほどにすぎなかった（http://www.jpss.jp/life/index.html 2009/8/19）。大学や大学院に所属する留学生は、授業料の減免措置を受けることができたが、日本語学校に所属する就学生は、一部の学生に対して支給される奨励金などを除き、授業料の減免措置はほとんど行われていないという状況であった。

2.5　中国人日本語学習者の多様化

図3にも示されているように、日本語学校における中国出身者は、増減を繰り返しながらではあるが、外国人留学生の中で一番多くの割合を占めている。先にも述べたことであるが、留学生の増加の要因としては、中曽根康弘首相（当時）の留学生10万人計画によって、日本政府が留学生の受け入れに積極的な姿勢を示し、1984年に就学生の入国手続きを簡素化したことが挙げられる（浅野1997）。そして、特に中国出身者が多いのは、中国が対外開放政策に基づき、従来の海外留学制限を撤廃し、私費を含む留学を自由化したということ、さらに、中国国内の経済発展などによって留学が大衆化したことも要因であったと考えられている。

また、浅野（2004）では、中国人留学生・就学生の出身地域における変化について述べられている。90年代前半に来日していた留学生・就学生は、上海や北京などの大都市出身の大卒者で、20代後半から30代の専門職・管理職の人々が多くを占めており、大学院進学を目的としていた。しかし、本研究を行った当時は、中国東北地方の地方都市や農村の出身で、地元の高校や専門学校を卒業してから来日する人が多かった。彼らのほとんどが20代前半で、大学入学を目指していた。東北地方の中でも、特に瀋陽や大連といった都市には日系企業が多数進出しており、日系企業への就職を希望する人が多かった。そして、東北地方では第一外国語が日本語の中学や高校も多く、日本語の学習歴を生かせることから、日本が留学先として選ばれていた。就学ビザ取得に際しても、日本の入管は日本語能力を重視していたため、東北地方出身者の比率が特に高くなっていたと考えられる。また、朝鮮族・モンゴル族等の少数民族が多いことも特徴であった。このような変化の背景には中国の経済発展の地域格差があると言われている。改革政策によって発展が進む大都市では日本よりも英語圏への留学が盛んになる一方で、経済が停滞する中国東北地方では人口の流出が進んでいた。日本ではアルバイトをすれば学費を稼ぎながら大学に行くことができるため、高校や専門学校を卒業した後は日本への留学を目指したのである。日本への留学は、将来を保障するとは限らないが、中国東北地方にいるよりも将来に希望を持つことができると認識されていたからである。

さらに、1978年に実施された中国の対外開放政策とそれによる経済の急成長によって、中国への日本企業の進出が増加した。中国における日本語学習への関心の高まりは、この日本企業の進出とも関連していたが、それだけではなく、日本文化に関心が集まるようにもなっていた。漫画やアニメ、テレビドラマ、音楽、ファッションなどの文化の流入が中国の若者の間で顕著に見られるようになり、これが中国での日本語学習者のニーズの高まりと学習者の多様化を生み出していた。特に漫画に大きな関心を抱く「中国動漫新人類」という若者の中には、反日感情を抱きながらも日本語には関心を持つ日本語学習者がいると言われている（遠藤2008）。

このような中国での状況の変化に伴って、来日する中国人学習者自体の質的な変化も現れてきている。範（2004）や嶋本（2004）の中国人就学生に関連する研究や岩佐（2007）の大学に在籍する中国人留学生の研究において、その質的な変化とそれに伴う現象について述べられている。

範（2004）によると、増加する中国人学習者の中でも、特に「新・新人類」と呼ばれる中国人「一人っ子」たちの来日数が大幅に増加しており、その増加が日本語学校にも様々な影響を及ぼしていると述べられている。つまり、この「新・新人類」と呼ばれる新たな中国人が単なる動機の多様化では片づけられないような様々な現象を引き起こしており、それによって日本語学校などの教育機関では新たな数々の問題と直面していたということである。これは当時私が在籍していた日本語学校でも見られたもので、授業中教師の話を聞かない上に、教室を歩き回って騒いだりすることもあった。学校側は教師に対し厳しく対応するよう求めたが、教師はその対応に苦慮していた。また、学校側も彼らを頻繁に呼び出し注意したりしていたがその効果は見られず、結果的には対応方法を模索するだけで改善の期待が持てなかった。

この中国人学習者の質的変化については、嶋本（2004）においても指摘されており、特に中国からの20歳前後の学習者の増加に伴う現象が述べられている。彼らの増加とともに「やる気のない」学習者が教室内に急増し、日本語教師である嶋本はそれに対して「授業崩壊」を感じたと書かれている。

また、大学で日本語教育の教鞭を執る岩佐（2007）は、彼が見聞きした中国人留学生の特徴を以下のように挙げている。その特徴は、配布したプリントを全員が口裏を合わせてもらっていないと嘘をつく、テキストの購入を伝えても借りるので購入する必要はないと拒む、飲食の誘いを断ると態度を豹変させる、間違った情報を確認した学生に正確な情報を伝えても聞こうとしないというものである。これについて岩佐（2007）は、日中の諺の比較を通して見られる人間観の相違という観点から説明している。それは、彼らは人間関係において自己を絶対的な存在として捉え、相手を自己の世界に引き込むことが基本的な思考になっているというものである。そして、こういった学習者と教師との間の摩擦を例に挙げながら、長期的な展望とあらゆる工夫と対策を講じ、柔軟に教えていく教師の姿勢が不可欠であると述べている。

3　中国人日本語学習者に関する先行研究

中国人日本語学習者の増加に伴って、彼らを対象とした様々な研究がなされるようになった。日本語学習に焦点を当てた教育学的な側面からの研究（蔡・松見2009）や地域ボランティア教室に通う学習者に関する質的な研究（周2009）、日本人と中国人のビジネス・コミュニケーションや習慣に関する調査（孫ら2009）など、異なった角度から多くの研究が行われている。また、中国における日本語学習者を対象にした調査や研究も行われ（王・李・比嘉2008）、著書も盛んに出版される（段2009）ようになった。本研究を行った当時、中国人日本語学習者に関する研究が盛んに行われてはいたのだが、その多くは日本語の表現形式、語彙、音声といった言語習得に関わるもので、日本にいる日本語学習者に対する理解を促す研究、つまり、彼らの学習や生活などの実態、内面に迫るような質的研究は少なかった。特に、留学生の異文化適応に関する研究はその蓄積が十分ではないとも言われていた（田中2000）。そこで、次に、当時発表されていた異文化適応に関する研究として、井上（2001, 2005）や加賀美（1994, 1997, 2004など）、加賀美・大渕（2004）の研究を挙げる。

まず、井上（2001）は、来日1年目の留学生に対して異文化適応に関する質問紙調査を行った。それによると、文化受容の態度は、「自文化に対する文化的アイデンティティを重視するかどうかと、相手国すなわち日本の人々との関係を重視するかで、次の4つにグループに分かれる」という（井上 2001: 14）。日本との関係を重視して自文化を重視しない態度を示す「同化」、そのどちらも重視しない態度を示す「周辺化」、自国のアイデンティティを重視し、日本の文化や人々とは交わらない態度を示す「分離」、最後に、自文化と日本文化の両方を重視する態度を見せる「統合」という4グループに分かれ、「同化」、「周辺化」、「分離」、「統合」という順で、文化受容の態度を変化させることが明らかにされている。

異文化適応のプロセスとしては、「U型カーブ」（Lysgaard 1955）と「W型カーブ」（Gullahorn & Gullahorn 1963）の仮説が知られているが、久米（1996）がW型カーブに修正を加えた一般的適応曲線というものを示している。このW型カーブは一度ある程度の適応を果たした後に、再び適応の危機を経験するプロセスを示しているものである。井上（2005）は、この久米（1996）の一般的適応曲線と井上（2001）の文化受容の4グループを統合した。日本文化を重視するハネムーン期の後半、国が恋しくなる、日本食が嫌になるなどの前兆を見せながら、「周辺化」という態度に移行する。この「周辺化」は来日後3か月から半年後に見られることが多く、「周辺化」になると遅刻が増えたりする。その後、「分離」状態に入り、欠席が増えるといった態度を示すようになる。この研究の中で井上（2001）は、留学生を捉える場合、その留学生が属する文化と日本文化にある違いだけではなく、多角的な角度から彼らを理解することが重要であり、研究者は、留学生を扱う研究は青年研究でもあるという視点を持って進めなければならないと述べている。

次に、加賀美も異文化適応に関して研究を行っており、数多くの異文化間接触における葛藤などの問題について取り上げている。中国人就学生を対象としたアルバイトにおける不満の決定要因の抽出（加賀美1994）、日本語教育場面で生じた異文化間コンフリクトに対する教師とアジア系留学生との間の認知差の分析（加賀美1997）など、多種多様な学習者を対象とした研究成果を上げている。加賀美・大渕（2004）の研究では、本研究でも重要となると思われる日本語教育場面で生じる葛藤を取り上げ、日本語教師と外国人学生との間に起こる葛藤の原因帰属とその解決策について調査している。調査の方法は次のとおりである。日本語教師へのインタビューから得た葛藤経験をもとに2つのシナリオを作成し、葛藤の原因と学生の解決行動について調査協力者に評定してもらった。評定に用いたシナリオは教師が授業方法に固執して学生の自尊心を低下させたという場面と、学習者の教師に対する好意的発言を教師が否定的に解釈した場面の2つである。調査の対象となったのは日本語教師が84名、中国大陸出身者が214名、韓国出身者が154名である。この調査対象者から得られた評定結果をもとに因子分析を行った。分析結果は中国出身者と韓国出身者の原因帰属の違いに焦点を当てたものであるが、ここでは特に中国出身者のデータに注目したい。中国出身者は葛藤が生じた場合、服従や回避といった消極的方略をよく用いる。そして、葛藤の原因が自分の側にある認知した学習者は協調や服従という方略をとって教師との関係維持に努め、教師との対決や回避を避けるようになる。また、教師側に葛藤原因があると考えた場合は対決方略を選択し、文化的な葛藤の場合はそれを回避する方向に向かうことも分かっている。つまり、中国人学習者は、自分に非がある場合はそれを認めて教師との関係を維持するが、教師側に問題があると考えた場合は教師との対決という方略をとる。ただし、文化的な要因の相違によって葛藤が起こっている場合はその問題から避ける行動を取るということである。

それに対して、日本人教師は彼らの葛藤原因の帰属を次のように予測していた。教師側に問題があると認知した場合、学習者は対決する方向には向かわないという予測で、これは学習者側の分析結果とは相反するものであった。加賀美・大渕（2004）はこの点について、日本では人間関係に配慮しながら解決を図るため、相手に非があっても対決する姿勢を見せないはずだと教師が認識しているからではないかと述べている。日本では目上の人に対して従順であることが求められる。そのため、教師はこの日本的な対人規範を持って学習者を見ているのだろうとその相違の原因について指摘している。このような異文化適応に関する研究は、留学生研究の分野においても非常に重要なものであると言える。

中国ではいまだ反日思想が根強く残っている部分があり、中国からの就学生や留学生は将来の親日家になる可能性を秘めた外国人留学生であると考えられる。しかし、彼らが日本で学ぶということには多大な困難が伴っている。孫（2004）の調査によると、留学を終えて帰国した中国人が持っている日本観はマイナスイメージであることが多いことが分かっている。中国では「留美的親美、留日的反日」と言われており、米国に留学する中国人のほとんどが親米になるのに対して、日本に留学する中国人は反日になるケースが多いのである。今後、日本が留学生の増加や貴重な人材となる技術者の獲得、日本文化の発信、国際貢献や国際交流の促進を目指すのであれば、来日した中国人留学生の日本での留学の現状を明らかにし、日本社会、日本文化へのスムーズな適応を促すことが重要になるのではないだろうか。

3.1 中国人就学生に関する先行研究とその視点

就学生を取り巻く状況が厳しさを増す中、彼らが抱える問題は就学生本人や日本語学校のみならず、社会的にも大きな影響を与えていた。にもかかわらず、1980年代は、「就学生を対象にした学問的な研究や体系的な実態調査は十分に行われてこなかった」（加賀美1994）。しかし、1990年代以降、留学生の予備軍である就学生についての理解を図る研究が徐々に行われるようになった。次に、本研究で取り上げる中国人就学生に関する先行研究について概観する。

嶋本（2004）は、「やる気のない教室」への対応策を探るために、中国人就学生を対象としたインタビューを通じて彼らの経験について研究を行った。その分析には質的研究法の1つである現象学的アプローチが用いられている。この研究は、日本語学校をミクロな社会と捉え、現場の教師である嶋本が学習者の「声」を聞くことによって、「就学生である学習者個人に対する理解を深める」ことを試みたものである。分析の結果、日本語学校で学ぶ中国人就学生の経験や彼らの「やる気のなさ」が明らかにされた。彼らの「やる気」には、教師、アルバイト、対人関係、日本での生活の疲れやストレス、親、彼らが育った社会的背景といった中国人就学生を取り巻く全ての環境だけではなく、彼らの経験がさらに複雑に絡み合っていると記されている。学習者は教師に対して技術的なものよりも人としての関わりや教師が学習者と向き合おうとする姿勢を求めていることも分かっており、嶋本（2004）は、教師は学習者を集団として捉えるのではなく、個人に注目し信頼関係を築く必要があると結論づけている。日本語学校に来る就学生の目的、学習経験、学習方法、社会経験などの背景や異文化への適応能力などは決して一様ではないため、現在の日本語学校に見られる多様化した問題を1つの現象として捉えていては解決することができない。つまり、現在の様々な現象や問題に対応するためには、就学生を個として捉えるという視点が重要になるということである。

嶋本（2004）と同様に中国人就学生を対象とした質的研究には、徐（2004）の研究がある。徐（2004）は、ある中国人学生を対象に聞き取り調査と生活観察を行い、アルバイトという生活面を切り口に、日本語学校の中国人学生の内面世界を解明した。語られたストーリーの分析は、インフォーマントの表情や周囲の反応なども考慮して行われており、特に、インフォーマントの生活にフォーカスを当てることによって、より深く内面世界にアプローチすることが試みられている。

この研究によると、中国人就学生にとって、アルバイトは不可欠かつ重要な生活手段であり積極的な意味を持っているが、そのアルバイトの場面で、日本人社会や日本人に対する理解不足による誤解やトラブルを起こしているという。積極的な意味を持つ場面で生じるトラブルによって、彼らが形成する日本観はマイナスイメージになることが多いため、彼らには日本社会に適応するソーシャル・スキルを学ぶ必要があると述べられている。また、彼らには周囲の人が日本人と接触できるような場を提供し、誤解やトラブルなどの経験に基づくものではなく、より客観的に日本に対するイメージを築けるような機会を与えることが重要であると指摘されている。さらに、経済的な負担やビザにまつわる不安によるプレッシャーが多いことが原因で、不法就労や犯罪に走る可能性があると指摘した上で、日本語学習のためには、より安定した環境を整えることが彼らにとっても、また、日本社会にとっても非常に有意義なことであるとしている。このように、中国人日本語学校生の生活の現状が彼らの視点から明らかにされている。

最後に、山田（2008）の研究を挙げる。山田（2008）は徐（2004）が取り上げた中国人就学生の生活に加え、日本語学習における課題についても検討した。調査方法は、中国人就学生62人名を対象にした参与観察、面接質問調査、及び聞き取り調査である。参与観察や聞き取り調査の結果では、彼らは日本での滞在期間にかかわらず「聴解」に困難を感じており、その相談をするのは日本語教師ではなく、中国人の友人、母親などの家族、アルバイト先の中国人であることが分かった。これは相談相手が教師であれば日本語を用いることになり、相談の際に日本語能力が問われることを危惧しているからである。また、問題や困難があっても、誰にも相談しないという学習者が多いことも明らかになっている。これについて、山田（2008）は、困っていることを他人に知られたくないという彼らの特徴の表れであると述べている。一方、聞き取り調査の結果、中国人就学生が日本に来て楽しかったと感じていることは「寝ること」、「日本語の勉強」、「日本語学校での生活」、「アルバイトで給料をもらったこと」であることも明らかにされている。この結果を踏まえ、山田（2008）は、学校側は出席率にばかり重点を置くのではなく、教育にも関心を寄せるべきであると指摘している。そして、生活者としての彼らにとって重要な聴解を扱う授業を改善し、生活の現実感を持たせられる聴解指導に取り組まなければならないと結論づけている。

以上、中国人就学生の日本での留学生活に関する研究を挙げた。これらの先行研究で共通すると言える点はアルバイトである。それはアルバイトが中国人就学生にとって留学生活を送る上で必要不可欠な手段だからである。山田（2008）も指摘しているように、彼らは国の両親からの経済的援助がない場合が多く、大学や大学院、専門学校などの進学に関わる受験費用や入学金などの経済面をアルバイトといった自助努力で賄っているのである。このように、中国人就学生の研究では、日本留学の現状と問題点が洗い出されている。

3.2 新・新人類という視点からの質的研究

近年、中国人就学生は、「一人っ子」が大半を占めるようになった。この「一人っ子」というものを中心に据えた範（2004, 2008）の研究について概観する。

範（2004）は、「一人っ子」がもたらす現象を日本語教育の現場や社会的な面、そして彼らの背景に至るまで詳細に分析している。範（2004）は増加していた「一人っ子」を「新・新人類」と呼び、彼らや彼らに関わる人たちへのインタビューを行った。その分析には質的研究の方法の1つであるグラウンデッド・セオリー・アプローチを用いている。そして、その「新・新人類」の現象を「背景」・「問題」・「対応策の提言」という3つの軸で捉えている。以下に、その詳細を示す。

研究が行われた当時、日本では第三次中国人日本留学ブームが形成されていたが、そのブームは中国の大きな転換期で生まれ育った「新・新人類」によって作られていた。したがって、日本における留学生問題を扱う研究領域は、これまでの留学生の成長環境とは全く異なる「背景」を持っているということを考慮するべきだとしている。この「新・新人類」の問題は「一人っ子」であるという事実に、その他の様々な要因が加わって引き起こされていると言われている。

中国は経済の発展に伴い国民生活が豊かになるとともに社会的価値観が変化し、海外留学経験を持つ人材が競争の中で優位に立つと考えられるようになった。そのため留学や将来の発展に大きな希望を託す人々が増えた。そういった状況をもとに、範（2004）は「新・新人類」を自由や無限への憧れを持つ一方で、依存をやめられない「極端な矛盾組合体」と表現した。「自由を謳歌できないときは「故意な孤独」に走りがちになるのが「新・新人類」の性格の特徴」であり、これまで両親の管理下で自由に育った彼らにとって、留学によって得られる自由とはそれまでとは全く性質が異なる自由、つまり「逸脱的な自由」となる。彼らは依頼心が強く、他の人からの援助が当然あるものだと考えており、この「逸脱的な自由」を管理できず「故意な孤独」に走ってしまう。彼らをこの「故意な孤独」から守るためには、学校側や教師側がこのような状況を問題として認識しておかなければならないと指摘している。また、日本にいる彼らには「居場所」がない。「極端な矛盾組合体」という彼らの特徴は、この「「居」場所」作りの問題にも関わっている。

これについて、範（2004）は「対応策の提言」の中で、日本で得た「「居」場所」が彼らにとって存在意義を持ち、うまく機能するための条件があると述べている。その条件について、日本語学校をその「「居」場所」の例として考えると、次のようなことが言えるであろう。日本語教師は教師と学習者という関係ではなく、一個人として彼らと対等な立場にたった関係を作ることが必要となる。つまり、指導者である教師は、文法や語彙などの日本語に関する知識を単に提供する者として存在するのではなく、教師と学習者という枠から離れた人間対人間という関係を築かなければならないということである。また、教師は彼らが自ら学習に積極的な姿勢を取れるような状況を整え、学習等に関する問題を自らで発見できる力や、彼らがその問題に対する答えを自ら見つけ出せるような力を養うことが必要だと述べている。

さらに、範（2008）は後の研究で、教会でのフィールドワークを行い、教会に通うことで自己を見出す中国人就学生の生活や精神世界を詳細に記している。そして、彼らが教会に通うことによって自分の居場所を見出せたのは教会が持っている機能のおかげであるとし、その教会が持つ機能の分析を通して日本語学校に改善を促す提言を以下のように行っている。

まず、教会が持つ機能として、教会の牧師が個と個をつなぐ場所を提供し、人とのつながりを生むことで、中国人留学生の閉ざされた生活環境を改善したことが記されている。具体的には、牧師が「積極的に豊かな他者や物語を提供」することで、留学生が「生活知（経験知）を増やし、社会とのつながりも実感でき、生きる意欲を見せ」るようになったということである。ここから、文脈から切り離された個人の機械的な行為としての学習が行われている日本語学校が、学習観を転換する必要があると提言している。学ぶ喜びは能力主義、習熟主義の教育では得られないため、日本語学校は学習者同士の関わりを生む協働的な学びを提供する場に変わらなければならないという提言である。次に、教会における強固な人間関係が彼らを救っているという側面から、日本語学校における学習者への「保護網意識」の強化を訴えている。この保護網意識は、ただ彼らを束縛するという意味ではなく、学習者を保護し協働的な学習を推し進める中で、「真・善・美」が理解できるような道徳教育につながる指導を行っていくべきであるとしている。

そして、最後に、個を重んじ、他者との関係を重視するという点は協働学習という教育的な観点と一致するが、それだけではなく、教育機関として彼らへの関心を高め、保護し、成長過程にある青年を育てることが求められると結論づけている。

3.3　中国人就学生に対する支援に関する研究

次に日本語学校の就学生支援に関する研究を概観する。大学における留学生支援や在住外国人に対する支援と比較すると、就学生支援に関する研究は遅れていたと言えるが、その中からこの問題について取り上げた伊能（2004）の研究を紹介する。

伊能（2004）は、日本語学校の就学生支援のあり方について議論し、日本語学校が支援する際に必要となる認識や活動、学校の組織のあり方について提言を行っている。それにあたって、まず就学生が来日後に直面する問題を「経済的問題」、「日本語学習に関する問題」、「生活に関わる問題」、「人的交流に関わる問題」という4つに分類している。経済的問題として挙げられているのはアルバイトに関する問題である。就学生の場合、奨学金や授業料免除などの優遇措置が少ないため、アルバイトが彼らの来日後の就学や生活費を補うのに必要不可欠なものとなっている。しかし、そのアルバイトでは彼らの日本語力が不足していることから不当な扱いを受けたり、労災などのトラブルに巻き込まれたりすることがある。それをふまえ、日本語学校で行われる「文型積み上げ式」の指導に基づいた日本語だけでは不十分であり、アルバイトを含め、生活に即した日本語教育を行う必要性を指摘している。また、生活に必要な日本語が駆使できないため、中国と環境が全く異なる日本での生活に順調に溶け込んでいくことが難しくなり、それによって「生活に関わる問題」が生じているとしている。さらに、彼らの人的交流の機会が不足している点も問題点として挙げている。異文化における生活上の問題、アルバイトなどで遭遇する問題、経済的な問題など、来日によって生じる様々な問題を解決するには、相談できる相手が必要となるだろう。しかし、人的な交流が少ないため、問題に直面したときに相談する相手を獲得するのが難しいことが大きな問題だと指摘している。このような4つの問題点を踏まえ、彼らに最も近い存在である日本語学校やその関係者が彼らの支援を行う義務があるとし、そのあり方について次のように述べている。まず、学校側が指導という考え方から支援という考え方に認識を変えなければならないということである。学校が行う管理や指導というものは問題に対してどう対処するかという考え方に基づいているが、それでは就学生の問題の背景にある彼らの生活というものが見過ごされてしまう。そのため、学校には指導という認識から、彼らの生活で生じる問題を把握し、その解決を支援するという認識への転換が必要になる。また、この支援に関しても学校側には認識の変化が求められる。これまで学校の教員や職員は個人的に行う「世話」と呼ばれるレベルのものを行ってきたが、「世話」ではなく、制度的にも保証された専門的なサービスとしての「支援」を行う必要がある。それは学習者数が増加しているため、本業の合間に随時「世話」をすればよいというような捉え方では就学生が抱える問題を解決するには無理が生じるからである。さらに、こういった留学生支援に対する認識の変化は教育の場面でも求められる。先にも述べたように文法を重視した日本語の指導だけではなく生活日本語の指導など就学生の日本での生活の全面的な支援活動が、彼らが日本において直面する問題の解決に欠かせないためである。これらを踏まえ、伊能（2004）は、日本語学校は支援の担当者による相談業務、生活に関する知識や情報の提供、生活に密着した日本語教育を行うべきであると指摘している。特に生活に関する情報はアルバイトの求人情報や不動産関係の情報など、彼らの生活に直結するものが含まれている。また、生活日本語の支援といった日本語教育から日本語支援への転換については組織的に研究に取り組み、教師への研修事業を行うことが重要な課題の1つであると提言している。

日本語学校の支援については、中国人就学生が実際に必要としているサポートを調査した研究がある。邱（2007）は、中国人就学生を対象に質問紙による調査を行い、彼らがどのようなサポートを日本語学校に求めているのかを分析している。質問紙によって得られたデータを因子分析した結果、求めているサポートには、勉学領域と生活領域という2領域と、道具的サポート、心理的サポート、言語的サポートの3タイプの二次元的尺度の構造があることが明らかになった。そして、それに基づき、中国人就学生用ソーシャル・サポート尺度というものが作成されている。具体的に見てみると、まず、勉学領域とは、学習に必要な資料や参考書、進学情報の提供といった道具的サポート、相談に乗ったり話を聞いたりする心理的なサポート、日本語の誤用の指摘、学習に関するアドバイスなどの言語的サポートである。次に、生活領域であるが、食事や日用品を譲り受けたり、経済上の問題の対応や保証人になってもらったりするなど生活面で生じる問題の道具的サポート、話し相手や遊びに連れて行ってもらう、また、差別を受けたときに慰めてもらうという心理的サポート、日常生活の問題に中国語で対応してもらえる、電話や手続きなどを手伝ってもらいたいという生活問題における言語的サポートが抽出されている。この邱(2007)の結果は、伊能(2004)が提言した日本語支援の体制にも共通しており、教師には教室で行える勉学領域の言語的サポートや道具的サポートだけではなく、彼らの悩みや不安の解消を手伝うことも求められていると言える。また、中国語が使える教師であれば問題はないであろうが、そうではない場合もあるため、中国語で彼らの生活に関する問題をサポートできる専門的な支援者やその支援者を設けるための体制を整えることが日本語学校の課題となる。これらの研究は厳しい環境にある就学生の支援を考える上で非常に重要なものとなっている。

3.4 第二言語教育における動機づけに関する研究

次に、本研究の問題意識の出発点となっている動機づけに関する研究について概観する。この「動機づけ」という用語であるが、'motivation'という語には「動機づけ」や「学習動機」という訳語が当てられている。「動機づけ」という訳語は、学習者に動機を持たせるようにする何らかの行動を想定した場合に用いられることがあり、この英語の 'motivation'という語について、この語が単に動機のみを指すのか、動機を誘発するところまで関わるものとして捉えるのかを厳密に区別するのは難しいと言われている（小西1998）。本研究はその区別を取り上げて議論するものではなく、'motivation' の意味を広く捉える。そのため、厳密な使い分けをせず、先行研究や論文などで使用されているとおりの表記を用いることにする。

まず、動機づけの定義であるが、Dörnyei（1999, 2001a, 2001c）によると、動機づけとは、人がなぜある行動を決意するのか、そしてその行動に対していかに熱心になり、またそれをいかに長く続けるのかといったように、人間の行動の方向や程度に関わるものであるとされている。つまり、動機づけは学習者の言語教育の場に対する意識に直接影響を及ぼすものであり（Gardner 1979）、学校などの言語教育の場から離れた後も、言語能力を維持するのにも有効である（Gardner, Lalonde, Moorcroft, & Evers 1987）。

動機づけはそもそも心理学の分野で研究が進められた。心理学においては、動機づけは本能や衝動によって生みだされるものであり、刺激に対する反応、つまり行動への賞罰によって動機が形成されると見なされていた。しかし、人間は、何かを実現したいという自己実現に関わる欲求を持っており、機械的に捉えるだけでは説明できないものであると批判された。そして、この自己実現への欲求などの人間の行動に影響を与える要因を特定し、理論化された動機づけの理論が数多く提唱されることとなった。その1つに自己決定理論（デシ・フラスト 1999）がある。

自己決定理論は、ある行動が自律的に選択決定でき、その行動によって他者との結びつきや達成感がもたらされる場合に、自己決定的な行動が生まれるという理論である。この理論の基本的概念となっているのが内発的動機づけと外発的動機づけで、内発的動機づけは満足感を得る、楽しむためにするといった動機づけであるのに対して、外発的動機づけは外的報酬を得るためにするというものである。自己決定理論は第二言語習得の分野でもよく応用されている。

一方、第二言語教育の分野で動機づけに関する研究が始まったのは1960年あたりからである。Gardnerを中心としたグループがその先駆者として知られているが、Crookes & SchmidtやDörnyeiなど数多くの研究者によって、動機づけの定義や第二言語教育における位置づけについて検討されてきた。また、近年では研究の関心が動機づけの要因の分類を中心としたものから教育などの実践の場へ移行し進展してきた。

Gardner と Lambert は言語到達度と学習者の心理的要因との関係を社会環境からの影響も考慮しながら研究を進めた。その研究でもよく知られているのが「志向」の理論である。Gardner らはこの「志向」を「統合的志向」と「道具的志向」の2つに分けた。この「統合的志向」は学習者が目標言語や目標言語話者の文化や社会について知り、最終的にその社会の一員になりたいというもので、「道具的志向」は目標言語を習得することで自分の将来の仕事や地位を向上させたいというように言語を目的達成のための手段として捉えるものである（Gardner & Lambert 1972）。この理論が発表されてからは、「統合的」あるいは「道具的」志向のどちらが言語習得に影響するのかという方向で研究が進められるようになった。この統合的志向は自己決定論の基本的概念である内発的動機づけと類似するものであり、Noel（2003）がその関連を明らかにしている。それによると、内発的動機が高いほど第二言語コミュニティとのつながりを望む。つまり統合的に動機づけられているということである。このGardner の「統合的動機づけ」と「道具的動機づけ」以外に、「エリート主義」という動機づけが Oxford & Shearin（1994）によって加えられている。また、Gardner は「AMTB（the Attitudes/Motivation Test Battery）」という動機づけの調査に用いられる質問紙を開発した。現在では改良が加えられたものが発表されており（Gardner 2001）、Gardner（2001）は、これらの一連の研究を通じて、第二言語学習に関わる社会的・心理的要因を捉えながら第二言語学習の動機づけの分類、整理を行っている。

このように1960年代から始まった Gardner らによる研究は、社会的・心理的要因と言語学習の到達度との関係の解明が中心であった。しかし、1990年代に入り、この研究の中心が教育実践の現場に結びついたものへと移行した。Crookes & Schmidt（1991）は、これまでの社会的・心理的要因による動機づけの分析は第二言語教育を実践する教師にとって不十分な点があると述べた。それは、第二言語を教える教師たちの多くが関心を寄せる動機づけは教室活動にその視点が置かれているため、社会的・心理的要因では教室などで起こる学習場面での動機づけを十分に説明できないからである。Crookes らは、第二言語学習の動機づけ研究の枠組みとして、ミクロレベル、教室レベル、シラバス・カリキュラムレベル、教室外及び長期的学習レベルという4つのレベルを提案した上で、第二言語習得に関する動機づけの研究には心理学などの領域からも知見を取り入れていくべきであるとした。これによって第二言語教育における動機づけ研究の定義が明確化され、教育場面への応用を目指した研究が行われるようになった。

これ以降、動機づけに必要な学習教材やグループ内の関係が動機づけにもたらす影響など、動機づけに関する具体的な要因を探る研究が進められている。それらの研究の中でも、教育現場での動機づけに関して具体的に研究を重ねてきたのがDörnyeiである。Dörnyeiら（Clément, Dörnyei & Noels 1994）はハンガリーの英語学習者を対象に質問紙による調査を行い、質問紙の回答から抽出した因子から第二言語教室の動機づけの概念化を行った。そして、この結果を踏まえ、Dörnyei（1994）は第二言語の動機づけの構成要素を「言語レベル」、「学習者レベル」、「学習場面レベル」の3レベルに整理した。まず、「言語レベル」には、目標言語の言語・文化的、知的、実用的価値や、目標言語に対する態度などが含まれる。Gardnerら（1972）が提示した「統合的志向」や「道具的志向」はこの言語レベルでの分類となる。次に、「学習者レベル」は、学習に対する自信や達成への欲求などで、「自信による動機づけ」や「達成動機づけ」に分類されている。また、自己効力感や学習上の問題の原因帰属などもこのレベルに含まれる。そして、「学習場面レベル」には、コース特有の動機づけ、教師特有の動機づけ、グループ特有の動機づけというものがあり、コースへの関心・期待度・満足感や教師との関係、クラス内のグループの団結性やクラス全体の目標などの様々な要素が挙げられている。このように、「統合的」「道具的」と二分されていた動機づけの分類が、言語・学習者・学習状況という3レベルのもとで、心理学と第二言語習得の分野における知見が統合され、さらに詳細に分類されるようになった。

さらに、その後のDörnyeiの研究では、動機づけを学習の流れに沿って次の3つに区分している。動機づけを産み出す「選択動機づけ」、動機づけの維持と保護を行う「実行動機づけ」、学習を振り返り自己評価を行う「動機づけを高める追観」である。その上で、動機づけを高めるための35の具体的な指導ストラテジーを提案している（Dörnyei 2001c）。この研究にも見られるように、現在の動機づけ研究は、学習スタイルや学習ストラテジーなどとの関連にも目を向けて行われるようになっている。例えば、タスクと動機づけの関係を探る研究、教師の側の動機づけを探る研究、学習過程で動機づけを失うという現象を扱った研究、動機づけとグループダイナミクスを扱った研究（Ehrman & Dörnyei 1998）などが見られ、第二言語教育における動機づけ研究は様々な分野からの知見が活用され、より発展、拡大してきていることが分かる。特に、帰属理論や自己決定論といった心理学の分野の知見が多く取り入れられているが、この心理学の分野の知見というのは動機づけ研究の調査方法にも変革をもたらしている。

これまでに挙げてきた数々の動機づけに関する研究は質問紙による調査によって行われていた。しかし、質問紙による調査という量的研究の手法には、学習者の心理的な要因が十分に説明できないという問題がある。この問題について、Ushioda（2001）は、言語学習と個々の学習者の関わりを形成し維持する際の複雑なプロセスは、量的な研究アプローチでは把握するのが難しく、質的研究手法を用いることで明らかにできると述べている。Ushioda（2001）の研究では、アイルランドの大学でフランス語を履修した学生を対象に約1年半の期間をおいて2回のインタビューを行い、学習動機の分析が行われている。インタビューデータを分析した結果、学習者の思考を形成する様々な時間的フレームの存在が明らかになった。また、学習者は過去の学習経験を肯定的に捉えることによって自分自身を励ましながら学習を続けるということも明らかになっており、このような自分自身で自己を動機づける効果的な方法‘motivational thinking’は、学習者自身の自律、さらには、内発的動機づけと深く結びついていると述べている。

このUshioda（2001）の研究に見られるように、現在の研究は質的研究の手法を取り入れるものが多くなってきている。この流れは学習動機の捉え方の変革にも見ることができる。学習動機については、これまで次のように考えられてきた。それは、言語学習における学習動機を左右するものは、学習目標となる言語やその言語の背景にある文化に対して学習者が示す態度といった心理的要因であるということである。つまり、学習動機は学習者個人の中にある心理的なプロセスだと捉えられてきた。しかし、この捉え方についてPavlenko（2002）は、学習動機や態度を構成するものが方向性を持った不動のものであると見なされている点や、学習者個人の学習動機は社会的文脈の中にあることが考慮されていない点を批判している。また、これと同様にDörnyei（2001a）が、学習動機は固定的かつ不変的なものではなく、学習者の個人差や時間的な流れ、また学習者が属する社会的状況に影響され、変化するものであると述べている。つまり、社会に生きる個人は社会に影響を与えるだけでなく、社会から影響を与えられる存在でもあるため、その個人が持つ学習動機も社会からの影響を受けるということである。Ushioda（2009）はこのような個人と社会的文脈における関連を考慮することで、第二言語使用に関連する活動やアイデンティティ、そして、可能自己という要因がどのように学習動機を形成するのかが分かるようになると述べている。この可能自己というものは、なるかもしれない自分、なりたい自分、なることを恐れている自分という3つの種類（Markus & Nurius 1986）からなる自分のことである。Dörneyei（2009）はこの可能自己が学習過程においては学習者を動機づけているとし、「第二言語動機づけ自己システム（L2 Motivational Self System）」を提唱した。これも様々な動機づけ理論を統合する考え方である。学習者は第二言語学習経験をもとに理想とする第二言語使用者としての自分であるideal L2 selfや、周囲から期待されなるべきだと考えている自己であるought-to L2 selfを形成する。そして、これらの自己イメージと現状の自己との差異を埋めようとすることが動機づけになるというものである。

以上のように、教育現場への応用を視野に入れて心理学分野における動機づけの理論や第二言語習得の分野での知見を統合し、認知的側面だけではなく社会的側面から包括的に動機づけを捉えようとしてきたことが分かる。こういった流れを踏まえると、第二言語教育における動機づけ研究が教育実践の場面への応用を重視するのであれば、Ushioda（2001）が用いたような質的研究の手法を取り入れることも必要となるだろう。それは、教室は、常に同じ一定の条件を揃えることができる実験室とは異なっているため、教室活動と動機づけとの関係の解明だけでは動機づけの説明には不十分なところがあると考えられるからである。また、学習者の学習動機は教室だけではなく、例えば教室外の世界や彼らが持つ過去の経験などからも影響を受ける不安定な側面を持っていることもその理由として挙げられる。したがって、動機づけ研究では、質的研究の手法を用いることによって学習者の背景となる社会的文脈も分析の対象にする必要があると言える。

3.5 日本語教育における動機づけに関する研究

次に、日本語教育における動機づけ研究について概観する。動機づけは外国語の学習者にとって学習を続ける上できわめて重要な要因となるため、第二言語教育の分野でこれまで盛んに研究が行われてきた。そして、90年代に入ってからは社会的環境要因を中心とした研究から教育現場での研究へと変わりつつあることは前項で述べたとおりである。日本語教育の分野で動機づけの研究に関心が向けられるようになったのは1990年代以降で、第二言語の動機づけの研究全体が教育的場面へとその関心を移した時期とほぼ一致する。1990年代以降に日本語教育の分野で行われてきた動機づけ研究を概観すると、教室などの学習場面での動機づけを調査した研究となぜ日本語を学習するのかという学習動機を調査した研究の2つに分けることができる（守谷2002）。まず、数は少ないが、前者のタイプの研究として倉八や三矢が行った研究を挙げる。

倉八（1993, 1994）は、日本についてのテーマを取り上げたプロジェクトワークという学習活動を通して、学習意欲と学習成果がどのような関係にあるかを調査した。その結果、「統合的動機」の高い学習者や活動への期待度の高い学習者の方が活動に対する総合的評価が高く、「道具的動機」の高い学習者の方が「意見表現力」の習得度が高いことが明らかになっている。一方、三矢（2000）は、動機づけを高めるための教室活動のあり方を調査している。まず、Skehan（1989）を参考に、学習者の持つ動機を言語学習の原動力となる「中心的・一時的動機」と教師や教材などの教室環境に関連する「周辺的・二次的動機」に分けた上で、「周辺的・二次的動機」に働きかけることで「中心的・一時的動機」を支える必要があることを述べている。そして、Green（1993）を参考にした質問紙によって、学習者の教室活動への評価を調査した。それによると、学習者は「楽しさ」という点ではactiveな活動を高く評価したが、「必要性」

という点ではactiveな活動とpassiveな活動の間に顕著な差が見られなかった。つまり、activeな活動が学習者の動機を高め、維持していくことができるということである。教室活動と動機の関係は、同じ授業を繰り返すことになる再履修者が在籍するクラスの教室活動を考える上で、非常に参考になると考えられる。

次に、日本語教育の分野で多く行われている、なぜ日本語を学習するのかという視点からの動機づけ研究について示す（縫部・狩野・伊藤1995, 曹2000, 高岸2000, 郭・大北 2001, 坂本2004, 守谷2004, 羅2005, 郭・全2006, 王・李・比嘉2008等）。

まず、日本にいる日本語学習者の学習動機を取り上げた研究から概観する。縫部ら（1995）は、ニュージーランドの大学生を対象に日本語学習動機が来日経験と学習期間の長短によって異なるのか調査した。ビクトリア大学日本語学科の学生107名に外発的動機と内発的動機の合計40項目からなる質問調査を行い、得られた回答を用いて主因子解による因子分析を行った。その結果、「日本理解」、「国際意識」、「学習への興味」、「統合的志向」、「誘発的志向」、「道具的志向」という6つの動機因子を抽出した。この中で、「統合的志向」は来日経験のある方が高く、また、学習期間が長い方が高いことが分かっている。また、「道具的志向」は学習期間によって異なり、学習期間が長い方が高かったと分析されている。この来日経験と学習動機の関連については高岸（2000）も以下のように分析している。

高岸（2000）は日本に短期留学していた米国留学生160名を対象に質問紙による調査を行った。この調査は来日直後、留学終了時、帰国半年後と3回にわたっており、留学経験が学習動機にどのように影響を与えているのか追跡調査した形になっている。分析は動機の強さの変化や動機の種類の変化、日本人への態度の変化、動機と態度の関連性という4つの視点に基づいて行われた。その結果、来日直後から留学終了時に学習動機が強化されることが分かっている。また、来日することで、内発的動機や外発的動機にも変化が見られている。内発的動機は、例えば、日本や日本語への漠然とした関心が、将来の研究に結びつけたいといった具体性を持つものに変化している。これと同様に外発的動機も来日によって具体的な内容へと変化し、将来日本に関係がある仕事がしたいと思うようになったことが明らかになっている。

高岸（2000）は来日直後、留学修了時、帰国後というように学習動機の時間による変化を追っているが、これと同様に時系列で動機づけを捉えようとしたものに守谷（2004）の研究がある。守谷（2004）はIT企業関連の中国人研修生を対象に言語学習過程における動機づけについて調査した。この調査で、日本において日本語を学ぶという第二言語学習の環境のもと、学習者が自らの学習成果の要因をどのように認識しているのかを明らかにした。調査方法は学習成果についての半構造化インタビューである。このインタビューデータから研修生の日本語学習成果の帰属要因をKJ法によって抽出し、動機づけの解明の手がかりを得ている。日本語学習成果の帰属は成功・失敗ともに学習者の情意要因や日本語を実際に運用する場である環境要因と強く関連しており、これらの要因が学習者の日本語学習の動機づけを強く反映することが分かっている。この守谷（2004）が用いた原因帰属理論は坂本（2004）が行った動機づけと学習意欲の研究においても用いられている。

坂本（2004）は、経済のみならず教育の分野でも大きな変革期にある中国出身の学習者を対象に、彼らの学習意欲の高め方について調査を行っている。日本語学校、大学、大学院、大学留学生別科、個人教授、日本語研修コースなど様々な教育機関に所属する中国人学習者106名にアンケートを行った。その結果、彼らがやる気になるのは、授業が面白いとき、褒められたり励まされたりしたとき、成績が上がったとき、将来につきたい職業に関心を持ったときであることを明らかにしている。特に、褒められることに関して言えば、家族や教師から能力や学習態度について褒められることが彼らの意欲の向上につながっていると述べている。また、学習者のアンケートの回答を見ると、褒められる、成績が上がるなど、積極的・肯定的な要因だけではなく、成績が下がる、友人からけなされる、友人の方が成績がよいなど、消極的・否定的な要因によっても学習意欲が向上することが示されている。

以上、これらの先行研究が明らかにした、学習動機の時間に伴う変化や変化をもたらす要因は、当然再履修者の学習動機にも存在しうるものであろう。

次に、外国における日本語学習者を対象とした研究を挙げる。

まず、台湾での研究であるが、曹（2000）は第二外国語として日本語を選択した台湾の高校生を対象に質問紙を用いて学習動機を調査した。学習動機に関する評定値を収集し因子分析を行った結果、「サブカルチャー因子」、「知識教養因子」、「履修因子」という3つの因子が抽出された。この因子の中の「サブカルチャー因子」は当時の台湾の青少年における日本ブームを反映していると言える。このような学習動機の因子分析は、シンガポールの学習者を対象にしたものも行われている。

郭・大北（2001）は、英語と中国語を併用するシンガポール華人大学生を対象に、外国語としての日本語学習の動機づけがどのようなものであるのか、また、それが日本語学習にどう影響しているのか調査した。調査はアンケートによるもので、そのアンケートはGardner & Lambert（1972）や縫部ら（1995）を参考にし、シンガポールの状況に合わせて作られている。アンケート結果をPC-SAS6.1（Statistical Analysis System）を用いて因子分析とステップワイズ回帰分析した結果、シンガポール華人大学生の学習動機が3種類、6因子に分類された。その中でも「エリート主義」の「語学学習志向因子」と「自己満足因子」、次いで「道具的動機づけ」の「仕事因子」が日本語学習の成績を予測するのに有意な因子であることが分かった。この結果は、シンガポールではエリート主義動機が学習効果に大きく影響していることを実証していると述べられている。

また、郭・全（2006）は、中国人学習者の動機づけの構成要素を分類している。それによると、彼らは家族に勧められた、あるいは、友人が日本にいるから留学に興味を持つようになったという「日本留学志向因子」が抽出されている。それ以外には、日本人や日本文化への興味である「日本大衆文化因子」や「日本理解因子」がある。日本文化に関して言えば、中国人学習者は日本のテレビドラマ、歌、漫画に興味を持っていることが分かっている。さらに、自分自身の視野を広げ、競争力を高めることも動機づけの要因として挙げられている。郭らはこれを「自己尊重因子」とし、Oxford & Shearin（1994）の「エリート主義」や、郭・大北（2001）の「自己満足因子」と言われる要因と重なる部分が多いと述べている。しかし、これらの因子が成績に結びついておらず、その原因について次のような指摘をしている。まず、中国は経済発展が進んではいるものの、貧富の差が非常に大きいため、物価の高い日本への留学は多くの家族にとって負担が大きく、現実的ではない。つまり、日本への留学に興味を持ったことから日本語学習を始めたが、留学を実現するのが難しいという状況が学習の継続を困難にしているということである。そして、中国における日本人社会や日本人との交流が不足していることもその原因として指摘している。これを踏まえ、郭ら（2006）は、日本語を上達させるためには、中国在住の日本人との交流の機会を日本語教室の内外に増やしていく必要があるのではないかと提起している。

これらの研究は外国における日本語学習の動機がどのようにして形成されているのかが分かる貴重な研究であると言える。この分析によって外国における日本語や日本文化の役割も見えてくるからである。その他にも、日本、あるいは外国の日本語学習者の学習動機に関する研究がなされているが、王ら（2008）は次のように指摘している。これまでの研究は学習動機理論のモデルを作る研究と実証研究に分けられる。しかも、調査対象となる地域や学習者は1つだけであり、2つ以上の地域、2つ以上の種類の学習者の動機を対象とした研究は少ない。そこで、王ら（2008）は、中国の日本語学習者を対象に、性別・学年・学校・地域差、また、日本語の主専攻と副専攻など学習者のタイプによって学習動機がどのように変わるのか調査している。調査はアンケートによるものであり、そこから得られたデータを分析し学習者の属性による学習動機の差異を明らかにした。その結果から日本語を教える学校や教師、学習者への提言を行っている。

最後に、羅（2005）は、台湾の大学の日本語学科に所属する学生を対象に彼らの日本語学習動機について研究をしているが、これまで研究されてきた日本語学習者の学習動機について、以下のように指摘した。アンケート調査や実験的手法などで研究されてきた従来の学習動機は、「「個人側」あるいは「社会側」に属した要因のどちらかに定義・分類してから、その動機の特性や、その動機の特性に関連した要因の関係で論じ」られている。また、その動機は固定的なものとして捉えられており、一側面からの視点でのみ理解されていた（p.194）。この動機に関するアンケート調査の妥当性についてはPavlenko（2002）においても次のように指摘されている。「言語に対する態度、モチベーション、文化適応度、言語能力の量化を目指す多肢選択の質問用紙では何が測定されるのかが明確ではない。さらに、アンケートは回答者が研究者に自分をよく見せたいといった要素に影響される可能性があることについて考慮されているのかも明確ではない」（p.281）。そのため、Dörnyei（2001a）やUshioda（1996）も同様の指摘をしているが、学習動機に影響を及ぼしている内的、あるいは、外的要因の特性を解明するためには、学習者の体験や思考を質的に検討する必要がある。

そこで、羅（2005）は学習動機を社会的文脈、他者の存在、自己の形成という3つを統合した視点から捉え直し、学習者の体験や思考といった要素も取り入れて検討できるように、ライフストーリー・インタビューという質的研究の手法を用いて学習動機について分析した。その分析によって、学習動機は学習者個人と社会的文脈との相互作用で生じるダイナミズムに富んだものであることが明らかにされている。分析結果には、「自己がはっきりと形成されておらず、本人は日本語学習動機を持っているのだが、無気力に見られるタイプ」の存在も見出されており、学習動機は他者からの視点では推し量ることができないと述べられている。

また、羅（2005）は次のような考察を行っている。他者との関わりを多く持つ学習者にライフストーリー・インタビューを行えば、学習者の自己形成や学習動機は他者の中でも重要な他者の存在によって影響を受けるということを明確にすることができる。そして、学習者を学習に駆り立てる他者の役割を明らかにすることができれば、教師の指導にも他者の一員としての可能性を見出せるのではないかと提起している。

こういった学習動機の捉え方は、本研究の調査対象である再履修者にも応用することができると考えられる。つまり、彼らをクラスや日本語学校、また、日本社会という社会的文脈の中の存在として捉え、クラスメートや教師、またその他の第三者などのあらゆる環境によって、彼らの動機は影響を受けると考えるのである。Pavlenko（2002）は、「学習に対する態度や動機あるいは言語学習に関するビリーフといったものは学習者の内面にある心理的な要素であり、これらの原点は社会にある。また、これらの要素は学習者自身が身を置く文脈の中で形成されるものであり、また再形成されるものでもある」（pp.280–281）と述べている。つまり、再履修者の動機も彼らが属する文脈によって形成、また、変化させられるものであり、再履修者の動機に影響を及ぼす要因を見出すことができれば、彼らの学習環境を改善することができると考えられる。これを踏まえて中井（2006）で行った中国人就学生の再履修者を調査対象とした学習動機の変遷についての分析を次に挙げ、本研究の位置づけについて述べる。

4　本研究の位置づけ

中井（2006）のフィールドとなった日本語学校では、先にも述べたように、中国人再履修者の問題と日々向き合っていた。彼らを担当する教師たちは、授業の方法などに工夫を凝らし、再履修者の彼らの学習意欲を高めるような努力もしていた。しかし、その努力が報われていると言える状況にはなかった。そのような努力を学習者の真の意欲向上につなげるには、本当の彼らの姿を教師が知り、彼らが教師に求めるものは何であるかを理解し念頭に置く必要があったのではないかと考えられる。

青木（2001）は「教師の役割についての教師と学習者の考え方が一致しないと、授業は双方にとって、とても困難なものにな」るため、「教師は常に、学習者は教師に何を期待しているのかを意識的に考える必要があ」る（p.182）と言っている。つまり教師は、「やる気がない」という教室内での学習者の一面ばかりを取り上げてそれを問題視するのではなく、むしろ彼らの学習に何が影響を与えているのかを考え、彼らが教師に何を望み、何を必要としているのかを理解しなければならないということであろう。先述の範（2004）や嶋本（2004）らの研究によると、学習者が教師に求めるのは、単なる教師と学習者という関係ではなく、対等な人間関係であると言われている。

これらを踏まえると、再履修者という制度を実施している日本語学校やその現場にいる日本語教師に必要とされるものは、次のようなものであると言える。それは、再履修者が再履修という措置によってする経験を理解し、それを通して彼らの内面の変化と学習動機への影響について明らかにすることである。学習動機は学習者が学習を維持していくための原動力となるものであり、教師は指導を進める上で、学習動機を理解しておくべきだと言われている（倉八1992）。つまり、教師が再履修者の理解を深めることは、再履修者に対する指導、ひいては中国人就学生に対する指導の改善につながると考えられる。

また、本研究で取り上げる中国人就学生に関しては、範（2004）や嶋本（2004）、徐（2004）や山田（2008）などの研究がある。しかし、再履修者という形で現れている学業不振の学習者に関しては、何も言及されていない。また、これまでの動機づけに関する研究は人がなぜ行動を起こすのかという点に着目したものが多くを占めていたが、学習過程における動機づけの変化に焦点を当てた研究はあまり行われてこなかったことが指摘されている（守谷2002）。そこで、中井（2006）は、それまでの先行研究では明らかにされてこなかった中国人再履修者を取り上げ、「新・新人類」である現在の中国人就学生が再履修者となってしまう原因や彼らの内面で起こっている変化、また、表面化する様々な現象を作り出す要因などを探った。それによって、彼らに課せられた再履修という措置から波及する学習への影響を明らかにすることを試みた。

再履修者や日本語教師、クラスメートなどへのインタビューを行い、そこから得られたデータをグラウンデッド・セオリー・アプローチによって分析した。このグラウンデッド・セオリー・アプローチについては後にその詳細について述べるが、着目した問題が発生するメカニズムを解明するもので、問題解決の手段を見出す方法として用いられるものである。中井（2006）では、中国人就学生が学習動機の減退から再履修者になるという流れを1つの問題として捉え、そこにはどのような要因が存在するのかを明らかにした。その結果によると、学習動機の変遷に影響を与える要因として次のようなものが挙げられる。まず、来日することによって生じる自立心や人間関係の変化である。母国の両親や友人と離れることで生じる人間関係の変化によって孤独感を持つようになる。また、両親から離れることで自立心を持つようになり、本来の目的である日本語学習から経済的な独立に関心を移す。来日後の彼らは、このような要因に影響を受け、学習動機を減退させる。次に、日本語学習に関する要因である。彼らは来日後数か月でアルバイトを始めることになるが、そのアルバイト先で実践的に日本語が学習できることを体験する。日本語学校からアルバイト先へと日本語学習の関心を移すことで、日本語学校における学習動機を減退させる。さらに、教室での学習につまずいた学習者が、その原因を自分自身の能力不足に見出すことで、学習性無気力に陥ることがある。学習性無気力になると、その原因を自分の能力不足以外に見出さない限り、学習動機の低迷が続く。その他、再履修者とクラスメートとの関わりや再履修者への教師の対応などといった様々な要因が彼らの学習動機に影響を与えることも分かっている。クラスメートとの関わりでは、クラスメートとの交流が持てないことや再履修者自身が蔑視されていると感じることが学習動機を大きく左右する。教師の対応に関しては、特に再履修者との対応に問題が見られている。成績不振者である再履修者に対し、積極的な関わりを持つかどうかで再履修者の学習動機が変化するのである。そして、分析の最後に、これらの全ての要因を用いて、中国人就学生が再履修者となり、その後学習動機をどう変化させるのかについて構築した理論を示している。

ここで得られた理論は中国人就学生の学習動機の変遷を理解し、それに対応するためには有用であると言える。しかし、グラウンデッド・セオリー・アプローチを用いたことや分析に用いたデータに関して問題があったと指摘することができる。次に、その問題点について述べる。

まず、この方法論では学習者個人の文脈が切り取られてしまうという点である。グラウンデッド・セオリー・アプローチではインタビューデータを意味の分かる程度にまで区切って切片化する。この作業によってそれぞれの学習者が置かれている文脈や背景が全て切り取られることになる。これは、グラウンデッド・セオリー・アプローチがある現象に関して一般化された理論構築を目指すため、やむをえない一面であると言える。しかし、学習動機は学習者それぞれの経験や置かれている状況によって変わるものであり、日々刻々と変化するものでもある。様々な背景を持つ学習者の文脈を切り捨てて考えることは、特に学習動機を扱う研究においてはふさわしくない点があると言える。そのため、中井（2006）では可能な限り学習者の文脈が切り取られないような切片化を試みた。しかし、グラウンデッド・セオリー・アプローチの性質によって、中井（2006）で得られた理論が全ての中国人就学生の状況を一般化したものであり、理論通りに学習動機を変化させるという誤解も招きかねないものとなった。例えば、全ての中国人就学生が来日することで孤独感を持つようになったりアルバイトへ関心を移したりするわけでもなく、また、その2点が揃って初めて学習動機に影響を与えるというわけではないということである。

これらの点を補えるのが木下（2007）の提唱する修正版グラウンデッド・セオリー・アプローチである。詳細については後に述べるが、この修正版グラウンデッド・セオリー・アプローチを用いれば、データを提供してくれる調査協力者の文脈を切り捨てることなく分析を進めることができるのである。また、分析結果もその調査対象となる現象の動きを取り込むことができる。学習動機は時間的、空間的なファクターから影響を受ける。このような不安定な要素が多く含まれるものを扱う場合、文脈を取り入れることができ、現象を動的に捉えることができる修正版グラウンデッド・セオリー・アプローチが有用だと考えることができる。

次に、分析に扱ったデータについてである。中井（2006）では再履修者と教師のインタビューデータを同時に分析した。しかし、再履修者のデータと教師のデータはそれぞれの視点に立ったものであり、両者が持つ様々な観点に影響されたものである。したがって、それらを同じデータとして扱い、分けることなく分析を進めるのは、学習動機の変遷を解明するには問題があると考えられる。これらの点から、本研究では、再履修者や教師のデータを区別して再度分析を行い、学習者の背景とその時々に置かれている状況を取り込む形で、常に変化する学習動機を検証し直すことを目的とした。

さらに、中井（2006）が行った分析結果には妥当性に問題がある。インタビューデータをもとに分析を進めるのは、そのデータ提供者の背景を理解するのに有効であると考えられる。しかし、そのデータ自体は提供者の視点に基づいたものであるため、分析結果の妥当性を証明する必要がある。そこで、本研究では再履修者からのデータの分析と教師からのデータの分析に加え、第三者としての私からの視点で捉えた事実を分析として加えることで、この問題の解決を図った。具体的には再履修者と教師がいる教室に私が入って授業観察を行い、その観察データをもとにケース・スタディによる分析を取り入れた。

このように、本研究では、再履修者と教師のデータそれぞれに修正版グラウンデッド・セオリー・アプローチを用いて再分析を行うことに加え、授業観察によるケース・スタディという新たな分析を追加した。

様々な要因によって再履修となった中国人就学生の学習動機の変遷を、彼らが置かれているそれぞれの文脈を重視し、彼らの置かれている状況と照らし合わせながら学習動機の変遷に注意が向けられるように、中井（2006）で得られた理論の再構築を行った。それによって、学習者がなぜ規定のコースから落第することになるのか、再履修をすることによってどのような影響を受けているのかという問題を明らかにし、学習者を再履修者へと導く要因や学習者が再履修者となる過程で起こっている変化、また、再履修という措置が学習者に与える心理的な影響や日本語学習に与える影響など、学習者に起こっている現象やそれに対する彼らの気持ちを理解することを目指した。

注 [1] 2010年7月1日より、留学生の安定的な在留のため、在留資格「留学」と「就学」の区分が廃止され、「留学」の在留資格へと一本化された。

[2] この図1は筆者が独立行政法人日本学生支援機構の資料をもとに作成したものである（http://www.jasso.go.jp/about/statistics/intl_student/__icsFiles/afieldfile/2015/10/13/data14_brief.pdf）。2010年7月1日付けで在留資格「留学」「就学」が一本化されたことから、2011年5月以降は日本語教育機関に在籍する留学生も含めた留学生も計上している。

[3] 図2と図3は、平成27年度日本語教育機関の概況（平成27年3月）のデータをもとに図にしたものである。（http://www.nisshinkyo.org/article/pdf/20160209s.gaikyo.pdf 2016/2/1）。

[4] 『「「留学生30万人計画」の骨子」取りまとめの考え方に基づく具体的方策の検証』p.16　中央教育審議会　大学分科会　留学生特別委員会　第9回（平成20年6月23日　配布資料2、文部科学省HP http://www.mext.go.jp/b_menu/shingi/chukyo/chukyo4/020/gijiroku/08062407/001.pdf（2009/11/16））

[5] 浅野慎一（2004）「中国人留学生・就学生の実態と受け入れ政策の転換」によると、日本政府の留学生受け入れ政策における転換の原因として、留学生10万人計画の達成と当時の中国人留学生・就学生による不法就労・不法滞在・犯罪などの増加が考えられている。

[6] 朝日新聞2004年4月22日によると、中国人の不認定の割合は全外国人申請者全体の94.1％を占めていた。

[7] 『「「留学生30万人計画」の骨子」取りまとめの考え方に基づく具体

的方策の検証』p.16　中央教育審議会　大学分科会　留学生特別委員会　第9回（平成20年6月23日　配布資料2、文部科学省HP http://www.mext.go.jp/b_menu/shingi/chukyo/chukyo4/020/gijiroku/08062407/001.pdf（2009/11/16））

[8] 入管から各日本語学校宛に、日本語教育機関の選定結果として適正校あるいは非適正校が文面にて通達される。

[9] 入学する予定の日本語学校の職員が現地に赴いて日本語能力を確認している場合は、その客観的な証明書類を提出してもよいことになっている。

[10] フィールドとなった日本語学校では、「調査票」として中国の「公証処」という機関によって発行される「公証書」を提出している。

第2章 再履修者のインタビューデータを用いたM-GTAによる学習動機の分析

1 本研究の方法論

次に、質的研究法の定義とこの方法を本研究で用いる理由について述べる。

1.1 質的研究法

研究は一般に量的研究と質的研究に大別される。質的研究は、主に統計学理論を用いて行う量的研究としばしば比較される。量的研究は数量化によって現象を検証するのに対して、質的研究は数量化ではなく、個別のデータが持つ質的な意味に着目しながら現象を検証するものである。質的研究は、扱われるデータと結果の表示が質的なものであり、データには、言葉に限らず図や映像、音声などの現象を記したもの全般が含まれる（澤田・南2001）。こういったデータをもとに、先に立てた仮説を分析によって検証する「仮説検証型」よりも、データから仮説を明らかにしていく「仮説生成型」のスタイルで分析が進められることが多い。質的研究法には様々な認識論からなる手法が存在しているが、扱われるデータの質や理論的背景などから見ても、量的研究とは全く異なっており、単純に比較できるものでも対立するものでもなく、それらを研究の一手法として個別に捉えるべきであると言える。質的研究は、特に看護や保険、医療や教育分野など対人援助に関わるヒューマンサービスの分野においてその関心を集めており（木下2003）、数多くの研究成果が上がっている。

1.2　本研究で質的研究法を用いる理由

本研究において質的研究を採用する理由は、量的研究を追及する場合に起こる問題点から説明できる。仮説検証型の量的研究を進める場合、データを収集する時点でいくつかの条件の設定が必要となる。そして、その条件下で得られたデータを用いて仮説を検証することによって、その仮説が実証される。これは言い換えれば、その条件下で得られたデータ以外のものは、この仮説を満たすための要素にはならないということである。つまり、取り上げる要素が一定条件下で得られるようなものでない変数の場合は、量的研究法による検証が難しくなるということになる。本研究で取り上げる学習動機に影響を与える要因というものは、条件を設定すれば単純に得られるという変数ではない。学習者個人が持つ心理的な要因や置かれている文脈、学習が起こっている場面にある様々な要因などが相互に作用しながら複雑に絡み合っていることが予想される。そのため、本研究には収集されるデータの質から考えても、質的研究法を採用する方がふさわしいと言えるのである。

しかし、質的なデータを数値などの量的なデータに還元した上で分析するという手法も確かに存在する。例えば、会話データの中にある特定の語彙がどのように使用されているかといった調査やアンケート調査などがそれにあたる。本研究の焦点である学習動機に関しても、この手法を応用することは可能であり、こういった研究も実際に行われている。しかし、学習動機の変化のプロセスや学習という行為の意味は、この手法では収集しきれないものであり、単に量的な数値に換算できるものであるとは考えられない。また、学習動機の形成やその変化を通して再履修という学習者の経験を明らかにすることに主眼を置いていることから、本研究は質的研究法の枠組みで進めることとした。

1.3　質的研究法の特徴

次に、質的研究法の特徴について挙げる。質的研究法はデータ収集や分析に関して調査者の技量がその質を左右するため、調査者自身が研究を進める上で重要な位置を占めている。調査は研究の方向性を担う調査者が故意に手を加えることのない状態で生じる現象について行われなければならない。その際に取るデータには、フィールドノーツ、写真や絵、音声や映像、記録やメモといった様々な種類のものがあるが、これらのデータの中でも、特に人々の認識や感情に関するもの、人と人との相互作用に関するものに焦点を当て、その現象や行為が起こるプロセスの解明を行っていく。分析では、人の内面的な要素もその対象となるため、プロセスの解明には詳細な描写などの記述が行われる。現在では様々な視点から質的研究が行われているため、一概にこれらの特徴が全て当てはまるというわけではないが、このような質的研究を進めるにあたって、その方法に1点だけ共通して生じる問題点がある。それは調査者、つまり研究者自身が研究のツールとなっており、研究全体を大きく左右するという点である。これは、質的研究が恣意的であると指摘される要因の1つでもあり、質的研究の信頼性と妥当性の確保という問題に関連する。

1.4 質的研究法の信頼性と妥当性

量的研究の場合、信頼性や妥当性は次のような意味になる。信頼性とは、分析によって得られた結果が同じ条件下である限り何度行っても同じ結果が出るということを意味している。それに対して、妥当性とは、得ようとしているもの、測ろうとしているものが確実に結果として得られているのかということを指している。信頼性が高い結果は、同じ状況を設定すれば誰が行っても同じようになる結果であり、その結果が本当に測りたい内容であるということが妥当性の高さを示していることになる。この信頼性と妥当性は、質的研究においては、研究者が拠って立つ認識論や具体的な分析方法によって確保されることになる。

認識論に関して言えば、主に主体と客体に関する問題が取り上げられるだろう。同じ条件下では同じ結果が必ず得られ、なおかつ測定したいものが得られているということが信頼性と妥当性を補償しているというのは、言い換えれば、研究者の主観が排除され、なおかつ客観的に常に正しい結果が得られるということを意味している。主観的な観察というのは、調査者自身を中心とした状態での物事や事象の観察のことで、客観的な観察は、必ずしも調査者を中心としない状態での観察である。量的研究においては、この客観性が重視されており、調査者である研究者自身の視点は排除されているべきなのである。しかし、この客観性を持つものとして捉えられる客体というものは主体から離れて存在するということ、また、主体から離れた客体が正しいものであるという考え方には疑問が持たれる場合がある。本研究で扱うような学習動機など、人々の感情や認識、相互作用によって生まれる全ての現象や行為には、それに関わる人の主観が必ず存在するからである。さらに、質的研究ではそのようなデータを扱うこと、また、その現象を問題として捉えて分析しようとすること自体が調査者である研究者の主観から捉えられた事実であるため、量的研究が拠り所とする認識論とは異なっているのである。主観の対極が客観であるのではなく、客観はその主観の延長上にあるということ、客観は人々の相互作用で作られ与えられた意味であるという構築主義的な認識論が質的研究を支えている。次に、この質的研究において、信頼性と妥当性がどのようにして確保されているのかについて述べる。

1.5 信頼性と妥当性の確保

質的研究の信頼性を高めるためには、研究全体を明確化することが重要な要素となる。どのような研究者がどのような立場から研究に携わったのかを明らかにすること、データの収集や分析の手法を明確化することで、他の研究者が研究の全過程を辿ることができるようになる。また、分析を通して出した結論は、どういった事実に基づいているのか、事実と研究者の解釈を明確に区別して記述することも必要となる。さらに、この事実に関して言えば、音声や映像として残し保存することでその信頼性を高めることにつながる。

次に妥当性であるが、妥当性を高めるための方法としてはトライアンギュレーションや反証となる事例を検証することが用いられる。トライアンギュレーションは「三角測量」という意味である。異なるグループからデータを収集したり、違ったアプローチで検証したり、分析を複数の研究者で行ったりすることでデータや結果の信憑性を高めるのである。

以上のような方策によって質的研究の信頼性と妥当性が確保されるのであるが、それでもなお、質的研究法は恣意的、あるいは主観的であると批判されることがある。先に述べたように、質的研究は主観というものを積極的に取り入れているからである。しかし、この批判の原因ともなる主観を取り入れるということは次のように考えることができる。

研究には、ある社会現象を問題として取り上げ、分析の対象を決めるという研究のスタートの時点から研究者の主観が存在している。しかし、主観を認めるというのは、決して客観を否定するものではなく、主観を研究にうまく取り込むという意味が含まれている。あらゆる社会現象の中から特定の現象を問題視して取り上げ、そこから理論を引き出すという作業は、研究者の主観から生まれる理論的感受性というものがなければならない。その感受性の違いによって、問題とされる現象自体が異なり、さらには生成される理論も変わってくるからである。また、データの情報源となる調査協力者を選択する場合や、分析を進めながら必要となる情報源を選ぶ場合も、この研究者が持つ理論的感受性というものが研究成果の良し悪しを左右することになる。分析の過程で新たなデータを収集する際に行われる対象者の選択は、理論的サンプリングと呼ばれているが、理論的感受性とともにこの理論的サンプリングに関しても研究者自身の主観が重要な役割を果たしているということができるのである。

1.6 修正版グラウンデッド・セオリー・アプローチ

次に、本研究で採用した修正版グラウンデッド・セオリー・アプローチについて述べる。まず、はじめにグラウンデッド・セオリー・アプローチについて概観し、修正版グランデッド・セオリー・アプローチへの理解を深める。

1.6.1 グラウンデッド・セオリー・アプローチ

グラウンデッド・セオリーは米国の社会学者GlaserとStraussによって提唱されたものであり、「社会調査において体系的に獲得されたデータからの理論」のことである（グレーザー・ストラウス1967/1999）。このグラウンデッド・セオリーを生み出す方法をグラウンデッド・セオリー・アプローチ（以下、GTAとする）と呼ぶ。このアプローチは、体系化された一連の手順に従って、ある現象に関するデータから帰納的に理論を引き出し構築するという質的研究の方法論の1つである。1960年代の社会学の分野においては、量的研究による理論の検証が多く、現場に基づいた実証的な理論の生成があまりされていなかった。GTAは当時のその状況の中から生まれ、新しい研究法として提案されたものである。このGTAによって得られるグラウンデッド・セオリーという理論の特徴は次のようなものである。

グラウンデッド・セオリーは上述のように、データに根ざした理論である。これはデータに基づいて研究者が理論を作り出すのではなく、インタビューや観察などで得られたデータから実証的に理論を取り出し、生成していくということである。GTAでは、この理論生成の過程が重要であり、得られる理論は現場において説得力を持つものでなければならない。さらに、この理論は、特に人間の社会的相互作用によって生じる変化やプロセスの説明や予測を促すものでなければならないとされている。

このGlaserとStraussによって提唱されたGTAは『データ対話型理論』（グレーザー・ストラウス1967/1999）という著書で紹介された。これはGTAの基本となる著書で、当時、新しい社会学調査のあり方を提起したものではあったが、実際のデータ収集や分析についてはあまり明確に示されてはいなかった。そのため、後にGlaserは*Theoretical Sensitivity*（1978）、Straussは*Qualitative Analysis for Social Scientists*（1987）という著書を刊行しその不足点を補っている。しかし、この著書が出版された後に、StraussとCorbinによって*Basics of Qualitative Research: Grounded Theory Procedures and Techniques*が出版された。それによって、Glaserと彼らの関係は対立することになったが、GTAの概念自体は両者とも共通しており、条件マトリックスなど分析の手順が具体的に示された点でその実践を容易にしたことは特筆すべきことである。

いずれにしても、グラウンデッド・セオリーは、ヒューマンサービスなどの実践領域で活用され、実践の場で応用されることで検証や修正を加えられる理論でなければならないとされている。この理論は、ある現象に関するデータの収集と分析によって生み出されるため、グラウンデッド・セオリーとデータ収集、そして分析の三者は、相補的な関係にある。また、現場に関連のある事柄を明らかにしていくことが目的であるため、ある理論から研究を開始し、その後それを検証するのではなく、研究の現場に入ることから研究を開始していくということになる（ストラウス・コービン 1990/1999: 18–19）。

1.6.2　GTA の分析方法

次に、Strauss と Corbin による GTA（ストラウス・コービン 1990/1999）について概観する。

GTA は、ある現象に関して、データに根ざして帰納的に引き出された理論の構築を目指すものであり、その手順の基本となるのがコード化である。コード化とはデータを分割して概念化するものであり、まず、オープン・コード化という手続きが取られる。オープン・コード化ではデータや現象を概念化することが行われる。その概念は、現象同士の類似点や相違点に基づいてカテゴリーとしてまとめられる。そして、次に行われるのが軸足コード化で、これは複数のカテゴリーを1つのカテゴリーに関連づけるプロセスである。さらに、これらのカテゴリーを用いて抽象度の高いレベルでのコード化である選択コード化を行う。この選択コード化を繰り返した後、中核となる中核コードを作成する。この中核コードは概念レベルで表現したものである。これらに基づいて研究対象や着目した現象に関する理論のストーリーを形成する。そのストーリーは、生成した概念やカテゴリーを用いて、分析結果を簡潔に文章化したものである。

GTA ではプロセスとしての理論を産出するため、徹底的な比較分析が行われる。この比較分析を分析手順の主要部分、さらには理論構築の手法としている。この比較分析を行うにあたっては、研究者は様々なデータが持つ意味に対して鋭敏な意識を持って行わなければならない。この鋭敏な意識、つまり理論的感受性による適切な理論的サンプリングと適切な分析が行われる必要があるということである。

1.6.3　理論の妥当性

GTA では、コード化のプロセスにおいてカテゴリー同士を比較する際、それらの相互関係について仮説を立て、フィールドやデータと照らし合わせることで検証することを行う。そのため、データの収集と分析を並行して行うことになり、データ収集はそれ以上新しいカテゴリーが出てこないと予測される飽和状態に達するまで続けられる。そのデータ収集の際は、理論に基づくサンプリング、いわゆる理論的サンプリングを行う。これはそのカテゴリーを代表することを確認するために行われるもので、GTAで行う理論的サンプリングとは、質的研究における妥当性の検証となるトライアンギュレーション[1](triangulation)の原理に相当する。科学的手法によるトライアンギュレーションとして考えられるのは、複数の研究技法を組み合わせて仮説的推論の妥当性を高めていくことである。このトライアンギュレーションにあたる理論的サンプリングは、ある事実が他の状況においても存在すること、その人の確信と行為が一致していることを確認する作業となる。つまり、カテゴリーの検証と精度、さらに緻密さを高めるためのサンプリングは、そのカテゴリーを証明するために、すなわち、妥当性を証明するために行われるのである。

一方、StraussとCorbinによるグラウンデッド・セオリーの解釈（ストラウス・コービン1990/1999）を用いれば、GTAによって最終的に生成された理論については、その理論の妥当性を検証することは重視されていないということができる。その根拠はGTAの特徴そのものが示している。GTAは、ある理論から研究を開始した後に、その理論を検証するのではなく、研究の現場に入ることから研究を開始し、その現場に関連する事象を明らかにしていくものである。そして、抽出されるグラウンデッド・セオリーはある現象から帰納的に引き出されたもので、現象に関係のあるデータの体系的な収集と分析を経て構築された理論であるため、データ収集や分析と得られた理論は相補的な関係にある。さらには、現象に基づいたデータからの体系的な収集と分析を行う際、先に述べたようにカテゴリーの妥当性を証明する理論的サンプリングが行われる。こういった特徴を考慮すると、生成された理論、グラウンデッド・セオリーの妥当性を改めて検証する必要はあまりないと言えるのである。

1.6.4 修正版グラウンデッド・セオリー・アプローチ（*M-GTA*）

以上、GTAについて概観したが、本研究の分析ではGTAではなく、木下（2007）の修正版グラウンデッド・アプローチ（以下、M-GTA）を採用している。このアプローチも、GTAと同様に、特にサービスが提供されるような実践的領域に応用するのがふさわしいとされている。M-GTAを用いた分析も、ある実践的な領域で起こっている現象の解決や改善を目指すための理論を構成することができる。また、M-GTAによる理論は、研究者が関心を持った現象や課題に関するデータから引き出されたもので、現象が起こる過程に注目したプロセスの理論である。M-GTAはGTAに修正を加えたものであるため、理論的には変わりがないが、以下の点で異なっている。

GTAは、経験的調査から理論生成に至る新たなアプローチとして、データに密着した分析方法を提案したもので、オリジナル版とも言えるGlaserのGTAは数量的研究法の認識論に立っている。これはStraussとCorbinのGTAも同様で、両者は客観主義的な立場に立っており、「客観主義的立場と近年の質的研究への関心動向とは"ねじれ"の関係にあると考えられる」と木下（2007）は述べている。そこで、木下（2007）は根本的な位置づけがあいまいとなっているGTAの基本的特性を継承しつつ、様々な課題を克服しようとM-GTAを提唱した。

オリジナル版GTAで示された基本的特性については、すでに述べたとおり、理論生成への志向性、grounded-on-dataの原則、経験的実証性、現場への応用による検証という4つの立場があり、M-GTAにおいても継承されている。この基本的特性に加えて、木下（2007）は次の3点を取り入れている。それは、分析プロセスを明らかにするコーディング方法の明確化、意味の深い解釈、客観主義と質的研究動向に対する独自の認識論を取り入れるという点である。GTAでは得られたデータに基づき理論を構築するもので、実証主義という立場に立っている。しかし、木下（2007）は実証主義を基礎にするのではなく、経験主義の立場をとり、「現実を理解するためにデータ化を行うこととその人間による感覚的な理解の重要性を強調」（p.29）している。それは、分析結果である理論を現場において応用することを重視し、そのプロセスが得られた理論の検証になると考えているためである。

次に、M-GTAの特徴とも言えるインターラクティブ性について述べる。これはM-GTA独自の認識論であるが、データ収集段階、データ分析段階、分析結果の応用の段階という3つの段階において研究する人間を他者との社会関係に位置づけるという考え方である。研究者は、社会的活動としての研究を行う人間として、データを提供してくれる調査協力者や得られた理論を応用してもらう人々と関わりを持つ。また、研究者はデータ分析において、その意味解釈の主体として存在しており、現実世界の中で独立した存在ではありえない。そこで、M-GTAでは「研究する人間」の視点を導入し、研究者の立場を抽象化せず、社会関係に積極的に組み込む。そうすることで、明確な他者の存在を研究の視点の中に作り出し、解釈が恣意的になるのを防ぎ、客観性を担保することができるのである。さらに、分析は一定の条件に基づいて実際の協力者を抽象的に定義した「分析焦点者」を設定した上で行われる。この分析焦点者は、解釈のために設定される視点としての他者で、データ分析はこの視点を経由して行われていく。つまり、「研究する人間」の設定によって「誰が、何のために、なぜ、その研究をするのか」ということを明確にする。そして、分析結果の一般化が可能な範囲を規定する「分析焦点者」を通した分析によって、現場への応用性や研究としての発展性が高い理論の生成が可能になるのである（木下2007）。

このように、M-GTAとGTAでは分析の手法が異なっている。具体的に見ると、GTAでは得られたデータをできるだけ小さな意味のまとまりで区切りカテゴリーに分類していくため、そのデータの断片の背後にある背景が全て切り取られていく。しかし、M-GTAでは、GTAで行うようなデータの断片化は行わず、「研究する人間」が「分析焦点者」を通してデータが持つ文脈を残しながらデータの解釈と断片化を行っていく。この方法についての詳細は後述するが、M-GTAでは、このような分析を通して、人の行動といった何らかの「動き」を説明したり予測したりできる動態的な理論の生成を目指す。そして、得られた理論は現場での応用によって、継続的に修正を加えられていくと考えられている。

本研究では、中国人就学生の学習動機の変化を1つの現象として捉え、学習動機が変わっていく過程に存在するメカニズムを明らかにすることによって、教師の対応策を検討することを目的とする。そのため、現場の問題解決を図ること、また、動態的な理論を構築していくというM-GTAの理念は本研究に最も適していると考えられる。

1.6.5　分析方法

分析は木下（2007）による手順を踏まえて行った。

① 文字化データの中から、着目する箇所を探す。次に、分析テーマ[2]と分析焦点者[3]に照らし合わせてその意味を解釈し、概念を生成する。具体的には、着目した箇所を1つの具体例とし、さらに関連する他の具体例も探していく。こうして得られた複数の具体例を1つにまとめ、それらをある程度抽象的に表現する概念を作成する。
② これらの概念を作成する際、分析ワークシートを立ち上げ、概念名やその意味の定義、得られた具体例を記入していく。このワークシートの具体例を巻末に付録Ⅰとして挙げておく。
③ データ分析を進め、新たな概念を作成していく。分析ワークシートは個々の概念ごとに作る。新たな概念を作成する作業と並行して、既存のワークシートについても、新たな具体例となるものをデータから探す。新たな具体例があれば、それを分析ワークシートの具体例の欄に追加記入していく。具体例が極端に少ない場合は有効な概念ではないと判断する。また、この概念は他の概念との関係によって階層構造をなすことがある。類似、あるいは、対極の概念を含む上位の概念にまとめることができる。
④ 作成した概念の完成度は類似例による確認だけではなく、対極の例と比較することによって、解釈が恣意的になるのを防ぐ。その結果を分析ワークシートの理論的メモ欄に記録していく。この対極の例というのは、例えば「クラスには友人がいないから面白くない」という概念に対して、「クラスの人とは仲がいいので楽しい」というように、対照的な関係となっているものを言う。
⑤ 作成した概念と他の概念との関係を個々の概念ごとに検討し、関係図にしていく。
⑥ 複数の概念の相互関係からなるカテゴリーを生成する。カテゴリーは単なる概念の集合体ではない。概念同士の関係が全体の

プロセスの一部を説明する「動き」を示すもので、新たな解釈が得られるような概念の集まりのことである。つまり、概念同士が明らかにしたい分析対象の重要な変化のダイナミズムを捉えており、それが分析対象となった現象の改善をもたらす可能性のある新しい見方となるものということである。

⑦ カテゴリー同士の相互関係から、取り上げた問題を見据えて分析結果をまとめ、その概要を簡潔に文章化して理論のストーリーを作る。この理論のストーリーは分析テーマとして取り上げた問題が起こるプロセスを表している。また、このストーリーに基づいた結果図も作成する。

M-GTAにおける「概念」とは、データを解釈して得られる仮説的なものである。一定程度の現象の多様性を説明できるものであり、特定の要素を厳密に識別するものではない。そのため、概念とデータが1対1の関係、つまり、具体例だけを説明するようなものではなく、他の具体例も説明できるような概念を設定する必要がある。概念はある程度抽象化されたものであり、いくつかの具体例から得られた解釈を表している。そして、分析手順③や④の作業を通じて、「精緻化」と呼ばれる概念の精選を行っていく。この作業によって生成された概念同士の関係を検討し、分析手順①から⑤の分析過程において内発的に生じる「理論的飽和化」をもって、分析手順⑥に移行する。「理論的飽和」とは次の2点をもって判断される。1点目は、さらなるデータの収集・分析を行っても、新たな概念が作成されないという点である。2点目は、すでに生成された概念の対極的な概念を推測し、データを収集してもその生成された概念に不都合が生じないという点である。この2点をもって飽和化として判断し、最後のカテゴリー生成や理論の生成を行う。

1.6.6 M-GTA が生成する理論

まず、理論と言えば、様々な事象や要因を客観的に分析した結果得られるものであり、自然科学などの分野ではその普遍性が問われることになる。しかし、GTAにおける理論は自然科学で言うところの理論とは異なっている。

StraussとCorbin（ストラウス・コービン1990/1999）は、GTAによって導き出される理論「グラウンデッド・セオリー（grounded theory）」はデータから忠実に導き出されているものであるため、そのデータが存在する領域に忠実なものであると言っている。その領域に忠実なグラウンデッド・セオリーは領域における現実を現しているため、「研究対象となった人々とその領域で活動している人々の両方に理解され、納得されるはずである」（p.18）とも述べている。この点については、オリジナル版のGTAにおいても、木下（2007）が提唱するM-GTAにおいても共通しているところである。また、オリジナル版のGTAでは、生成されるグラウンデッド・セオリーは領域密着型理論と一般化されたフォーマル理論の2つに区別されており、領域密着型理論からフォーマル理論へと発展させることが論じられている。M-GTAは前者にある状況に密着した理論生成を掲げており、この点では若干異なるが、いずれにしても、研究者が関心を持った特定の分野で起こる特定の社会現象について説明できる法則がGTAによって導き出されるのである。

では、このGTAが作り出す理論とはどういう理論なのであろうか。

GTAでもM-GTAでもデータに基づいた理論であるという点では共通しているが、その理論の生成過程に異なる点がある。GTAでは継続的に同時進行でデータ収集と分析を行う。解釈内容を確認しながらカテゴリーからコアカテゴリー、中核カテゴリーへとカテゴリーの精製を行い、理論を構築する。一方、M-GTAではこの同時進行で行われるデータ収集と分析は切り離されている。まずデータ収集を先に行って基礎データとし、分析対象を確定する。その後、この基礎データに対して継続的な比較分析を行う。この分析過程で不十分なものについてデータを収集していき、理論生成へと至る。この理論の完成には両者とも理論的飽和という状態が必要となる。GTAでは同時進行で行われるデータ収集と分析を重ね、新たなカテゴリーが出てこないと判断された時点が理論的飽和化とみなされる。しかし、M-GTAでは、分析する基礎データや追加されたデータの内容と範囲を限定し明確化する。分析者以外の人にデータの限定性を明らかにすることで、行われる分析の妥当性と理論的飽和に至った判断の正当性の理解を得ることができると考えられているのである。この限定を木下（2007）は方法論的限定として述べているが、M-GTAは分析の基礎となるデータの範囲や内容を明確化することで、そこから始まる分析や分析の結果生成される理論について、他者の理解が得られやすくなるというのである。

また、GTAでは、得られた理論の実践と修正を繰り返すことで、領域密着型理論から抽象度の高いフォーマル理論へと発展させると言われているが、M-GTAで生成される理論は、分析対象となった特定の人、特定の場所における現象に関する理論であって、この理論を現場に応用し修正していくことができるものとされている。両者とも分析の結果得られる理論は、現場に応用することで修正、発展が可能であるという点では変わらず、理論の応用者が必要な修正を加えることができるプロセスの理論として捉えている。一定の条件が満たされる場合、必ず成立する理論とは異なり、たとえ優れた理論がGTAによって得られたとしても、それだけは不十分なものとなる。その理論を理解し、評価し、応用しようとする理論の応用者の存在があってこそ理論として成立すると考えられている。

さらに、GTAが産出する理論は「中範囲理論」と呼ばれるものであり、抽象度という観点から言うと最も活用の可能性が高いものであると言われている。この中範囲理論とは社会学の法則主義者であるRobert K. Mertonが提唱したもので、理論と実証を体系化・統合化するための理論であり、その名称のとおり中程度の範囲を包括する理論である。小範囲の理論は、経験に基づいた調査によって展開される仮説を指し、大きな範囲の理論は、全てを包括するような一般理論を指す。中範囲理論はその両者の中間に位置するものであり、クローザーズ（1993）は、社会現象を捉える研究はこの中範囲理論を導き出すことが重要であると述べている。それは、一般的な理論は観察された個々の現象からかけ離れすぎているためそれらの現象を説明できないことがある。その一方で、個別の事実に関する詳細な記述は一般化されたものではない。その中間に位置する中範囲理論は抽象化された概念を含んではいるが、それらは観察データに密着しているため経験に基づいた検証が可能になるからである。中範囲理論は、社会現象の中でも限られた側面だけとなるが、社会現象を扱うのに最も適しており、その理論の実証が容易にできるため活用の可能性が高くなるのである（p.46）。

2 調査協力者と調査方法

2.1 サンプリング

まず、本研究の前身となる中井（2006）のデータのサンプリングについて述べる。GTAを用いた中井（2006）では、次の理論に基づいてサンプリングを行った。

質的研究におけるサンプリングで重要となる特徴（Kuzel 1992）としては、柔軟なサンプリングが行われた後、研究の進展に伴う論点の明確化によって、さらなるサンプリングの対象を決定することにある。このサンプリングは、カテゴリーの妥当性が得られるまで継続される。妥当性が得られる、つまり、新たなデータが現れなくなるという状態は、前節で述べた理論的飽和に相当する。ただし、サンプリングには、すでにインタビューを行った調査協力者に、さらに質問事項を追加して再びインタビューを行うこと、新たな調査協力者を選出してインタビューを行うこと、そして、既存のデータの中からデータをサンプリングすることも含まれている。

また、Maxwell（2005）は、質的研究におけるサンプリングには、'purposeful sampling' と呼ばれるものがあると述べている。これは、他の選択をしたときには得られない情報を得るために、意図的に行う選択のことである。この選択の目的は、ある母集団に存在する異質分子を十分に得るためであり、分析過程で得られた仮説に対してその選択されたものが重要な意味を持つケースであることを検証するためでもある。

このサンプリングの理念に基づき、中井（2006）での分析を終えた後も新たなサンプリングを行い、調査協力者を得ていた。そこで、本研究では、中井（2006）で用いたデータに加え、その後新たに収集したデータの全てを分析対象とした。本研究で採用するM-GTAにおけるサンプリングは、その特徴として、データ分析によって生成されたカテゴリーにおける具体例の類似あるいは対極となるものをデータの中から探索していくということにある。つまり、本研究は中井（2006）で行ったサンプリングにより得られたデータを用い、M-GTAの手法で分析をやり直すこと、そして、そこから類似点や相違点をもとにデータのサンプリングを行うことで理論的飽和を目指す。

2.2　本研究のフィールドと調査協力者について

本研究で用いたデータは、中井（2006）のものとその後収集したデータであり、中井（2006）のものと重複するが、ここで、そのデータを収集したフィールドと調査協力者について示しておく。まず、フィールドは筆者が勤務していた日本語学校であり、調査協力者はその日本語学校に在籍していた再履修者である。ここで、フィールドとなった日本語学校と再履修者が作り出されていた状況について再度簡単に説明する。

フィールドとなった日本語学校では、主に進学を目標とした日本語の指導が行われていた。1年から2年までのコースが設けられており、学習者は基本的に初級、中級をそれぞれ6か月で終え、その後上級へ進む。初級レベルでは日本語教育においてよく利用されるテキスト『みんなの日本語Ⅰ』、『みんなの日本語Ⅱ』（スリーエーネットワーク）が用いられ、それぞれのテキストに3か月の期間が充てられていた。『みんなの日本語Ⅰ』から『みんなの日本語Ⅱ』への進級、また初級レベルから中級レベルへの進級は、『みんなの日本語Ⅰ』、『みんなの日本語Ⅱ』を終えた時点での定期テストの結果で判断されていた。中級レベルでは、『テーマ別中級から学ぶ日本語』（研究社）をメインテキストとするカリキュラムが組まれていたが、これも初級と同様に3か月で区切られており、中級前半と中級後半に分けられていた。その前半から後半への進級についても、前半終了後に実施される定期テストによって進級が決定されていた。

中級から上級への進級についても全く同様で、やはり中級後半の終了後に実施される定期テストの結果によって進級の可否が判断されていた。ただし、上級に関して言えば、上級を開始してから3か月後ではなく、6か月後に定期テストが実施され、その定期テストの結果が次のクラス再編成の資料となっていた。また、上級クラスでは10月より開始する秋学期が進学準備の時期となり、学習者の能力や希望を一部取り入れた形でクラス編成が行われていた。

このように、この日本語学校では、上級になるまで3か月ごとの定期テストの成績を主な判断材料として、その学期に在籍したレベルから次のレベルへの進級を決定していることになる。学期末テストは聴解・読解・文字語彙・文法の4種類あり、それぞれ100点満点であった。合計400点満点のうち、総得点が220点以下であったり、文法が40点以下であったりするような場合、学習者は「再履修」しなければならなかった。ただし、220点という点数は、そのときの平均点を考慮するため、多少前後することがあった。さらに、学校の経営上、クラス数が限定されることもあり、クラス編成時の最大クラス数や学習者の人数を考慮して再履修の有無が決定されることもあった。このような基準をもとに進級できないことが決まった学習者は、「再履修者」となってそのレベルにとどまり、次の2つのパターンで再度学習することになる。それは、下のレベルから進級してくる新しい学習者に混じって学習するパターンと、再履修者のみを集めたクラスで学習するパターンであるが、再履修者の人数やクラス編成の人数などの制限により、前者のケースになる場合がほとんどであった。

2.3 調査協力者

中井（2006）は、上で述べたような再履修者に調査を依頼した。また、その調査以降もサンプリングを継続し、新たな再履修者に調査協力を依頼し、データを収集しており、本研究ではこれら全ての再履修者からのデータを用いる。

調査に協力してくれたのは、14名の中国人再履修者である。彼らは、当時筆者が所属していた日本語学校に在籍する再履修者の中から、時間的な拘束や倫理的問題を考慮した上で選出した。その属性は次に挙げる表1のとおりである。また、データの中に教師の対応に関する発言があり、分析の過程でそれに基づいた概念とカテゴリーが生成された。この教師の対応に関する概念やカテゴリーについて考察する際、教師の対応について教師側にも確認する必要が生じため、再履修者を担当した教師にもインタビューを実施した。第2章の考察で引用したのは5名の教師のインタビューで、教師の属性は以下の表2に示しておく。教師には再履修者への対応やそのときの様子について半構造化インタビューを行った。

本研究ではインタビューデータを用いることから、フィールドの関係者などによって発言者が特定される恐れがある。そのため、表にある属性の表示は、倫理上の問題を考慮して、全ての調査協力者に仮名を用いている。

表 *1*　調査協力者「再履修者」

対象（仮名）	岩	哲	金	義	田
入学年月	2004年4月	2004年10月	2004年10月	2004年10月	2004年10月
年齢	20代前半	20代前半	20代前半	20代前半	20代前半
性別	男	男	女	男	男

対象（仮名）	趙	明	源	高	暁
入学年月	2004年10月	2004年10月	2004年10月	2005年4月	2005年10月
年齢	20代前半	20代後半	20代後半	20代後半	10代後半
性別	男	男	男	男	女

対象（仮名）	湘	林	栄	石
入学年月	2005年10月	2005年10月	2005年10月	2006年4月
年齢	20代前半	20代前半	20代前半	10代後半
性別	男	男	女	男

表 2　調査協力者「教師」

対象（仮名）	田村	北	細田	村中	野村
年齢	40代	50代	50代	30代	30代
性別	女	女	女	女	女

2.4　インタビュー

2.4.1　インタビュー方法と質問項目

データの収集には半構造化インタビューを用いた。次に、そのインタビューの方法について、鈴木（2002）の分類をもとに述べる。

まず、インタビューには質問方法や回答の記録方法が標準化された構造化インタビューがある。これは大きなサイズのサンプルから主に量的データを収集するといったように、統計的な検証に用いられるものである。次に、非構造化インタビューがあるが、この方法では調査協力者の自由意志による自由回答法が用いられ、探索的・発見的調査に適しているとされている。そのため、サンプルサイズは小さいものとなる。そして、それらの中間に位置づけられるのが半構造化インタビューである。半構造化インタビューは、インタビューの前にあらかじめいくつかの質問項目を準備しておき、インタビューに臨むというものである。最も一般的なインタビュー方法であり、何を質問すればよいかがある程度把握できてはいるものの、どのような回答が得られるかが不明な場合に適している。また、新たな興味や関心を引くような回答が得られた場合は、必要があればフォローアップインタビューを行ったり、インタビュー中に新たな質問を加えたりすることができるという自由度の高いインタビューとなっている。なお、本研究のインタビューは、事前に作成した調査依頼書を調査協力者に手渡して説明を加え、同意を得た上で行っている。調査依頼書については巻末に付録Ⅱとして添付した。

実際に行った再履修者に対するインタビューは、以下の表3に示すようなインタビュー項目を設定して行った。上述のとおり、半構造化インタビューでは、インタビューの質問項目以外の質問や回答にも柔軟に対応できるため、インタビューは必ずしもインタビューの質問項目のみにとどまっているわけではない。また、インタビューを行った場所はフィールドとなった日本語学校内の教室、保健室、喫煙室であり、全て個別のインタビューとなっている。インタビューの際、許可を得た上で、インタビュー内容をICレコーダーに録音した。

表3　「再履修者」に対するインタビューの質問項目

「再履修者」に対する主な質問項目	＊「再履修」となった経緯についての理解 ＊「再履修」という事実の受け止め方 ＊ 以前のクラスと現在のクラスに対する印象 ＊「再履修」になる前後に起こった学習上の変化 ＊「再履修」が学習者にもたらした変化

2.4.2　ラポール

調査協力者へのインタビューにまつわる問題として、「ラポール」の問題を取り上げる。ラポールとは「面接者とインフォーマントが互いに信頼しあい尊重しあう気持ちのことであり、両者の関係が対等な協力関係であるという自覚に基づいて生まれるものである」。また、「信頼できる情報を得るための必須条件である」（鈴木 2002: 103–104）。したがって、ラポールが築かれなければ真実を聞き出すことが難しくなると考えられる。その一方で、オーバーラポールという問題もある。「インフォーマントとの親和感が強くなりすぎると面接者に同調する形で回答のゆがみが発生する可能性がある」（鈴木 2002: 104）。そのため、面接者は「「一歩距離を置いた関与」あるいは「客観性を失わないラポール」」（佐藤 2002: 78）を形成しなければならない。本研究では、バランスの取れたラポールを形成するため、鈴木（2002）が示すガイドラインの一部を応用し、それに従った。以下にインタビューのガイドラインを示す。

1. 面接承諾書を渡し、同意を得ておく
2. 本研究にはフィールドである日本語学校は一切関与していないことを知らせておく
3. 面接における権利を知らせる
   3-1. 全ての質問に答える必要はないこと
   3-2. 希望があれば回答を削除できること
   3-3. ボイスレコーダーへの録音が中止できること
4. 調査協力者を優先的に配慮する
5. 調査協力者のプライバシーを保護する
6. 調査協力者から得られたデータは本論文にのみ匿名で使用することを伝える

また、インタビュー時の調査協力者の日本語能力が初級後半程度であったため、当初はフィールドとなった日本語学校の卒業生で当時大学に通っていた中国人留学生に通訳を依頼した。しかし、大学生である通訳者は同じ母国の「再履修者」にとって、いわゆる成功を成し遂げたものであり、再履修となった彼らにとってラポールを形成しにくいと思われる場面があったため、通訳を介さずにインタビューを行うこととなった。

2.4.3 インタビューデータ

先述のとおり、本研究の調査協力者である再履修者とのインタビューは、通訳を介さずに行った。彼らの日本語のレベルは初級後半程度のものであったため、筆者が質問に中国語を用いたり、彼らが言いたいことを中国語で書いてもらったりすることもあったが、それについては2回目以降のインタビューで彼らの意図するところを中国語で表記したものとその日本語訳を確認してもらうという形で進めた。また、その日本語訳にはできる限り彼らが用いた日本語を使用した。そのため、後述の分析結果に引用する中国人再履修者のデータは、彼らが意図するところを筆者が日本語で補足、あるいは書き表したものとなっている。1回目のインタビューで得られた内容に関しては、次のインタビューの際に間違いがないか再度確認をしてからデータとして使用した。日本語教師から得られたデータに関しては、インタビューの際に日本語教師のコメントを返すという形で確認を行っている。以下の分析や考察にはこれらのデータを使用するものとする。

3 分析

3.1 学習動機に関するカテゴリーの形成

再履修者から得られたデータを全て文字化し、M-GTAの分析方法に従って、概念を生成し、カテゴリーを形成した。本研究における概念の生成や概念同士の統合、また、カテゴリーに含まれる概念などは次の表4-1から表4-3に示すとおりである。表では、上位概念を「○」、そこに含まれる下位概念を「・」で示している。

また、カテゴリーを作る際、再履修者の変遷の過程を次のように定めた。まず、学習者が再履修者になる過程を「過渡期」、再履修者になった後を「再履修期」、全ての過程を「全過程」と区別した。次の3.2では過渡期、3.3では再履修期、3.4では全過程に見られた学習動機の変遷に関わるカテゴリーについて述べる。概念は〈　〉、カテゴリーは【　】で示し、引用する具体例には、調査協力者の仮名とインタビューの日付を（哲050623）のように示す。

表4-1　再履修者のインタビューから得られた過渡期のカテゴリー

カテゴリー【自立心がもたらす学習動機の減退】
○概念1〈私はもう大人〉
・概念2〈日本では私は1人だから頑張らなければならない〉
・概念3〈両親にはもう頼りたくない〉
・概念4〈もう私は子どもじゃない〉
・概念5〈自分のことは自分でする〉
○概念6〈生活や学費のためのアルバイト〉
○概念7〈疲れた〉
カテゴリー【孤独感から生じる学習動機の減退】
○概念8〈母国での人間関係の喪失〉
・概念9〈日本には両親がいない〉
・概念10〈日本には中国の友達がいない〉
○概念11〈クラスでの人間関係の欠如〉
・概念12〈過渡期のクラスは面白くなかった〉
・概念13〈過渡期のクラスはつまらなかった〉
・概念14〈前（過渡期の前の学期）のクラスの方がよかった〉
○概念15〈寂しい〉
カテゴリー【学習の場の移行による学習動機の減退】
○概念16〈授業は面白くない〉
○概念17〈勉強はアルバイト先で〉
・概念18〈アルバイト先の方が学校で習うよりも分かりやすい〉
・概念19〈アルバイト先の日本人との日本語による会話が面白い〉
・概念20〈アルバイトでは使いたい日本語を教えてくれる〉
・概念21〈学校でできなくてもアルバイト先でもできる〉

表4-2　再履修者のインタビューから得られた再履修期のカテゴリー

カテゴリー【クラスメートとの関係による影響】
○概念22〈自分が恥ずかしい〉
・概念23〈周りの人に対して恥ずかしい〉
・概念24〈自分に対して恥ずかしい〉
○概念25〈周りの人の目が気になる〉
○概念26〈クラスメートとの交流がない〉
○概念27〈クラスに居場所がない〉
・概念28〈クラスにいたくない〉
・概念29〈クラスにいるのが嫌になる〉
○概念30〈クラスに居場所がある〉
○概念31〈クラスでの役割〉
○概念32〈クラスは楽しい〉
カテゴリー【教師とのインタラクションによる影響】
○概念33〈再履修者との関わり方が消極的な教師〉
・概念34〈先生は優しすぎて私が勉強しなくても怒らない〉
・概念35〈先生と話をしたことがない〉
・概念36〈授業中に寝ても怒られないので、寝るようになった〉
○概念37〈再履修者との関わり方が積極的な教師〉
・概念38〈先生によく話しかけられる〉
・概念39〈先生に点数を褒められる〉
○概念40〈やる気〉
・概念41〈やる気がなくなった〉
・概念42〈やる気になった〉
カテゴリー【両親の期待による影響】
○概念43〈両親の期待に応えられなかった〉
○概念44〈両親の期待に応えられるように頑張る〉

表4-3　再履修者のインタビューから得られた全過程のカテゴリー

カテゴリー【学習性無力感と原因帰属による学習動機の変化】
○概念45〈授業が分からない〉
○概念46〈やっても仕方がない〉
・概念47〈やりたくない〉
・概念48〈分からなくても仕方がない〉
○概念49〈原因帰属の転換〉
・概念50〈2回目だから分かりやすくなっただけで、自分には能力がない〉
・概念51〈アルバイトを減らして勉強時間を増やしたから今は分かるようになった〉

3.2　過渡期の概念とカテゴリー

過渡期には3つのカテゴリーと8つの概念が得られた。その3つのカテゴリーとは以下のとおりである。

①【自立心がもたらす学習動機の減退】
②【学習の場の移行による学習動機の減退】
③【孤独感から生じる学習動機の減退】

3.2.1 【自立心がもたらす学習動機の減退】

〈私はもう大人〉

この概念は、〈日本では私は1人だから頑張らなければならない〉、〈両親にはもう頼りたくない〉、〈もう私は子どもじゃない〉、〈自分のことは自分でする〉という概念を統合したものである。以下に挙げる具体例からその姿が見える。

「大学へ行きたいですが、私はもう大人だから両親には学費や生活費など払ってほしくないです。」（哲050623）

「両親は私が日本へ来るとき、たくさんお金を使いました。これ以上両親に頼ることはできません。」（岩050623）

「クラスの友達も頑張っています。私も頑張らなければ両親が心配します。もう子どもじゃありませんし、自分の生活も大学も自分のことだから自分でなんとかしなければならないと思います。」
（暁060621）

「勉強も分からないから嫌になったり、アルバイトに行くのも疲れるので嫌になったりすることがあります。国に帰りたいと思うときがありますが、日本へ来た以上、私は負けないで頑張ろうと思います。両親と電話で話をしても、体に気をつけて勉強頑張りなさいと言われます。だから、私はここで頑張るしかないんです。」（林060621）

「みんな成人だから、いつまでも両親から送金をしてもらうわけにはいかない。日本語学校を卒業したら、もらえない。今は6万ぐらいのお金（アルバイトによる収入）と両親の送金で頑張れば8万は貯金できる。」
（義050614）

いざ日本での生活を始めてみると、自分の周りには家族のように常に心配し、助けてくれる人はいないことに気がつく。学校には教師もクラスメートも同胞の人もたくさんいるが、それぞれが自分のために頑張って生活を送っている。勉強にせよアルバイトにせよ、それぞれがそれぞれの生活を持ち、人のためではなく自分自身のために頑張っている。

「みんな忙しいよ。アルバイト、勉強。時々何もしない（人もいる）。でも、没办法（＝どうしようもない）。あ〜。だから、私も頑張って、頑張って。お金もない。」
（田050606）

インタビューでは、この田のように周りにいる学習者のことを話す協力者が多かった。周りを見て自分も仕方がないから頑張るし、頑張らなければ生活に困る。周囲にいる学習者が彼らにとって励みになっていることに加えて、厳しい現実がそうさせているのであろう。毎日電話やインターネットを使って家族とは連絡しているものの、日本での生活を支えるのは自分自身であるということに気づき始める。家庭によっては経済的な問題があったり、日本語学習を進める上で何らかの問題に出くわしたりすることもある。また、日々の生活や勉学、進路の選択など、これまでにはないほど重い責任を感じる。調査を行った日本語学校では、初級レベルから進学に関する説明会が開かれることがある。それだけではなく、先輩やクラスに入っている教師からも進学の厳しさを聞かされることもある。日本語能力の問題だけでなく大学の学費という経済的な問題についても聞かされ、直面しなければならない数々の問題が待っていることを実感する。そんな中、彼らは「大人」としての自分を意識するようになる。そして、両親に頼ってばかりではなく両親から自立しようと思うようになっていく。

〈生活や学費のためのアルバイト〉

彼らは来日後、数か月もたたないうちにアルバイトをするようになる。アルバイトを始める理由は、中国と日本の物価の違いやそれぞれの家庭の経済的な問題など様々である。次に、その具体例を挙げる。

「日本の生活とか大学のためにアルバイトをしなければなりません。」 (哲050601)

「大学へ行きたいですが、私はもう大人だから両親には学費や生活費など払ってほしくないです。ですからアルバイトをしなければなりません。」 (哲050623)

「(「アルバイトを減らしてもう少し勉強時間を増やしたらどうですか。」という筆者の質問に対して) 両親は私が日本へ来るとき、たくさんお金を使いました。これ以上両親に頼ることはできません。」 (岩050623)

ここに挙げた概念は、アルバイトに関するインタビューの回答として得られたものから生成されたもので、「両親に頼りたくないから働く」という学習者のアルバイトに対する姿勢が窺える。受験にかかる費用、入学金、4年間の学費に加えて生活費などの様々な諸経費はこれから自分自身が作っていかなければならないのである。日本語学校への入学に関わる申請や費用は、両親が捻出していて、彼ら自身もそれを見てきた。そのときは分からなかった大変さを実感し、両親の苦労を痛感していることが彼らの発言の中から読み取れる。

筆者は、これらのデータから、アルバイトに対する彼らの姿勢は日本に留学することによって生まれた自立心から生じたものであると捉えた。〈私はもう大人〉であると考え、アルバイトで全てを賄おうと努力することに重点を置くようになるということである。

〈疲れた〉

日本で1人の生活を始めるようになって、お金を稼ぐ必要が出てくる。しかし、両親に負担を強いるわけにはいかないため、来日して2、3

か月後、日本での生活にも慣れたころにアルバイトを始めるようになる。ただ、アルバイトは、彼らにとって日本で初めて経験するものである。中国では学生がアルバイトをすることは稀だという。大学生の中には大学に通いながらアルバイトをする人もいるが、日本のように給料が高いわけでもないため、学生のアルバイトはあまり見られないそうだ。

必要に迫られて始めたアルバイトは、当初はあくまでも生活費を補うために行っていたが、仕事に慣れていくうちに、どんどん時間や日数を増やすようになる。それはアルバイトで手にする給料に喜びを感じるのと同時に、思っていた以上に簡単にお金を手に入れられることを知るからである。

趙　:「中国でアルバイトしません。(学生は) みんな勉強します。」
筆者:「お金はどうするの？ 遊ぶとき、買い物するとき、お金がいりますよね。」
趙　:「大丈夫、両親があげます。」
筆者:「そうですか。じゃ、日本でアルバイトをして、どうですか。」
趙　:「大変です。でも、お金がくれますから、うれしいです。」
筆者:「そうですか。」
趙　:「安いです。でも、中国より高いです。」
筆者:「給料？」
趙　:「はい。日本で物が高いですよ。だから、給料は少し (給料では足りない) です。でも、中国より高いですね。いいです。」

(インタビュー 050606)

これは、趙さんへのインタビューの一部である。日本でアルバイトをしてお金を稼ぐ喜びを感じてはいるものの、その給料では日本で生活を送るには十分ではないと話している。この2つの相反する要素が彼らをアルバイトへと駆り立てる。そして、それは生活のためだけではなく、近い将来に控えている進学にかかる費用のためでもあるだろう。勉強よりもアルバイトに労力を費やすことが次第に多くなり、その疲労感を隠せなくなってくる。それは、次の具体例を見ればその様子が分かる。

「アルバイトをたくさんしたので、疲れました。」（湘060727）

「アルバイトのせいで授業中はとても眠かったです。」（義050614）

「授業では勉強したかったですが、とても疲れたのでできませんでした。」（哲050623）

「勉強しなければならないし、先生にも悪いと思いましたが、授業では疲れていてよく眠ってしまいました。」（暁060621）

この概念は〈生活費や学費のためのアルバイト〉という概念と関連しているもので、彼らはアルバイトに多くの時間を費やすことで疲労が蓄積し、その結果、学校や家庭などの学習活動に集中できなくなってしまうのである。

3.2.2 【学習の場の移行による学習動機の減退】

〈授業は面白くない〉

インタビューで日本語学習について尋ねると、どの調査協力者も過渡期のころの学習は面白くなかったと答えている。次の具体例はその一部である。

「書いたり読んだりすることが多かったし、授業は面白くなかったです。」（栄060712）

「前のクラス（過渡期のクラス）の授業は、面白くなかったです。」（哲050601）

「教科書の勉強は面白くなかったです。」（義050614）

「いつも先生が話して、面白くない。学校は同じ。」（張061017）

「あ〜。つまらない。」（石070115）

彼らが学んでいた日本語学校では、受験を目標とするカリキュラムをもとに進められていた。特に初級クラスでは、過密なスケジュールが組まれており、1日で2、3の文型を学習していた。さらに、授業ではテキストに関連した聴解や読解、作文などの活動も組み込まれていた。1日でも休めば、取りこぼしが大きく、欠席が重なるとキャッチアップできなくなってしまうような過密さである。また、『みんなの日本語』のテキストをメインに進められている授業では、彼らにとって興味を引くものが少なかったようである。

インタビューでは、「勉強はどうですか」という質問に対して、「まあまあです」、あるいは、「面白くない」という返事しか聞こえてこなかった。この「面白くない」理由については、インタビューで質問を重ねてきたが、なぜ面白くないのかは彼らも分からなかった。

〈勉強はアルバイト先で〉

来日後の日本語学習に関するインタビューでは、日本語学校での学習に関して、次のように話す再履修者が見られた。

> 「アルバイト先の日本人に習う方が、分かりやすくて面白いです。この言葉にはたくさん意味があるけど、こんなときはこれを使うと教えてくれます。」 （義050614）

> 「学校ではあまりできなくても、アルバイトで勉強するから、大丈夫です。」 （暁060621）

> 「アルバイトをすれば、（日本語の知識だけでなく）仕事のこととか日本人の考え方とかいろいろ勉強できます。」 （林050621）

このような具体例から〈アルバイト先の方が学校で習うよりも分かりやすい〉、〈アルバイト先の日本人との日本語による会話が面白い〉、〈アルバイトでは使いたい日本語を教えてくれる〉、〈学校でできなくてもアルバイト先でもできる〉といった概念を生成した。そして、これらの概念を、ここに挙げた〈勉強はアルバイト先で〉という1つの概念としてまとめた。アルバイトには様々な側面があるが、ここでは、日本人との交流を通して行われる日本語学習や日本社会に関する知識の吸収という面に着目した。

「今週もみんなとお酒を飲んで、カラオケへ行きますよ。時々みんなで行きますが、日本人はとても面白いです。」 （高051012）

「アルバイト先の日本人はとても親切で面白いです。日本語も教えてくれます。お酒もよく飲みます。」 （義050614）

このように、彼らはアルバイト先で一緒に働く日本人と日本語でコミュニケーションを取り、その中で生きた日本語を学ぶことにとても高い関心を持っていることが分かる。教室で教師やクラスメートと学ぶ日本語とは違う面白さが彼らを引きつけているのであろう。したがって、日本語学校の教室で勉強できなくても、アルバイト先で勉強することができるから問題がないという意識まで持っている協力者もいた。彼らは、アルバイト先の日本人に日本語を教えてもらう方が理解しやすく、楽しかったと述べている。学校での日本語学習は全く分からないが、アルバイトで学ぶ日本語は理解ができて面白い。日本語学校での勉強に興味が持てない彼らにとっては、アルバイト先は格好の日本語学習の場であり、そこに知的好奇心を見出す。これによってますます日本語学校の授業に興味を示さなくなってしまうのである。このように、この概念は、日本語学習の場が日本語学校の教室からアルバイト先に移行していることを示していると考えられる。

3.2.3 【孤独感から生じる学習動機の減退】

このカテゴリーは〈母国での人間関係の喪失〉、〈クラスでの人間関係の欠如〉、〈寂しい〉という概念で構成されている。

〈母国での人間関係の喪失〉

これは〈日本には両親がいない〉〈日本には中国の友達がいない〉という概念を統合した概念である。来日後、特にまだ来日して間もないころは、これまでずっと身を置いていた中国の環境とのギャップを意識するようである。インタビューをしていると、筆者の質問に対する答えの中で、中国にいる両親や友人などの来日前の人間関係について触れられることがしばしばあった。日本と中国の違いを比較する場合、日本の生活や学校についての様々な回答に両親や友人が登場する。

「両親と離れました。」 (義050614)

「友達がいません。」 (湘060727)

「日本に来て1人になりました。」 (暁060621)

「1か月5回か6回電話します。毎週。僕はおねえちゃん(親戚)が4人いますから両親のことは心配しない。おばあさんの家も近いから(心配することはない)。僕は一人っ子です。心配より会いたいです。」 (明050606)

「授業じゃなくて、生活が想像と全然違いました。中国には友達も家族もいるから、中国の方が楽しい。」 (源0505030)

「両親に会いたいです。」 (林060621)

「日本に来てから、退屈なとき公園へいって軽く運動する。サッカーをしたいけど日本にする場所もないし、友達もいない。中国ではいつも友達とサッカーをしました。日本には一緒にする人がいません。」 (哲050601)

なぜ何度もこのような言葉が聞かれたのだろうか。これは彼らにとって、母国の両親や友人との関係から遠く離れているという現実が大きな意味を持っているためであると考えられる。日本に来ることでこれまで身近だった両親や友人の存在が遠くなり、その人間関係を失ってしまったことが彼らの心の中に大きな影を落としているのではないだろうか。

〈クラスでの人間関係の欠如〉

再履修になる前のクラスについて質問する中で、その答えとして頻繁に登場したのが、〈過渡期のクラスは面白くなかった〉、〈過渡期のクラスはつまらなかった〉、〈前（過渡期の前の学期）のクラスの方がよかった〉といった発言であった。

「クラスの人と話さないから全然面白くなかったです。」（暁060621）

「クラスではいつも1人でいました。」（明050606）

「友達を作るのは面倒ですから1人でいました。」（栄060705）

「（過渡期の前の学期のクラスでは）クラスメートとも仲がよくて、毎月のみに行ったり、ボーリングをしたりした。でも前のクラス（過渡期のクラス）[4]ではあんまり仲はよくなかった。面白くなかった。」
（哲050623）

再履修をしていたクラスが面白くなかったというのは、彼らのクラスに友人がいなかったことが原因だと考えられる。再履修をする前のクラスでは友人がいた、クラスの人と友人になるのは面倒だ、といった理由を述べているが、これらの具体例から、過渡期にあったころ、クラスでは人間関係をうまく構築することができなったということが窺える。彼らは、授業の間にある10分の休憩時間でも教室から出て行き、別のクラスの友人に会って話をしたり、教室にいても自分の席で頭を伏せて寝たりしていることが多かったとも話している。

〈寂しい〉

「寂しい」という言葉は全ての調査協力者がインタビューで触れていたものである。この「寂しい」を取り上げ、1つの概念として捉えた。次に、その具体例を〈寂しい〉気持ちになる理由とともに挙げる。

「誰とも話しませんでした。クラスの人とはご飯を食べたり、遊ん

だりしませんでした。何もしませんでしたから、ずっと1人でいて寂しかったですよ。」 （義050614）

「誰も友達はいませんでした。慣れてしまいましたけど、やはり寂しかったです。」 （哲050601）

「中国の友達がここにいないから寂しいです。」 （栄060712）

「両親に会えないのはとても寂しい。すぐにでも会いたい。」 （林060621）

「国の友達も両親もいないし、クラスでも誰とも話さないから一人ぼっちだ。」 （岩050623）

これは上述の〈母国での人間関係の喪失〉や〈クラスでの人間関係の欠如〉という概念が〈寂しい〉気持ちをもたらす原因の1つとなっていることを表していると考えられる。来日後の環境の変化の中、母国の家族や友人たちを思い寂しさを感じる。その上、クラスメートとの交流もなく教室にも友人と言える存在がないため孤独感に駆られるのである。

3.3 再履修期の概念とカテゴリー

再履修期に関して得られたのは以下の3つのカテゴリーである。

①【クラスメートとの関係による影響】
②【教師とのインタラクションによる影響】
③【両親の期待による影響】

次に、これら3つのカテゴリーとそこに含まれる6つの概念について記述する。

3.3.1 【クラスメートとの関係による影響】

〈自分が恥ずかしい〉

この概念は、彼らが再履修者になることによって感じる「恥ずかしい」という気持ちを取り上げたものである。

「もう一度（再履修）は自分に対してとても恥ずかしいです。他の人には恥ずかしくないです。」（義050614）

「自分に対して恥ずかしい。」（明050606）

「やっぱり気持ちは悪い。自分が情けなく思います。」（湘060727）

再履修の発表は、新学期が始まる直前に学校の廊下にクラス名簿を貼り出す形で行われる。学習者はクラス発表の日に自分の都合に合わせて見に来る。再履修者はその掲示を見て自分が再履修になっていることを知るのである。掲示によって知らされるということは、他の学習者、特に彼らを知っている元のクラスメートや友人も分かってしまうことになる。ここで再履修の決定を知らされる学習者はショックを受けると同時に、自分に対して、また、他の学習者に対して恥ずかしい思いをする。これは想像に難くないことである。そのため、この掲示を見てすぐに事務所へ異議を申し立てに来ることも多い。なぜ自分だけ、どうしても上げてもらえないのかなど初めは怒りを抑えられない様子でやってくる。

学習者は事務所にいる教務課の教師に再履修となった理由を教えてもらうが、すぐには納得することができない。納得できないまま、発表の2、3日後に始まる授業に参加する。しかし、いざ始まると前学期と同じ内容を学習すること、そして、新たにテキストを買うように求められることに不満を持ち、再度事務所に抗議に行く。時には泣いてしまう再履修者もいた。調査開始当初、専任講師として事務所にいた筆者はこのような様子をよく目にしたものである。新しいクラスにいるのは、再履修者の後輩にあたる学習者がほとんどで、その新しいクラスメートにも再履修しているということが次第に知られていくようになる。こういった背景を踏まえなければ、具体例に挙げたような彼らの恥ずかしいという思いには決して近づけないのである。

〈周りの人の目が気になる〉

恥ずかしい思いをしている再履修者は、教室で何を感じているのであろうか。次に挙げる概念は、再履修者が再履修クラスにいるクラスメートの言動や視線などを気にしている様子を捉えたものである。

「「再履修」となったことを知って、ショックでした。今の初級クラスの人たちはどうして私がまだ初級クラスにいるのか知っていると思います。みんながそんなふうに見るので恥ずかしい。」（源050530）

「再履修はとても恥ずかしい。もう二度としたくない。」（林060621）

「授業中に発言をしても、くすくす笑われました。」（岩050623）

「私は勉強があまりできません。みんなそれが分かっていますから、人を見下したように見るんですよ。」（林060621）

実際にクラスメートが彼らが言っているような行動を取っていたどうかは分からない。彼らは自分自身に対して感じる恥ずかしさから、クラスメートの行動を意識しすぎてしまうのかもしれない。しかし、再履修者は発言中に笑われたりすることで、他のクラスメートから見下されていると感じているのである。上記の発言には、当事者にしか分からない心境がよく表れている。

〈クラスメートとの交流がない〉

再履修クラスのクラスメートに対して引け目を感じている再履修者であるが、そのクラスメートとの関係について、彼らは次のように述べている。

「前のクラス（過渡期の前の学期のクラス）では韓国人とも仲良くお酒をよく飲んだりしたが、今（再履修期のクラス）[5]は全然しないし、話さ

ないからつまらない。」（義050614）

「Jクラス（過渡期の前の学期のクラス）のときの方が友人が親切で今でも連絡を取って時々会ったりする。今の（再履修期のクラス）[6]クラスは話はします。でもみんな親切じゃない。だから、少ししか話さない。あまり面白くない。」（湘060727）

過渡期の概念〈クラスでの人間関係の欠如〉にも記したが、再履修期のクラスにおいても、クラス以外の友人との交流を持っており、休み時間になると教室を出て行くと述べていた。再履修者は、自分だけが他の学習者より勉強の面で後れを取っているという気持ち、自分に対して恥ずかしいという気持ちを持っている。その気持ちを忘れるぐらいに再履修クラスのクラスメートとの良好な関係が築かれるのであればいいが、そういったきっかけがないため、新しいクラスメートとの交流ができないのではないかということが考えられる。

〈クラスに居場所がない〉

この概念は、再履修者として所属するクラスについての質問を通して得られた回答を概念とし、それらを統合したものである。その概念は、〈クラスにいたくない〉、〈クラスにいるのが嫌になる〉というものである。次に具体例を挙げる。

「学校に来るのが嫌でした。」（源050530）

「そういう気持ち（他の人に対して恥ずかしい）でクラスにいるのはあまり好きじゃありません。」（義050614）

前述の〈自分が恥ずかしい〉、〈周りの人の目が気になる〉という概念と併せて言えるのは、再履修者は自分が情けなく感じたり、再履修クラスのクラスメートの目を気にしたりすることで、結果的にクラスメートから疎外されていると感じる、そして、交流がなくクラスに溶け込めないため、クラスの一員としての自覚が持てないでいるということである。これはすでに述べたとおりである。

しかし、学校に来るのが嫌だと言った再履修者がいる一方で、それとは逆に再履修クラスを楽しんでいた再履修者もいることが分かった。彼らの発言に関しては、クラスにはいたくないというデータをまとめた〈クラスに居場所がない〉という概念の対極にある概念として〈クラスに居場所がある〉というものを作成した。次にその概念を示す。

〈クラスに居場所がある〉

「私のクラスです。」 (哲050601)

「このクラス(再履修クラス)いるのがいい。」 (金050712)

「3か月は早い。今のクラス(再履修クラス)でもう一度勉強したい。」
(田050606)

この〈クラスに居場所がある〉という概念は、上に挙げたような具体例から構成されている。インタビューでは、再履修者は自分がいる再履修クラスを「私のクラス」と表現している。この表現から、クラスへの帰属意識を持っている、すなわち、クラスに居場所があるということが窺える。それでは、彼らはなぜクラスに居場所があると感じているのであろうか。次にその理由となる概念〈クラスでの役割〉と〈クラスは楽しい〉について示す。この2つの概念は、〈クラスでの役割〉を持つことで〈クラスは楽しい〉と感じるようになるという因果関係にある。まず、〈クラスでの役割〉について示す。

〈クラスでの役割〉

調査協力者の中には、クラスの活動を率先したり交流を持つ機会を積極的に作ったりする再履修者がいることが分かった。

「授業のときみんなで一緒に勉強しますし、分からないときは教えてもらったり、教えてあげたりします。」 (哲050601)

「カタカナの問題を先生が書いてくださいと言いました。そのとき私がやりますと言いました。ちゃんとできましたから、「成功」の感じがしました。」(金050712)

「私が場所を決めて、クラスのみんなに連絡してお酒を飲みに行きます。」(田050606)

上記の回答では、授業中であれ、授業以外であれ、クラスメートとの人間関係の中で何らかの役割を持っていることについて述べられている。

〈クラスは楽しい〉

上に挙げたように、クラスで何らかの役割を果たしている再履修者は、自分がいるクラスについて次のように話している。

「クラスのみんなと仲がいいですから、とても楽しいです。」(哲050601)

「教室にいても楽しいから、よく笑います。友達と一緒に勉強しますから、いいです。」(金050712)

「飲みに行くのは楽しいですよ。みんないい関係です。」(田050606)

これらの具体例から、再履修者は再履修クラスのクラスメートとの関係がよく、再履修クラスに楽しさを感じていることが窺える。インタビューでも他の再履修者とは違って、生き生きとしている印象さえ持った。このように、再履修者はクラスの中で何らかの役割を果たすことで喜びを感じ、積極的になれるということが分かった。

3.3.2 【教師とのインタラクションによる影響】

再履修クラスのクラスメートだけではなく、教師の関わり方にも注目すべき箇所が見られた。これには〈再履修者との関わり方が消極的な教師〉と〈再履修者との関わり方が積極的な教師〉という2つの側面があったため、それぞれを概念として生成した。

〈再履修者との関わり方が消極的な教師〉

まず、〈再履修者との関わり方が消極的な教師〉という概念である。これはさらに、〈先生は優しすぎて私が勉強しなくても怒らない〉、〈先生と話をしたことがない〉、〈授業中に寝ても怒られないので、寝るようになった〉という下位概念で構成されている。含まれている具体例は次のようなものである。

「寝ていても全然注意されないので、授業では寝るようになり……。」
(湘060727)

「先生は優しいと思いますが、(先生とは)あまり話しませんでした。」
(義050614)

「授業中は隣の人といつも話しをしてた。」 (源050530)

上に挙げた3つの概念の名前が示しているように、教師の中には再履修者の学習態度にあまり注意しない教師、あまりコミュニケーションを取らない教師がいたようである。特に、彼らは授業中に寝ていても教師に注意されることはなかったため、授業中に寝るようになったとも話している。

〈再履修者との関わり方が積極的な教師〉

この概念は、再履修者と教師が積極的に交流していることが分かる具体例からなるもので、ここに含まれる下位概念は〈先生によく話しかけられる〉、〈先生に点数を褒められる〉というものである。

「前(過渡期)のクラスでは寝てても怒られませんでしたが、今(再履修期)のクラスでは、先生に起こされて話しかけられるし、たくさん質問されたりする。」 (暁060621)

「前は褒められたことがありませんでしたが、今は自分では低い点数だと思っても先生が褒めてくれる。」（林060621）

先述の関わり方が消極的な教師とは対照的に、寝ると起こす、寝ないように声をかける、テストの点数などについて褒めたりするなど、具体例からは、再履修者に積極的に関わろうとする教師の態度が窺える。教師の再履修者への関わり方は様々であるが、彼らへの関わり方が再履修者に影響を与えていると言える。これらの教師の関わり方に関する2つの概念は、次に挙げる学習者の〈やる気〉という概念に関連している。

〈やる気〉

先述のとおり、教師の行動によって再履修者の行動が次の2つのパターンに分かれた。その2つは〈やる気がなくなった〉、〈やる気になった〉というもので、それぞれを概念として作成し、これらの2つの概念を〈やる気〉という1つの概念に統合した。以下にその2つの下位概念の具体例を挙げる。

〈やる気がなくなった〉の具体例

「授業では寝るようになり、勉強する意欲が全然ありませんでした。」（湘060727）

「勉強はしたくなかったです。」（義050614）

「よく怒られたけど、最後は先生のことをあまり気にしなくなりました。」（源050530）

〈やる気になった〉の具体例

「とても積極的に勉強できます。」（暁060621）

「勉強するのがとても楽しくなります。」（林060621）

これらの個々の具体例は、すでに示してある〈再履修者との関わり方が消極的な教師〉と〈再履修者との関わり方が積極的な教師〉の具体例と関連している。例えば、「寝ていても全然注意されないので、授業では寝るようになり……。」（湘060727）という〈再履修者との関わり方が消極的な教師〉にある具体例は、〈やる気〉の具体例「授業では寝るようになり、勉強する意欲が全然ありませんでした。」（湘060727）につながっている。つまり、授業中寝ていても教師には注意されなかったので、寝るようになり、学習意欲も持てなかったというように因果関係を示している。他の具体例についても同様で、教師の関わり方によって再履修者の学習態度や意欲が変化していることが分かる。〈再履修者との関わり方が消極的な教師〉の指導によって再履修者は〈やる気がなくなった〉、また、〈再履修者との関わり方が積極的な教師〉の指導によって〈やる気になった〉というように概念同士が因果関係にある。

3.3.3 【両親の期待による影響】

このカテゴリーは2つの下位概念〈両親の期待に応えられなかった〉と〈両親の期待に応えられるように頑張る〉を統合して作成したものである。日本での生活や日本語学習の背景には、進学して明るい将来をという両親の大きな期待があり、再履修者への影響がとても大きいからである。次に、このカテゴリーについて述べるが、まず、再履修という事実を受けて、彼らはどのように感じたのかを記述する。

〈両親の期待に応えられなかった〉

再履修の発表を見た後どう思ったのかという筆者の質問に対して、哲さんは友達にも家族にも自分に対しても恥ずかしく感じたと話した。また、今でもまだ恥ずかしいと思うのかという質問に対して、クラスでは慣れたが、自分や家族に対しては、いまだに恥ずかしく思っていると述べている。

> 「「再履修」になったことを知ったときは、すごく恥ずかしくて、自分に対して恥ずかしかったし、今でも（家族に対して）恥ずかしいです。」
> （哲050623）

また、別の再履修者は次のように述べている。

「「再履修」と知ったときは、すごくショックだったし、国の家族のことも考えて心が痛かったです。だから、少しの間は学校に遅れたり休んだりしました。先生にも怒られましたが、心が痛かったですから。」 （義050621）

再履修となることを知った学習者たちは、程度の差こそあれ、心理的に大きな影響を受けていることは明らかである。日本で勉強をして成功してほしいという両親の期待を受けて来日しているため、再履修することは彼らにとって両親の期待を裏切る、あるいは、心配させることになる。再履修という大きな挫折は彼らの心理面に負の影響を及ぼしているのである。しかし、次のように、前向きな姿勢を示す再履修者も見られている。

〈両親の期待に応えられるように頑張る〉

「いつも両親は心配します。私は勉強ができません。これは、両親に恥ずかしいから、今から頑張ります。」 （哲050623）

「両親が心配しますから、たくさん勉強します。」 （林050622）

「両親も気にしている進学がもうすぐあるので頑張ろう。」 （暁050622）

これらの言葉から、再履修という現実に目を背けず、学習の遅れを取り戻していこうとする学習者の前向きな意識が読み取れる。このように、学習者が再履修という事実を受け止めて前向きな姿勢を取ることが、再履修という時期をうまく乗り越えるための重要な要素の1つであると思われる。また、彼らが再履修から受けた心理的な影響は、インタビューでは、「恥ずかしい」、「両親が心配」する、「進学」を控えた不安という形で現れているが、特に「両親が心配する」ということは、彼らの学習動機を大きく左右する要因となっているのではないかと言える。

3.4 全過程に通じるカテゴリー

次に示す概念は過渡期、再履修期に通じるものであるため、1つのカテゴリー【学習性無力感と原因帰属による学習動機の変化】としてまとめた。

このカテゴリーは、〈授業が分からない〉ため〈やっても仕方がない〉と思うようになり再履修することになってしまった学習者が〈やっても仕方がない〉という状態から抜け出せるかどうかは、授業が分からない原因をどこに見出すかという〈原因帰属の転換〉によって決まるというプロセスを示している。

3.4.1 【学習性無力感と原因帰属による学習動機の変化】

〈授業が分からない〉

この概念は過渡期における授業に関する具体例から構成されている。調査協力者は再履修になる前の学習について、授業が全く理解できなかったということを話していた。

「先生の質問も何を言ってるのか、何をやってるのかも分からないですよ。何もかも分からないです。」 (栄060712)

「先生の話もあまり分かりません。友達に聞いたり、文法の説明書を読めば分かりますが、授業のときは分かりませんでした。」 (林050601)

「『みんなの日本語Ⅰ』の初めの方は中国で少し勉強したので分かりましたが、勉強していないところになったら全然分かりませんでした。」 (哲050601)

「友達に聞かないと分かりませんでした。」 (湘060727)

「中国語の解説書を持っていましたが、見ることがあまりできなかったし、見ていると授業はどんどん進んでいくから、授業は分からなくても後で解説書を見るようにしていました。」 (岩050623)

来日前に少し日本語を学んだ経験を持つ学習者は、既習の内容の授業に関しては問題がなかったが、授業が進んで未習の内容になると、授業についていけなくなっていった。教師の説明もあまり聞き取れないため、授業中や終わった後で友人や知人に教えてもらわなければ分からなかった。また、授業中は母国語で書かれた文法解説書を見ることが奨励されていなかったため、授業を受けながら理解を進めていくということが困難になっていた。

ここに挙げた具体例の再履修者は、教師の話によれば「大人しく」授業を聞いているということではあったが、実は何も分からないため、ただ黙って座っていただけであったということになる。

〈やっても仕方がない〉

この〈やっても仕方がない〉という概念は、本研究の焦点である学習動機に大きく関わることが予想される概念で、〈やりたくない〉、〈分からなくても仕方がない〉という下位概念を統合したものである。具体例は次に挙げるようなもので、再履修者は日本語学校での学習活動についてこう述べている。

> 「授業は何も分からないから、面白くなかったです。全然勉強したくなかったです。」（明050606）

> 「私は頭が悪いから、できません。仕方がないです。」（湘060727）

> 「みんなは頭がいいですけど、私は頭が悪いですから、全然分かりません。あきらめました。」（哲050601）

これらの具体例から、再履修者は学習性無力感（learned helplessness: 略してLH）（Maier et al. 1976）という状態に陥っていたということが考えられる。これは「やる気を失っている」状態のことで、Weiner（1974, 1979）の原因帰属理論とともに考えられるものである。原因帰属理論では、望ましくない事態の原因を3つの次元に分類している。まずは、「原因の位置」と呼ばれるもので、原因がその人の内部にあるのか、外部にあるのかという次元である。第二の次元は「安定性」で、時間的に安定しているのか、変動的であるのかという次元である。第三の次元は「統制可能性」で、その人にとって原因がコントロールできるか否かというものである。LH状態は、その原因を内在的・安定的・統制不可能な要因に求めるほど生じやすくなるという。つまり、授業が理解できない原因を、学習者が自身の能力のなさに見出す場合にLH状態に陥るということになる。自分の能力というものは、自分の中に存在する内的なもので、将来も続いていくという不変性を持っており、その人の統制が利かない要素を持っているからである。現に、学習者からは「私は頭が悪いから、できません。仕方がないです。」という発言も得られており、原因を自分の能力に帰属させている現象が見られている。〈授業が分からない〉状態が続き、その原因を自分の能力の欠如に求める。それによって、彼らは無意識のうちに何をやってもできないからやりたくない、〈やっても仕方がない〉というLH状態に陥ったと考えることができる。

また、この〈やっても仕方がない〉というLH状態は再履修期の再履修者にも見られたものでもある。LH状態に陥ったため学習がおろそかになり、規定の成績を収めることができず再履修者となる。そして、その状態から抜け出せないまま再履修期を過ごしているのである。しかし、再履修期の場合は、LH状態が改善されるケースが見られている。次の〈原因帰属の転換〉という概念で、その詳細を示す。

〈原因帰属の転換〉

再履修者は再履修をした後の学習状況について「少し分かるようにはなった」と述べていた。その理由について分析したところ、〈2回目だから分かりやすくなっただけで、自分には能力はない〉という概念と〈アルバイトを減らして勉強時間を増やしたから今は分かるようになった〉という2つの概念に分けることができた。これらの概念は、上述の原因帰属と関係がある。ここでは、これらの2つのタイプの理由を原因帰属の違いとして捉えて下位概念とし、〈原因帰属の転換〉という概念に統合した。

「今（再履修のクラス）は2回目の勉強だから、前にしたことがあるし

分かります。でも2回目だから分かるだけです。頭は悪いですからよくないです。」（義050614）

「（再履修になる前は）何も分からなかったから面白くないし何も勉強したくなかったです。（再履修になる前は）アルバイトもしていたし、勉強もしなかったせいで学期末テストも悪く、再履修になってしまいました。でも、今は勉強したいですからアルバイトをやめました。」（哲050623）

上に挙げた2例のうち、前者の具体例は再履修になった後でも、自分の能力不足を学業不振の原因としているが、後者の再履修者は再履修になった原因を自分自身の能力ではなく、外的、一時的、統制可能な要因であるアルバイトに原因を帰属させている。こういった原因帰属の転換は、過去にあったLH状態から抜け出す可能性を示唆していると言える。これを裏づけるように、この再履修者を指導した教師は、「授業でも積極的に発言していますし、彼なりに努力して頑張っているようです」と述べており、再履修者が学習動機を回復していることや学習状況に改善が見られていることが示されている。したがって、自分の能力以外の外的要因に原因を帰属するということは、LH状態から脱却するための大きな要因の1つになると考えることができる。

4 構成された理論のストーリー

次に、最終的に構成した理論のストーリーを記述する。理論の構成は図4に示す。

過渡期の学習者は次の大きな3つのカテゴリーによって学習動機が左右されている。それは自立心に関するもの、学習の場に関するもの、孤独感に関するものである。

まず、自立心に関するカテゴリーには、〈私はもう大人〉、〈生活や学費のためのアルバイト〉、〈疲れた〉という概念がある。母国を離れた中国の青年はこれまでとは異なる環境に身を置くことによって自立心を持つようになり、アルバイトを始めることになる。アルバイトは時間を費や

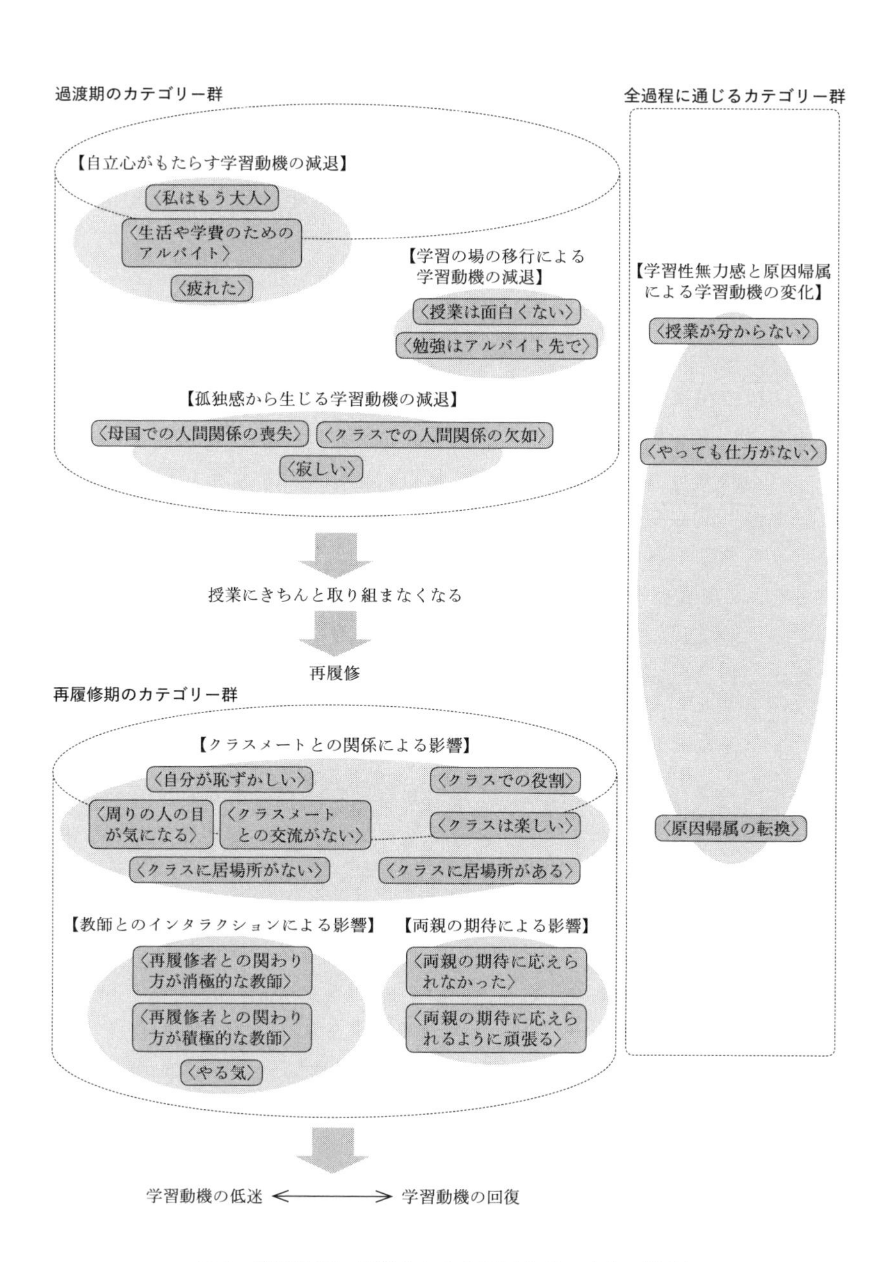

図4　学習動機に影響を与える要因とその変化の過程

せば費やした分だけ報酬が得られる。経済的な独立を目指す彼らは、このアルバイトに関心を移すようになり、その結果疲労が隠せなくなる。こうして、アルバイトで疲れてしまった学習者は、学校での授業に取り組めなくなってしまうのである。

次に、このアルバイトに関しては、学習の場の移行という側面から生じる学習動機への影響も見出すことができた。このカテゴリーには〈授業は面白くない〉、〈勉強はアルバイト先で〉という概念が含まれている。アルバイトには日本人との交流、日本語、日本社会や日本文化などに触れる機会をもたらすという側面が備わっている。そういった機会に恵まれ、学校の授業より魅力を感じることで、学習者は次第に学校からアルバイトに重点を移してしまうのである。様々な日本人と交流することで学ぶ日本語や日本人が持っている考え方、文化や習慣などが実践的に学べる場面に関心を移すことで、学校の授業での学習動機を減退させてしまうということが起こる。

さらに、孤独感に関するカテゴリーである。このカテゴリーには、〈母国での人間関係の喪失〉、〈クラスでの人間関係の欠如〉、〈寂しい〉という概念がある。来日後、彼らは中国との環境の違いに孤独になり閉じこもってしまう。また、友人も作れずクラスに帰属意識が持てないため、クラスの中でも孤独を感じるようになる。そのため、学習動機を低下させ、学習にきちんと取り組むことができなくなるのである。

一方、再履修期のカテゴリーには、クラスメートとの関係に関するもの、教師とのインタラクションに関するもの、両親の期待に関するものがある。まず、クラスメートとの関係に関するカテゴリーは、〈自分が恥ずかしい〉、〈周りの人の目が気になる〉、〈クラスメートとの交流がない〉、〈クラスに居場所がない〉、〈クラスに居場所がある〉、〈クラスでの役割〉、〈クラスは楽しい〉という概念で構成されている。このカテゴリーは再履修者が再履修クラスに自分の居場所が持てるかどうかが学習動機を左右することを示している。居場所が持てないのは再履修という事実を受けて、自分、あるいは周りの人に対して引け目を感じること、それによってクラスメートとの交流がうまく図れないということが原因となっている。その一方、クラスで自分の役割を見出すことで、クラスメートとの関わり方や学習などに積極性を示す再履修者もいる。役割を果たすことは、彼らにクラスでの存在意義を与えるだけではなく、彼らに喜びをもたらし、居場所の獲得につながる。居場所の有無は学習動機の改善に大きな影響を与えると考えられる。

また、教師とのインタラクションに関するカテゴリーには〈再履修者との関わり方が消極的な教師〉、〈再履修者との関わり方が積極的な教師〉、〈やる気〉という概念が存在する。この教師の関わり方と再履修者のやる気との間に、次のような関係があることが分かった。教師が再履修者に積極的に関わる場合、再履修者はやる気を取り戻すが、教師の関わり方が消極的な場合は再履修者のやる気が戻らないというものである。つまり、学習動機の回復には教師の関わり方が重要だということである。

再履修期におけるもう1つのカテゴリーは両親の期待から来るプレッシャーに関するものである。日本への留学は学習者本人以上に彼らの家族の期待が大きかったようである。子どもの将来に両親が期待をかけることは想像に難くない。また、日本への留学は金銭面での負担も大きい。両親からの期待を背負って来日した彼らは、その期待だけではなく、両親にかけた経済面での負担も知っているため、プレッシャーを感じている。そのような中で、再履修者になってしまうということは、両親の期待を裏切るようなものであり、再履修という事態にショックを受ける。これを次のステップへ踏み出す動機づけに転換できるかどうかが再履修後の学習状況を大きく変えるのである。

最後に、学習性無力感に関するカテゴリーである。このカテゴリーには、〈授業が分からない〉、〈やっても仕方がない〉、〈原因帰属の転換〉という3つの概念がある。来日前に中国で勉強して得た知識だけでは授業についていけなくなっていく。日本語が聞き取れないため、授業が分からなくなっていく。そうした状態が続くと、どうせやっても分からないというLH状態に陥る。こうして彼らは、日本語学習の動機を低下させ、その結果、学期末テストで合格点を取ることができずに再履修者になると考えられる。しかし、再履修者になった後は、再履修の原因をどこに見出すかによって、LH状態の改善が可能になる。能力不足ではなく、自分以外の要素にその原因を帰属することでLH状態から抜け出すことができるのである。

5 理論の構成に関する考察

次に、上述の理論構成に関わるカテゴリーについて、関連する文献や先行研究を引用しながら考察を行う。

5.1 自立心に関するカテゴリー

自立心に関するカテゴリーでは、自立心からアルバイトに重点を置くという精神的な面での変化が見られた。この自立心については嶋本(2004)や徐(2004)も指摘しているが、中国人就学生は日本への留学によって両親への依存度の高さに気づき、アルバイトによって経済的な独立を目指そうとすると言われている。これらの指摘と同様に、本研究の調査協力者の中にも、アルバイトを両親からの経済的な自立を実現させる手段であると考え始め、日本語学習からアルバイトへと重点を移していた学習者がいることが分かった。

彼らは家族と暮らしていた中国での生活と、全てを1人で支えなければならない日本での生活とのかなりのギャップにプレッシャーを感じていた。そして、日々の生活で実感する日本の物価高がそのプレッシャーに拍車をかけていたと思われる。日本へ来てからは、洗濯や食事などの家事から家賃の支払いなどの金銭的な面に至るまで、生活に必要なことの一切を自分自身でしなければならなかった。少なくとも筆者が関わった就学生はアルバイトをして日本での生活費を稼がなければならないという学習者がほとんどであったと考えられる。

例えば日本語学校に2年間通う学習者を考えてみよう。インタビューをした当時、日本での生活には家賃等の生活費として1か月最低6万円前後は必要であると彼らは述べている。1か月6万円の場合、2年間でおよそ150万円必要となる。生活費以外に必要な費用としては日本語学校の学費があるが、今回フィールドとなった日本語学校では全て前納となっているため、日本へ来る際に収め終わっていた。それ以外の費用としては、大学に進学する際に納める入学金や授業料がある。これらを日本語学校に在籍している間に自分で稼いで貯金しておくという学習者も少なくなかった。また、日本語学校の学費は両親が負担しているという学習者もいれば、返済しなければならない学習者もいるということ、大学の受験費用や入学後の2年次以降の学費まで自分で負担することを考慮すると、彼らは日本にいる間、アルバイトを安定的に継続して行わなければならなかったのである。

大阪府国際交流財団が2001年に行った外国人留学生に対するアンケート調査（大阪国際交流財団2002）によると、「アルバイトをする理由」という質問に対して最も多かった回答が、「実家からの送金や奨学金が少なく、生活が苦しいため」であり、80.8%を占めていた。アルバイトによって生活を支えるという苦労を味わった彼らは、これまでにはなかった様々な問題や悩みに直面し、頭を悩ませていたのである。

このような日本での生活を通して、彼らはアルバイトで生活を支えることの厳しさを知り、両親が全て面倒を見てくれるのが当然であったころとは違う自分になっていく。嶋本（2004）は日本留学によって中国人就学生に大きな変化が起こったことを記述している。「国では両親がやってくれた」ため、全くできなかった料理などの家事が日本へ来てからできるようになり、さらに内面的には、「自分が何もかも両親に頼っていたことに気づき、「何でも自分で」という意識を持つようにな」るという変化が起こったというのである。これはつまり、彼らの中に「自立心」が芽生えているということであろう。

現実の厳しさを知り始めた彼らは、日本での生活費や将来の大学の費用までを、日本留学で多額の出費をしているはずの両親に頼ることに対して違和感を覚え始める。「大人だから」と彼らが言うように、大人として自分の生活や進学に必要な費用はできる限り自分の力で賄おうと考えるようになる。そして家族への負担を減らそうとアルバイトによる貯金に時間を費やし始める。彼らによれば、日本語学校へ来る時点での多額の借金返済のためにアルバイトに時間を費やさざるをえない学習者もいるという。両親には甘えたくないという気持ちや、それぞれが持つ経済的な理由のために、自宅学習よりはアルバイトを重視するようになるのである。そこで彼らはアルバイトをすることに対して、改めて重要な意味づけをする。つまり、アルバイトに対して、単なる生活の補助としてではなく彼らの両親からの自立を実現させるための手段であると考え始めるのである。

しかし、このようにアルバイトを重視する態度を身につけてからは、彼らの中で本来の目的であったはずの日本語学習の位置づけが変わってしまう。つまり自立心が彼らの意識の中での日本語学習とアルバイトとの順位を変えてしまっていたのである。学習者はアルバイトをしなければ、今の生活も支えられないし、これからの進路にも影響があるという意識を持っており、時間があれば勉強するよりもアルバイトへ行きたいと考えていた。

さらに、徐（2004）は、日本語学校に通うものにとっては「アルバイトは留学の意味の一部である」と認識されていると述べている。大学への進学や日本語能力の向上もさることながら、経済的に自立できるということが自己実現につながる。そして、これらが留学生活の評価の一部になり、アルバイトが彼ら自身を鍛えるプロセスとして認識されているというのである。本研究でのインタビューで、「両親に払ってほしくない」、「自分で払いたい」と語る彼らの意識の中には「自立する」という考えがあったと思われる。自立するためにはアルバイトは必要不可欠であり、徐（2004）が述べているように、「彼ら自身を鍛えるプロセス」としての認識が学習者の意識の根底にあったのではないだろうか。彼らにとってアルバイトは必要なものである一方、両親への負担の軽減や自立といった自己実現のための手段となっていたと考えられる。そのため日本語学習よりもアルバイトに時間を割くようになり、その結果、学習に対する関心を失うとともにその意欲を低下させるという状態が生まれたのではないだろうか。

彼らに関わる教師は、学習者がアルバイトをするのは単に生活費や学費のためだけではなく、精神的な面での変化も関係していることがあるということを理解しておく必要があると言えるだろう。

5.2　学習の場の移行に関するカテゴリー

両親からの自立を実現させるための手段へとその位置づけが変わったアルバイトは、経済的な面だけではなく日本語学習の面においても学習者の関心を引いていたことが分かった。日本語学校の教室では孤独を感じる上に授業も分からない。しかし、アルバイト先では日本人が彼らにとって理解しやすいように日本語を教えてくれる。こういった状況が続いたことが、日本語学習の場を日本語学校の教室からアルバイト先へと移行させたと考えられる。そして、アルバイト先に学習の重点を置いてしまうことで、ますます教室での学習意欲を失っていくのである。

アルバイトが学習の場であるということに関して、小島（2003）の研究を引用して考察する。小島（2003）は、中国人留学生にとってアルバイト先が学校以外に日本人と接触できる場面で、アルバイトでの日本人との接触が口頭能力に大きな影響を及ぼしており、アルバイトの経験を日本語習得のリソースとして位置づけていることを明らかにしている。小島のインタビューによって得られた結果の中に、「アルバイトは日本語の勉強に役立つ」というものがある。本研究でのインタビューでも、アルバイト先で日本語を教えてもらうことは「とてもいいです」という回答が得られている。これは、学校での勉強から目を反らしてしまった学習者が、アルバイト先を学習の場として積極的に認めていることを示していると捉えることができる。

アルバイト先での学習を重視するようになった原因については、Barnes（1976）の‘school knowledge’と‘action knowledge’という概念を用いると、次のように考えられる。school knowledgeは教師などによって与えられる知識で、この知識が行動に基づいた世界観に組み込まれると、action knowledgeと呼ばれるものになる。school kowledgeは学習者が教師から受動的に取り入れるものであるが、action knowledgeの場合は行動とともに身につく知識であるため、学習者はaction knowledgeが得られる学習に対して意欲を持って積極的に取り組むことができる。調査協力者のデータを見ると、彼らは教師によって行われる授業をschool knowledge、アルバイト先での日本語学習をaction knowledgeとして捉え、日本語学校から学習が実感できるアルバイト先へと日本語学習の場を移行させていったと考えられる。

また、調査協力者は教師について「間違えても、何も言わないで最後まで聞いてくれるので、話しやすいし分かってもらえる」、「先生は私たちが言いたいことがすぐ分かる」、「先生は分かってくれるから、話すとき便利です」と言っている。このデータから、教師は文法や語彙を間違えてもすぐに理解してくれるため、正しい文法や表現を使うことに学習者はそれほど注意しなくなることが考えられる。これは間違った発話を行った学習者に対する教師の調整行動が関連していると考えられる。例えば、学習者の発話のエラーを学習者に確認せずに調整するrecastsという意味交渉ストラテジーで、教師が学習者のエラーは留意するものの、明示化はせず自らのターンにおいて調整を完結するものである。これは教師による聞き返しと確認が不要であり、学習者の問題解決ができるという前提に立っているが、こういった調整行動は、「不適切さをより的確に類推できる教師によって、教室場面で使われる頻度が高い」もので、ティーチャートークの特徴であると言われている（宮崎2005）。この調整行動はエラーの修正を強要するものではない。そのため、修正という行動を起こさない会話が、学習の実感を遠ざけている可能性があると考えられる。

5.3 両親からの期待に関するカテゴリー

再履修者は両親の期待を背負って頑張ってきたにもかかわらず、再履修という足止めを食らったことで自尊心に傷がついた。そんな彼らの心の中には家族の顔が浮かんでいた。中国人就学生の背景を書いた範（2004）においても触れられているように、彼らの「両親の期待」は就学生たちに大きな影響を与えていたからである。次に、彼らの両親が彼らに多大な期待をかけるようになった背景について考える。

2000年ごろの私費留学生の年齢は、20歳から24歳が最も多く全体の60％を占め、次いで15歳から19歳の27％、そして25歳から29歳の10％となっていた（徐2004）。最も多い20歳から24歳の年代は、1978年に開始された「一人っ子政策」が本格的に推進された1980年代から1990年代に生まれた子どもたちである。つまり、当時日本にいた中国人留学生の多くは、この「一人っ子政策」が始まった時代に生まれた子どもたちだったのである。莫（1992）によれば、一人っ子たちの両親は、「望子成竜」（子どもが出世するように願う）という願いとともに徹底的な英才教育を施し、子どもを立派な人材として育て上げようという強い気持ちを持っているという。再履修者を含めた中国人就学生の両親の認識もこれとほぼ同様のもので、子どもにかけている期待も相当大きいものであったことが推測できる。また、範（2004）においても同様のことが述べられている。「新・新人類」の両親たちは文化大革命（1966年～1976年）を経験しており、職業選択の自由が奪われ、教育も満足に受けられなかった。中国の伝統的な教育観念では、子どもの養育は家を存続させ、また繁栄させるためであるとされており、文化大革命の時代を過ごした両親は、自身の経験やそのような教育観念の影響を受けて、子どもたちに多大な期待を注いでいるというのである。

再履修の学習者たちは国の両親によく電話をかけると言っている。しかしその際、日本での厳しい生活や再履修について、彼らはあまり多くを両親には語らない。

「「再履修」となったことを知って、ショックだったし、両親のことも考えて心が痛かったですから、学期の初めは遅刻したり、休んだりしました。」 (金050518)

この学習者は再履修になって新しい学期が始まった当時によく遅刻、欠席をした理由をこのように話した。彼も両親には再履修していることを伝えていないと語っている。ここから分かることは、両親から大きな期待を寄せられている彼らにとって、再履修になったということ以上に、それが両親の期待を裏切ることになるのではないかということの方が気になっているということである。

こういった状況の中、不本意にも再履修となってしまった事実を受け止め、そこから立ち直るには、かなりの精神力が必要となるであろう。その力の源が、両親の期待に応えたいという気持ちであり、その気持ちが再履修者という低迷した状況から脱出するための原動力ともなっているのである。

5.4 クラスメートとの関係に関するカテゴリー

【クラスメートとの関係による影響】というカテゴリーについては、次のようなことが考えられる。それは、クラスメートからネガティブに評価されているという再履修者の意識が彼ら自身に不安をもたらし、それによって学習動機を喪失している可能性があるということである。クラス授業による日本語学習には教師と学習者の関係だけではなく、学習者同士の関係も大きく関与することを示しているものであり、これはグループダイナミクスの観点から説明することができる。

Leaverら（2005）によると、クラスにおけるグループの対立というものは学習者に不安をもたらし、学習者間の摩擦や学習動機の喪失、ある特定の学習者または他のグループへの軽視という現象を引き起こす。また、成績がよく理解の早い学習者たちが、そうでない学習者をスケープゴートにして自分の持つ不安を解消しようとすると述べられている（pp.135–137）。インタビューにあった「見下したように見る」という状態もこれと同様であり、再履修者の学習動機の喪失をもたらしていると考えられる。その一方で、次のような具体例も見られている。

「授業のときみんなで一緒に勉強しますし、分からないときは教えてもらったり、教えてあげたりします。」（哲050601）

「クラスのみんなと仲がいいですから、とても楽しいです。」（哲050601）

この具体例からは、彼らはクラス内での自分の役割を見出し、学習に励んでいることが窺える。Leaverら（2005）は、結束のあるクラスの場合「学習者のほとんどが発言に伴うリスクを積極的に背負い、クラスメートとの関係をクラスの内外で楽しむ」（p.135）と述べている。ここに挙がっている再履修者については、筆者自身もクラスで指導した経験があり、彼のクラス内での様子は実際に彼の言葉のとおりであった。クラスが始まった当初は控えめで大人しく口数も少ない学習者であったが、温かいクラスの雰囲気の中で彼は間違えることを恐れずに発言を繰り返すようになり、ついにはクラスの中のムードメーカー的な存在になっていった。クラスでの学習活動に積極的に参加していただけではなく、率先してパーティーを企画したり、授業の後でボーリングやカラオケにクラスメートを誘ったりして、クラスメートとの交流の機会も積極的に作っていた。

また、彼を担当していたある教師が、上に挙げた再履修者の変化について講師室で他の教師と話したときのエピソードを語ってくれた。その教師は、彼が授業中積極的に名乗り出るようになったことやクラスを率先して交流を持っていることを他の教師に伝えたところ、彼の変化した様子を聞いた他の教師が驚きの声を上げていたと述べた。そこで、その教師にインタビューを依頼し詳しく聞いてみたところ次のように語っている。

「えーあの子が。そんなことするんですね。昔では考えられないですって言われましたよ。」（村中050602）

「いつも1人で黙って座ってるだけで、何も話さない子だったのにって言ってました。前はそんな子じゃなかったみたいですよ。クラスでもずーっと黙っているって。遅刻とか欠席も多くて、成績も悪かったみたいです。」（村中050602）

この学習者は再履修者になる前、クラスでは全く何も話さない学習者で、成績も悪く欠席も多かった。しかし、再履修者になってからは彼を取り巻くクラスメートとの関係が変わり、学習動機に大きな影響を与えた。クラス内で何らかの役割を得ること、また、他の学習者によって彼らの行動や存在が認められることが彼に起こった変化を生み出す要因になっていたと思われる。

「黒板にカタカナを書いてって言ったら自分で進んで手を上げて書いたんですよ。そのとき、クラスのみんなも見守ってるって感じだったし、本人も書けたときにすごくうれしそうにしてました。みんなに自分の勉強が認められて、うれしかったのかもしれませんね。」（村中050602）

このように、クラスメートがお互いを認め合うことによって再履修者にクラスへの帰属意識が生まれると、再履修者は日本語学習に積極的に取り組むことができるようになると考えられる。また、文法知識が多い、語彙が豊富である、聞き取りや会話の能力にたけているなど、個々の学習者の特性の違いを利用した活動などを用いることで、学習者に役割というものを認識してもらうこともクラスへの帰属意識を生むことにつながると考えられる。したがって、教師には学習者がクラスへの帰属意識を持てるように学習者同士の交流を促し、お互いを受容する土台となる雰囲気を作り出していくこと、そして学習者に役割を認識してもらう機会を創り出していくことが求められると言える。

5.5 教師とのインタラクションに関するカテゴリー

次は、概念〈再履修者との関わり方が消極的な教師〉、〈再履修者との関わり方が積極的な教師〉、〈やる気〉について考える。これらの概念は、教師の行動によって、再履修者の学習活動がどう変化したかを示すものとなっており、ピグマリオン効果（Rosenthal & Jacobson 1968）と関連があると思われる。ピグマリオン効果とは、教師が学習者に期待を持って指導にあたればその学習者の成績はよくなっていくが、教師の期待度が低い場合は、それとは逆の効果をもたらすという現象である。この現象が起きるのは、教師がある学習者に対して学力の向上を期待すれば、その学習者に対する教師の行動が影響を受け、それによって実際に学習者の学力や知能指数が向上するためであると考えられている。以下の表5に学習者に対する期待の度合いによって変化する教師の行動について示しておく。その教師の行動について述べるにあたっては、教師から得られているインタビューデータを参照する。インタビューを行った教師は調査協力者となった再履修者を指導する教師である。インタビューは半構造化インタビューで、彼らの教室での様子などについて質問を行った。

教師から得られた再履修者についての回答の中で、彼らに対する教師の期待が低いと思われるものと、その指導を受けた再履修者の回答を次に挙げる。

（教師から得られた具体例）

「やっぱり、何をやってもできませんね。」（野村050627）

「一番後ろに1人で座っていて、何も話さないしちょっと暗い雰囲気だから、できなくてもいいかって無視してしまうこともありえますよね。」（村中050727）

表5　高期待・低期待生徒に対する教師行動の差異（*Brophy & Good 1974, Brophy 1985,* 北尾2002より）

教師行動＼期待	高期待生徒	低期待生徒
正答に対する賞賛	多い	少ない
誤答に対する叱責	少ない	多い
不適切な反応に対する賞賛	少ない	多い
手がかりの付与	多い	少ない
フィードバックの付与	多い	少ない
不適切なフィードバックの付与	少ない	多い
努力の要求	多い	少ない
ほほえみ・視線	多い	少ない
応答を待つこと	多い	少ない
指名の変更	少ない	多い
座席の配置	教師に近い	教師から遠い
与える学習形態	介助多い	介助少なく自主学習
相互作用のタイプ	公的	私的
境界線上の答案の解釈	有利に解釈	不利に解釈

「どうもやる気がなくて、つかみどころのないっていうのが（中国人）再履修者で、彼らをよくしてあげるのは難しいし、本当に大変です。」　（北050614）

（再履修者から得られた具体例）

「先生は優しいと思いますが、（先生とは）あまり話しませんでした。勉強はしたくなかったです。」　（義050614）

「寝ていても全然注意されないので、授業では寝るようになり、勉強する意欲が全然ありませんでした。」　（明050613）

以上のような回答が得られているが、再履修者に対する期待が低い教師の指導によって、学習動機が低下してしまうというのは先述のカテゴリーで示したことである。上に挙げたような教師による発言は、再履修者のデータから見ると、表5にある低期待生徒に対する指導に一致する。ここに、ピグマリオン効果が存在することは予想できる。

これとは逆に、再履修者に対する次のような教師の発言も見られた。ここで教師へのインタビューデータを引用する。

（教師から得られた具体例）

「テキストの問題を解くときは少しでも褒めたり、近くで手伝ったりすると問題を解こうとしますよ。」（細田050727）

「いつも彼（再履修者）ばかりに注意してましたよ。遠くにいると大変だから、一番前に座らせて、頭の上に時々手を置いたりして注意を引きながら授業をしたりとか。」

（田村050627）

これに対し、このような指導を受けた再履修者は次のように述べている。

（再履修者から得られた具体例）

「前（過渡期）のクラスでは寝てても怒られませんでしたが、今（再履修期）のクラスでは、先生に起こされて話しかけられるし、たくさん質問されたりするのでとても積極的に勉強できます。」（暁050727）

「前は褒められたことがありませんでしたが、今は自分では低い点数だと思っても先生が褒めてくれるので、勉強するのがとても楽しくなります。」（林050627）

教師による再履修者への積極的な働きかけは、高期待生徒に対する教師行動と重なり、再履修者の学力を向上させることが期待できる。上に挙げた再履修者の具体例においても、彼らの学習に対する態度に改善が見られており、教師による学習者への積極的な働きかけは、学習者の学習動機を促進するものであるということが言える。

5.6　学習性無力感と原因帰属に関するカテゴリー

分析の結果、再履修者のほとんどが学習性無力感という状態にあったと考えられる。フィールドとなった日本語学校では、直接法で授業が進められていた。教師が媒介語を全く用いない授業では、母語で書かれた文法書などを片手に授業を聞かなければ理解がついていかないこともあるだろう。特に、調査を行った学校では進学を目的とする学習者に合わせてカリキュラムが組まれており、その進度が彼らにとって速すぎることもあった。例えば初級クラスでは1日4時間の授業で毎日2、3の文型を学んでいく。このような状態にあっては授業についていけなくなることも当然予想される。

分からなくなったとき、教師や友人に質問をすることで、疑問を解決する学習者も見られたが、継続してできる方法であるとは決して言えない。毎日のように新しい文型が登場するため、特に文型積み上げ方式で進められる授業では1つのつまずきが次に大きな影響を与える。授業が進めば進むほどこの影響は増大し、最後には「何をやっているのか分からない」とLHに陥る。

このLHは上述のとおり、原因帰属理論（Weiner 1974, 1979）とともに述べられる理論で、LH状態の学習者は彼ら自身の能力以外に原因を見出そうとしない限り、LH状態から抜け出すことができない。再履修をしても自分には能力がないという認識を持っている限り、再履修をするという効果はほとんど意味がないということになってしまうのである。

しかし、その一方で、LH状態を経て再履修となった学習者が再履修者になった原因を自分自身以外に見出すというケースも見られている。こういった再履修者は、アルバイトという外的、一時的、統制可能な要因に原因を帰属しているため、過去にあったLH状態から抜け出すことができたと考えられる。

注 [1] 社会学者のDenzin（1978）の*The Research Act*によれば、社会調査におけるトライアンギュレーションはデータ・調査者・理論・技法の4つの内容を指し示している。この中でデータを意図的かつ系統的に組み合わせて調査課題について研究を進める手法は、科学的研究方法の再現性の発見とも密接につながっていると考えられる。

[2] 分析テーマとは、その研究で明らかにしたいことである。本研究においては「中国人再履修者の学習動機の形成と変化のプロセス」が分析テーマとなる。

[3] 分析焦点者とは、研究において設定される視点のことで、データ分析に入る前に設定される。インタビュー調査であれば、実際にインタビューに応じたAさんといった特定の個人を指すのではなく、その対象者全てを抽象的に限定集団化したものである。本研究における分析焦点者は中国人再履修者であり、調査協力者は実際にその状況にある学習者である。分析はこの分析焦点者を中心に行っていくため、分析結果は分析焦点者を通して同じ状況にある人たちについても説明することができるものになる。

[4] インタビューのとき、調査協力者は再履修をしており、具体例は過渡期とその前の学期のクラスについて触れている。

[5] インタビューのとき、調査協力者は再履修をしており、具体例は再履修期と過渡期の前の学期のクラスについて触れている。

[6] インタビューのとき、調査協力者は再履修をしており、具体例は再履修期と過渡期の前の学期のクラスについて触れている。

第3章　ケース・スタディによる再履修者の日本語学習の分析

1　はじめに――授業観察によるケース・スタディを行う目的

第2章では、変わりつつある中国人就学生を知るために、中国人再履修者に対して日本語学習に関するインタビューを行ったうえで、M-GTAを用いて学習動機に着目して分析した。その分析によって、学習動機形成のプロセスを理論化し中国人就学生の学習動機の変遷に関するメカニズムを明らかにすることができた。

しかし、これらは全て再履修者へのインタビューデータの分析であるため、筆者は授業観察をすることで実際に教室では何が起こっているのかを確認し、分析に取り入れる必要性を感じた。再履修者へのインタビューデータに見られる教室内での事象や学習者・教師の様子などの描写は、全て彼らの視点に基づいて行われたものである。また、そのようなデータからは、学習者と教師の相互作用を第三者の視点から見ることができない。したがって、再履修者から得られたデータで行った第2章の分析結果の客観性をより高めるためにも、教室内での事象を第三者としての筆者の目で捉え、学習の実態を明らかにする必要があると考えた。

第3章では、新たに調査協力を依頼した再履修者がいるクラスの授業を筆者が観察し、その観察を記したフィールドノーツと観察後に行ったインタビューデータを用いてケース・スタディを行った。また、インタビューで得られた再履修者のデータの中から、再履修者になる前の時期である過渡期に関して触れている部分については、ケース・スタディとは別にM-GTAによる分析を行った。過渡期について述べたインタビューデータを用いてM-GTA分析を行うことで、第2章で得られた理論の検証と拡大を目指した。

次に、第3章で用いるケース・スタディという質的研究方法について述べる。

2 方法論と調査協力者

2.1 方法論

第3章の分析には2つ以上のケースを用いたケース・スタディである multiple case study（メリアム 2005）という質的研究の方法を用いた。

そもそもケース・スタディとは、個人や集団などのある1つの社会的単位を取り上げ、そこで起こる事例や現象についての集約的・全体論的記述と分析で、ある特定の状況について社会的・文化的背景と関連させながら詳細に記述し、そこから法則を見出していく研究法である。ケース・スタディは、ある状況についての徹底的な理解を得ること、またその状況に関与する者による意味づけを理解するために行われる。特に、教育という分野でこのケース・スタディを用いる場合、メリアム（2005）は、「教育におけるケース・スタディは、学習上の問題点を診断するというふうに、個々の生徒に焦点を当てる。しかしより一般的には、教育におけるケース・スタディ調査は、実践上のある課題や問題を明らかにしたり説明したりするために行われる」（p.50）と述べている。第3章においては、教室での再履修者の学習上の問題とその実態を明らかにすることを目指し、筆者自身の参与観察に基づくケース・スタディを行った。

さらに、本分析で multiple case study を採用するのは、次のような利点があるからである。Miles & Huberman（1994）によると、いくつかのケースを分析し、その結果を類似点や相違点などから検証することによって、1つのケースの調査結果について理解が得られる。また、このケースが起きた経緯や原因などを明らかにすることで、得られた調査結果の正確さや妥当性、安定性を強化することができると言われている。この点は第2章で得られたインタビューデータによる理論の妥当性を検証するという本分析の目的に合致していると考えられる。

2.2 調査協力者と分析方法

第3章では、この調査を行った当時再履修をしていた学習者に調査協力を依頼した。調査としては授業の参与観察を行ったが、調査にあたり彼らが所属するクラスの教師や他の学習者の理解を得ることはもちろん、学習者への影響について配慮する必要があった。それらを考慮した上で実際に調査を行ったのは3つのクラスで、再履修者が合計10人在籍していた。参与観察は1回1、2時間を週に1、2日のペースで3か月行った。授業では筆者は観察に徹し、教室活動には一切関わりを持たなかった。そして、各クラスに1人の再履修者と5人の担当教師を対象に、授業前後に2、3回、40分から1時間程度の半構造化インタビューを行った。インフォーマントの属性は次の表6-1、6-2に示すとおりである。授業観察及びインタビューはICレコーダーに録音した。

Stake（1995）によると、ケース・スタディでは研究者がフィールドの観察で理解したり、気づいたりしたことを協力者の角度から理解するためにインタビューを行うとされている。そのため、再履修者へのインタビューでは、留学に伴う生活の変化や現状、在籍するクラスや学習状況、授業観察で筆者が確認する必要があると判断したことに関して、また、教師には、再履修者の学習態度などの学習状況に関して質問を行った。再履修者とのインタビューでは日本語と中国語を併用した。得られたデータは、次のインタビューの際に間違いがないか再度確認した。

分析に用いたデータは、中国人再履修者（以下、再履修者と表記する）や

表6-1　第3章における調査協力者「再履修者」

対象（仮名）	瑩	愛	彦
入学年月	2006年4月	2006年4月	2006年4月
年齢	20代前半	20代前半	20代前半
性別	女	男	男

表6-2　第3章における調査協力者「教師」

対象（仮名）	川瀬	大島	下村	後藤	森田
年齢	30代	30代	20代	20代	30代
性別	男	女	女	女	女

教師、その他の学習者間で見られるインタラクションなど教室内で観察した事象を記したフィールドノーツと、再履修者や教師へ行ったインタビューデータである。

なお、授業観察やインタビューは事前に作成した調査依頼書を調査協力者に手渡し説明を加え、同意を得てから行っている。調査依頼書については巻末に付録Ⅱ・Ⅲとして添付した。インタビューを行った場所は、フィールドとなった日本語学校内の教室、喫煙室であり、全て個別のインタビューである。授業観察やインタビューについては、許可を得た上でICレコーダーに録音した。ラポールの問題については第2章で述べたとおりである。

これらのデータを用いてmultiple case studyを行った。このmultiple case studyの分析には2段階ある。まず、ケース内分析と呼ばれるものである。この段階の分析では、まず、文字化データを徹底的に読み込み、類似点などを基準にカテゴリー化を行う。ここでよく用いられるものは「逐語分析」という手法で、得られたデータを一言ずつ、あるいは、一行ずつ緻密に分析していくというものである。この方法を用いることによって、研究者の先入観を最大限に排除することができると考えられている。ケース内分析では、3人の再履修者のケースについて記述し、日本での生活や日本語の学習に関して詳細に示した。次に、それらのケースを比較し、重要なパターンやよく見られる傾向を同定した。これはケース間分析と呼ばれるものである。また、通常ケース・スタディではサブカテゴリー、カテゴリーというように、類似点などの集合体をサブカテゴリー、上位の概念でサブカテゴリーをまとめたものをカテゴリーと呼んでいる。しかし、本分析では第2章のM-GTAによって得られた理論の検証を目的としていることから、M-GTAと同様の名称を用いて、ケース・スタディで用いられるサブカテゴリーを概念という名称で表している。

3 分析結果——授業観察データによるケース内分析

次に、参与観察とインタビューによって得られたデータをもとに行ったケース・スタディの結果について示す。

調査対象となった再履修者瑩さん、愛さん、彦さん（全て仮名である）のケースについて記述する。分析の結果、それぞれの再履修者の学習スタイルに関する特徴的な要素や、学習動機に関わりがあると思われる要素を概念としてまとめた。この概念はフィールドノーツやインタビューデータから類似するデータを集めたもので、再履修者の学習の実態を示すための重要な要因となっている。これらの概念を上位概念でまとめたカテゴリーを形成した。このカテゴリーの形成は、学習者にとっての学校や日本語学習という2つの視点に基づいて行った。得られた概念とカテゴリーは表7に示すとおりである。次に、このカテゴリーとそこに含まれる概念についてデータの一部を例に挙げながら記述する。また、概念は〈　〉、カテゴリーは【　】で表しており、フィールドノーツからの引用は「(FN20071010)」、インタビューからの引用は「(IN20071010)」のように表示している。

3.1 学習者瑩さんのケース

中国大連出身の女性瑩さんは2006年4月に入学し、観察を開始した時点（2006年10月）で23歳、学習期間は6か月を過ぎていた。瑩さんは入学して初級クラスに入り、『みんなの日本語』（スリーエーネットワーク）のⅠとⅡを計半年で終え、中級クラスに上がる予定だった。しかし、期末テストの文法の点数が悪かったため、『みんなの日本語Ⅱ』を再履修することになった。入学当初から一緒に勉強していたクラスメートは全員中級クラスに進級していったが、彼女は『みんなの日本語Ⅰ』を終えて進級してきた学習者に混じって同じテキスト『みんなの日本語Ⅱ』を学習していた。瑩さんが再履修していたクラスの人数は19人で、瑩さんを含めた中国語話者5人の再履修者と、進級してきた中国、台湾、韓国の出身者が14人在籍していた。

調査を行った学校の教室は長方形で、二人掛けの机が縦に2列並んでいた。学習者は前方にあるホワイトボードと教卓の方を向いて座っていた。瑩さんは教卓に向かって右側、後ろから2番目の右側の席に座っていることがほとんどであった。

表7　ケース・スタディの分析で得られた再履修期のカテゴリー

	カテゴリーの視点	
	学校	日本語学習
瑩さんから得られたカテゴリー名	【教室に居場所がない】	【私にできること】
概念名	○概念52〈話しません〉 ○概念53〈普通の友達〉 ○概念54〈寂しい〉 ○概念55〈友達を作るのは面倒くさい〉 ○概念56〈複雑〉 ○概念57〈心は中国に〉 ○概念58〈勉強さえできればいい〉	○概念59〈隣の人と一緒に考える〉 ○概念60〈教えてあげるのは楽しい〉 ○概念61〈授業中他の学生と話すのはよくない〉
愛さんから得られたカテゴリー名	【学校が好き】	【面白いことだけ勉強したい】
概念名	○概念62〈先生の話が分からない〉 ○概念63〈だいたいでいい〉 ○概念64〈先生はいつも怒っている〉 ○概念65〈遠い〉 ○概念66〈先生からいろいろ質問してもらいたい〉 ○概念67〈学校が好きです〉 ○概念68〈友達と一緒にいられる学校〉	○概念69〈勉強したくない〉 ○概念70〈友達やお母さんと勉強するのは楽しい〉 ○概念71〈アニメ〉
彦さんから得られたカテゴリー名	【学校は楽しい】	【大学の入学試験に合格するために】
概念名	○概念72〈中国人の友達がたくさんいて楽しい〉 ○概念73〈注意されるのは嫌い〉 ○概念74〈私の日本語は誰も聞いてくれない〉 ○概念75〈みんなの前では日本語で話したくない〉 ○概念76〈日本語を話すのは上手〉	○概念77〈大学の試験のために〉 ○概念78〈先生は勉強だけでいい〉 ○概念79〈自分でできる〉

3.1.1　瑩さんにとっての学校【教室に居場所がない】

〈話しません〉

瑩さんは再履修クラスの学習者とはあまり交流がなかった。瑩さんに限らず、そのクラスでは「学習者の出身地域を超えた横のつながりが全く見られないように感じた。授業中はもちろん、休み時間も同じ地域出身の学習者同士が集まって話しているか、そうでなければ、他のクラスの友人に会うため、教室からさっさと出て行く」（FN20061026）という状態であった。瑩さんの担当の教師も「あんまり誰とも話してないですね。教室の外だったら（誰かと話しているのを）たまに見かけることもあるんですけど。このクラスに友達がいてないんかな。日本語だから話さないんかとも思ったけど、中国人でもあんまり中国語を話してるの聞いたことないですね。韓国とか台湾もそうですけど[1]。いつもあんな感じで黙って座ってます。大人しい子なんでしょうかね」（IN20061026）と話している。クラスメートとの交流について瑩さんに質問すると、次のように話してくれた。

筆者：「いつも瑩さんは静かですね。いつもですか。」
瑩　：「はい、いつもです。教室は話しません。友達は今中級クラスです。午前ですから、私は午後です。教室の人は話しません。」
筆者：「じゃ、学校では話さないんですね。」
瑩　：「はい。そうです。全然。」　（IN20061026）

これまで同じクラスにいた友達が進級して学校に来る時間帯が変わり、話す人がいなくなった。教室のクラスメートとは話さないため、学校に来ても話すことがないそうだ。

〈普通の友達〉

そして、瑩さんはこのクラスについて次のように述べた。

瑩　：「（再履修のクラスの）前のクラスは仲がいい友達がいました。でも今はそういう友達はいないから、今でもその友達と一緒によく遊びます。授業が終わったら教室の外で待って、ご飯を食べに行ったり、カラオケに行ったりします。」

筆者：「そうですか。でも、前のクラスも友達ができたから、今もできるでしょう。」

瑩　：「いいえ、今は普通の友達だけです。」

筆者：「普通の？」

瑩　：「はい、いい友達はいつも遊びに行きます。いい友達はみんな中級クラスへ行きました。中級クラスは午前ですけど、私はまだ（午後）です。」

筆者：「あ〜、遊びに行くのはいい友達ですね。」

瑩　：「そうです。とても親しいですよ。いい友達です。」

筆者：「で、クラスの人とあまり遊ばないんですね。」

瑩　：「そうです、そうです。ですから、普通の友達です。友達、いいですか。」

筆者：「そうですね。友達とは言わないのかなぁ。」

瑩　：「ははは。」 （IN20061109）

瑩さんは今のクラスではほとんど話すこともなく、友人もいない。彼女はインタビューの中で、交流のある他のクラスの友人を「いい友達」、今のクラスで一緒に勉強しているだけのクラスメートを「普通の友達」と言っていた。初回のインタビューでも、今のクラスの人を「普通の友達」と表現していたため、教室内での交流は少なからずあるものと理解していた。しかし、教室での観察や教師へのインタビューを重ねるにつれて、「普通の友達」はクラスメートであるという事実を述べているだけであることが分かった。

〈寂しい〉

瑩さんは「いい友達が（再履修の）クラスにいないのでとても寂しい」（IN20061109）と感じている。教室での彼女の様子を見ていると、同じ中国からの学習者に冗談を言われたり話しかけられたりすれば答えてはいるが、彼女の方から話しかけることはない。

筆者：「瑩さん、話さないって言ってたけど、みんな時々瑩さんに話をするでしょう。例えば、Kさんとか。」

瑩　:「あ、はい、Kさん、うるさいですよ。嫌です。」

筆者:「嫌いですか。」

瑩　:「はい、いつも悪いことばかり話します。」

筆者:「そうなんだ。でも話をしてくれる人がいるから、瑩さんも話したら友達になるかもしれませんね。」

瑩　:「いいえ、友達ではありません。普通の友達です。今はいい友達がクラスにいないのでとても寂しい。」(IN20061109)

瑩さんに話しかけてくる人はいるが、彼女自身が話したいと思える人ではない。こういった状況にあることから、彼女は寂しいと述べたと思われる。しかし、寂しいと感じている一方で、次のようにも考えている。

〈友達を作るのは面倒くさい〉

クラスでは積極的に自分から話しかけることがない瑩さんを見て、インタビューで瑩さんの友達について質問をした。

瑩　:「今(再履修)のクラスメートとは友達になるは思いません。もう友達がいます。日本に来ている中国人はいろいろな問題をあって、とても複雑、友達を作ります、面倒くさいだから。」

筆者:「面倒くさいですか。」

瑩　:「はい、そうです。面倒くさいですよ。」

筆者:「まぁ、Kさんは、瑩さん嫌いなんですよね。他の人は？ ほら、Sさんとかとても真面目でいい人でしょう？」

瑩　:「あ、はい。でも……。」(IN20061109)

瑩さんは中国出身者同士の交流をあえて自分から持とうとはしていないと話した。「教室では中国の学習者Kさんが休み時間や授業中に瑩さんに冗談を言ってくることがあった。初めは笑いながら対応しているが、そのうちもう嫌だという感じでKさんとの話を終えてしまう」(FN20061109)。Kさんは冗談が多すぎて嫌がっているのかとも考えたが、瑩さんがあまり話したがらないのは、Kさんだけではなかった。

瑩さんのクラスには、とても明るくて真面目な上海出身の学習者Sさんがいる。Sさんは勉強熱心な学習者で私がこのクラスにいるときは、休み時間になると話しかけて質問をしてくることがあった。Sさんは私だけでなく瑩さんにも話しかけることが多かったのだが、瑩さんは返事をするだけで、Sさんともあまり話をしようとしなかった。

〈複雑〉

瑩さんにとって日本語学校にいる中国出身者は複雑なようである。中国人は複雑だとインタビュー中に何度か繰り返していた瑩さんに、彼女が言う複雑の意味を聞いた。

瑩　:「中国の人は、う～ん、中国は広いです。たくさん人がいます。私は大連、（他の人は）瀋陽、天津、上海、あ～（紙に「農村」と書いて）、これもあります。みんな違います。」

筆者:「場所が違いますから、みんな中国人でもいろいろということですね。」

瑩　:「あ～、みんな違います。中国は大きいですから。」

筆者:「そうですか。場所が違うと、友達になるのは大変？」

瑩　:「う～ん。全部じゃないよ。お金がたくさんあります。お金がない。あ～、私のクラスのLさん（上海の出身者）はお金がたくさんあります。父が医者です。でも、これ（農村を指して）はない。みなさん日本へ来ますが、大学へ行きたいの人もいます、行きたくない、でも、お父さんが日本（へ行けと）言いましたの人もいます。」

筆者:「あ～そうか。お金持ち。」

瑩　:「そうそう、お金持ち。日本はアルバイト給料が高いですから、アルバイト一生懸命しますね。その人は、時間ない、いつもいつもアルバイト。」

筆者:「アルバイトをたくさんしている人は時間がないですよね。瑩さんはどうですか。」

瑩　:「私は少しだけです。中国で働きましたから、少しだけお金持ってきました。一緒にご飯を食べたいですが、みんな時間があり

ません。」（IN20061109）

瑩さんは、中国は広く、出身地域、家庭の経済的な環境など、学習者が持つ背景は様々で複雑なものであると述べた。

〈心は中国に〉

友達に関するインタビューでは、彼女は次のように話を続けた。

瑩　:「日本には仲がいい友達はいますが、心は今でも中国に置いてきた。そのままです。いつも心は中国の友達にあって、日本にいる私の心でありません。早く中国の友達に会いたいです。中国に（一時）帰国する（2週間の）夏休み、本当に楽しみです。」

（IN20061109）

瑩さんにとって、日本にいる友人もそうだが、中国の友人がより重要なものであることが分かった。これは上述のカテゴリーで述べたように、彼女はクラスの学習者に対して決して積極的に交流しているとは言えないことからも分かる。中国での交友関係の結びつきが強く、複雑であるクラスの学習者との関係に関心がない彼女にとって、中国の友人は大きな存在であるようだ。

〈勉強さえできればいい〉

再履修のクラスは寂しいし友達もいないとなると、あまり面白くないのではと思い、インタビューで触れてみた。

筆者:「じゃ、瑩さん、今のクラスは本当につまらないですね。」

瑩　:「大丈夫。友達がいないですが、全然気にしません。勉強だけできます。いいです。先生も優しいし、まあまあ、今は楽しいんです。」

筆者:「そうですか。私はいい友達がいたらいいと思うけどなぁ。勉強も楽しくなるしね。」

瑩　:「はい、でも、クラスに友達があります。あまり大切ではありません。」

筆者：「何も話さないで勉強して、寂しいですよ。」

瑩　：「いいえ。聞いて自分で勉強します。大丈夫です。」(IN20061109)

こう話した瑩さんは、観察をしているときは、休み時間も「授業を聞いているときも1人で黙々と学習に取り組」(FN20061026) んでいた。

3.1.2 瑩さんにとっての日本語学習【私にできること】

〈隣の人と一緒に考える〉

ある日の読解の授業で、問題を解いている学習者の様子を教師が見回っているという場面があった。その活動中、瑩さんにも楽しそうに話す場面が見られた。それは隣にいる学習者に話しかけられたことがきっかけで始まった。瑩さんの隣にいる学習者（非漢字圏出身者J）が分からない漢字に出くわし、中国語話者である瑩さんにその意味を聞いた。すると、彼女はその学習者にできる限りの日本語を駆使して伝えた。「教科書のページを慌しくめくり、辞書を引いたりしながら、意味を伝えようとしていた。言葉に詰まれば辞書をまた見て、説明をする。また、問題の用紙に字を書いたり、絵を描いたりしてその学習者の質問に答えていた」(FN20061026)。その学習者はその説明に納得したようで、大きく笑顔でうなずいた。「突然の質問に一生懸命まじめに説明していた瑩さんは、彼の笑顔を見た瞬間、表情が一変した。必死に何かを伝えようとしていた顔は笑顔に満ち溢れていた」(FN20061026)。瑩さんはそれ以降、その学習者と笑顔で楽しそうに読解の問題に取り組んでいた。瑩さんの方からその学習者に質問することもあり、彼らは2人で1つの長い日本語の読解文を協力して読み進めていた。

問題が全て終わった後、「プリントにある挿絵について落書きを加えて冗談を言ったり、いらない紙を使って折り紙を作ったりして、楽しそうに笑っていた」(FN20061026)。そのころ、教師は他の学習者が問題を解き終わるのを遠く離れた教壇で静かに待っていた。

瑩さんの行動はこの読解問題を解く作業の後、大きく変化した。

〈教えてあげるのは楽しい〉

クラス全員が問題を解き終わったのを見て、教師は教壇に立ち解答を始めた。プリントにある質問に沿って教師は学習者全員に問いかけていた。その教師の質問に対して、学習者がちらほら答える中に、これまでに聞かれなかった瑩さんの声があった。積極的に声を出して答えを言っている。教師は特に瑩さんを指名しているわけでもない。また、それまではそういう場面であっても無言で黙々と教科書に目をやっていた瑩さんが、このときは教師の質問に対して自ら進んで答えている。この授業の後、瑩さんはこの授業のことについてこう述べている。

瑩　:「(Jさんが) 質問をしてびっくりしました。私も分からないですから。でも、私が説明してJさんが分かった。とてもうれしかったです。一緒にいろいろ話します、楽しかったです。」

(IN20061026)

インタビューの中での瑩さんは「勉強のことを聞いても、難しいとか私は頭が悪いとか否定的なことしか話さなかったが、このことについては楽しそうに話していた」(FN20061026)。瑩さんにとって、この読解問題の作業の短い時間はとてもいい時間だったようである。

〈授業中他の学生と話すのはよくない〉

瑩さんと学習者Jさんが話をしているとき、学習者の様子を見て回っている教師が瑩さんのそばに来た。教師は瑩さんのプリントをのぞきこんだが、特に問題はないと見たようですぐ離れていった。教師が瑩さんの側に立ったとき、瑩さんは教師に目を向けなかったが、それまで2人で楽しそうに読解の問題に取り組んでいた雰囲気は一瞬にして冷めてしまった。瑩さんの顔が真面目に、少し緊張した面持ちに変わったのである。しかし、教師が遠ざかっていくと、2人はお互いのプリントをのぞきこみながら楽しそうに問題を進めた。お互いの答えを確認し合うかのように、問題文や質問について、またそれぞれお互いに考えた解答を伝え合っていた。なぜ教師が来たとき瑩さんは話さなくなったのか、インタビューで聞いてみた。

瑩　：「先生だから。それに、私たちは問題を考えています。そのときに他の学生と話をする、よくないです。」（IN20061107）

と答えた。瑩さんは、問題に取り組んでいるときは教師の前で学習者同士が話をするのはよくないと考えている。つまり、瑩さんは授業中、教師の目が届くところでは何も話さないということである。瑩さんがこのように考えているということについて教師はどう思っているのだろうか。授業後の教師（仮名：川瀬）へのインタビューで彼女の行動について触れてみた。

川瀬：「そういえば、こそこそ遊んでましたよね。早くできたのか分かりませんけど。まぁうるさくなかったからいいんですけどね。」
筆者：「何をしてたんでしょうね。」
川瀬：「何でしょう。ただのおしゃべりだと思いますよ。」
筆者：「読解の問題が終わってちょうど休み時間になりましたよね。僕も読解の作業を第三者として眺めるってのは、今まであんまりなかったような気がするんですけど、今日の瑩さん、どうでした？っていうかいつもあんな感じですか。」
川瀬：「う〜ん。そうですね。今日も結局口開かなかったでしょ。まぁ読解やからしゃあないかもしれないんですけど。でも、いつもあんな感じですよ。ほんまに当てないと口を絶対開かないんですよね。」（IN20061026）

インタビューでは担当した教師は、瑩さんはただ私語をしていただけで、いつものようにやる気もなく、よく分からない学習者だと話していた。しかし、実際には瑩さんは私語ではなく、隣の学習者と読解の内容について一緒に考え、意見を出し合っていたのである。

3.2　学習者愛さんのケース

次に愛さんについて記述する。愛さんは中国山東省出身の学習者で24歳の男性である。愛さんは国で高校を卒業した後、独学で日本語を学び2006年4月に来日。来日後は調査校で6か月間『みんなの日本語』の

ⅠとⅡを学び、中級クラスに進級する際に再履修者となった。

愛さんが在籍したクラスは『みんなの日本語Ⅰ』を再履修した経験を持つ中国の学習者が2人、愛さんと同じように『みんなの日本語Ⅱ』を再履修することになった中国の学習者が1人いた。彼ら以外に進級してきた台湾の学習者が1人と韓国の学習者が13人いた。愛さんも瑩さんの教室と同じ形の教室で勉強しており、観察をしている間は、ちょうど真ん中、あるいは、それより前に座って授業を受けていた。

3.2.1 愛さんにとっての学校【学校は好き】

〈先生の話が分からない〉

愛さんは教師の指示が理解できていないのではないかと思われることが度々観察されている。「学習者全員が教師が配布した練習問題に黙々と取りかかっていたとき、愛さんだけは周りをきょろきょろと何をしたらいいのか見渡すということがあった。後ろの学習者が周りを指差し、状況を察するように促した」(FN20061206)。さらに、教師(仮名:大島)が出したキューに答える口頭練習の場面で、

大島:「みなさん、部長がミラーさんに言います。「アメリカへ行ってください」は、部長はミラーさんをアメリカへ行かせました。いいですか。(学習者の「はい」に答えて)それでは、Kさん、部長、鈴木さん、休みます、どうですか。」 (FN20061214)

といったように「教師が3人の学習者を順番に指名した。その後、愛さんを指名したが、教師の質問に愛さんは戸惑い、周りを見回した。教師は彼のこの様子を見て、再度説明を加えた。この教師の説明の最中、答えてしまう学習者もいた。愛さんは教師の助言や他の学習者の答えを聞いてなんとか答えることができた」(FN20061214)。

愛さんにこの日の活動の様子について、使役形が分からなかったのか、教師の指示が分からなかったのか、あるいは、別の原因があったのか質問してみた。

愛 :「(使役形のフォームや使い方)分かります。でも、先生は何を話す、

難しいです。」

このように答えたが、さらに他の学習者のやり方を見れば、どう答えればいいのかは分かるのではないかと質問を続けると、

愛　:「あ〜。はい。でも、先生が話す、分かりません。」(IN20061214)

彼はやはり教師の話が分からないと答えた。「教室での教師の話し方やスピードは愛さん以外の学習者にとって難しいレベルのものではなかった。彼以外の学習者は教師大島の質問に答え、指示も的確に捉えていたからである。観察を続けている間、愛さんは決してスムーズに応答することはなかった」(FN20061121)。

〈だいたいでいい〉

休憩時間に学習者がお菓子を食べていたのをきっかけに、教師（仮名：森田）がお菓子に関する話を始めるという場面があった。教師は中国の学習者に国でよく食べるお菓子について質問した。

森田:「国ではどんなお菓子をよく食べていましたか。やっぱりチョコレートとかですか。日本と同じ？」

この質問に中国の学習者は様々なお菓子について話し始めた。それぞれの学習者に対して教師は応え、愛さんにも同様に「お菓子をよく食べましたか」と質問した。

愛　:「(教師の質問に対して)…あ〜…。」(FN20061107)

と答えるだけで最後にうなずいた。教師はさらに「食べましたか」と確認をしたが、愛さんはうなずいた後に首をかしげるなど質問が分かっていないような態度を取った。教師は「お菓子が好きですか」ともう一度聞いたが、愛さんは首を横に振るだけであった。教師もこの対応に、分かりましたかと言いながら、話を終わらせた。

教室では授業中であっても、教師が時折テキストから離れた話題に触れることがあった。サッカーの試合や、ゲーム、映画など、学習者が関心を持っているであろうことについて話していたが、愛さんはこのような場面でも上述のような対応で、「はい」、「いいえ」、「分からない」と答えるだけであった。

また、愛さんは教師の日本語が分かる場合であっても、答えないことがあった。それは、次に挙げるようなもので、授業の終わりに帰るところを呼びとめられ、宿題を提出しないことを咎められたときに取った対応である。

森田：「愛さん、宿題は？ まだですよね。今日ください。いいですか。」
愛　：「（照れ笑いをしながら）はい、まだです。すみません。」
森田：「じゃ、どうしましょう。前に約束しましたね。今日出します。どうしてしませんでしたか。」
愛　：「はい、分かりません。」　（FN20061107）

この後、愛さんとのインタビューの中で、教師の話の内容について理解できていたのか確認した。彼は宿題の催促であることは分かっている、「先生は宿題をほしいです。私はまだですから、先生は宿題宿題です」（IN20061107）と述べた。つまり、愛さんは教師の話していることについてはよく分かっているのであるが、宿題を出さないことについての言い訳をすることなく、「分かりません」と言うだけで帰ろうとしていたのである。

インタビューで、この愛さんの対応について聞いてみると、愛さんは「だいたい」という言葉を何度も繰り返した。教師から何か聞かれたり、注意されたりするとき、彼は「だいたい」で対応していると言った。

愛　：「あの先生は、いつもうるさいです。話面白くないです。はいはい、いいですいいです、答えます。だいたい答えますが、大丈夫です。」
（IN20061107）

なぜ誠実に対応しないのかという筆者の問いに対して、上記のように答えており、教師への対応に関する彼の態度が窺えた。ここで愛さんが述べている「大丈夫」というのは、教師に「だいたい」で答えても、特に問題にはならないという意味である。

〈先生はいつも怒っている〉

愛さんはなぜこのような態度を取るのか、そして、教師はそれを見てどう思っているのかを探るべく、愛さんと愛さんを指導する教師（仮名：大島）にインタビューを行った。まず、教師のインタビューの回答を挙げる。

大島：「愛さんはね、たまには何でもない話をすることもあるけど、あんまり反応ないしね。当てても分からんのかぼ〜っとしてることも多いし、それより宿題とかちゃんと守ったことないんですよね。しつこく約束してこの日が最後で、それでも持ってこなかったら教室に残ってやってもらいますよって言うても、だめなんですよね。だから、いつも宿題は？宿題は？って。早くしなさいとか話をよく聞きなさいとかっていうのが多くなってしまいますよね。」（IN20061128）

教師のこの発言からも分かるように、教師は常に注意する存在であるようだ。次に、愛さんに教師について質問した際に得られた回答を挙げる。

愛　：「先生は、「分かりましたか」、「できましたか」、「宿題はまだ？」、「（宿題を出していないということに）どうしてですか」、「早く！」。いつも怒ります。」（IN20061107）

愛　：「先生は「愛さん、どうしてですか」いつも話します。「遊びません、勉強します」、「アルバイトだめです」いつもいつも注意します。」（IN20061114）

この回答から、愛さんが持つ教師像の一面をうかがい知ることができる。教師は優しくても、注意をしたりするため、愛さんは教師を「うるさい」ものであると考えているのである。

〈遠い〉

「いつも怒っている先生」は愛さんにとって「遠い」存在である。この距離感はどこから来ているのか。教師の話が分からなくても、質問することもない。教室活動の流れが分からない場合も、周りの学習者を見て同じように進めるだけで、彼が自分の意見や感情を主張することもない。また、教室で教師に話しかけることもなく、常に受け身でいる。「話が分からない」、「あきらめ」ということもその原因であるとは思われるが、愛さんが日本語でなんとか表現してくれたのは、「教師は学生と同じじゃない」ということであった。彼の回答を聞き、何度も確認をしながら言いたいことを確かめたが、彼は辞書や中国語を駆使しながら「教師は学生と同じ立場の人ではなく、学生から見れば上にいる人で、友達になれるような存在ではない。遠い存在だ」ということを伝えてくれた。

〈先生からいろいろ質問してもらいたい〉

愛さんから教師に話しかけることがないのは、教師が「遠い」存在だからなのであろう。彼は教師に質問される、指示される、注意されるときに「だいたい」で答える以外、話そうとする様子は見られなかった。しかし、他の学習者の中には教室活動や休憩のときも教師と話している学習者が見られていた。そんな彼らを見て、愛さんはどう感じているのか質問した。

筆者：「愛さんは、あまり（先生と）話さないの？」
愛　：「話さない。」
筆者：「先生は質問とかしてこない？ 昨日何したの〜とか。」
愛　：「先生は宿題、宿題です。」
筆者：「ふうん。そっか。」
愛　：「話、話は、先生は私に（質問を）聞きます。そして、私は話します。それがいいです。」
筆者：「うん？ 先生が愛さんに質問したら、愛さんは答えます。」

愛　：「はい。」
筆者：「で、それがいいですか？ 先生が質問するのがいいですか。」
愛　：「そうです。先生が質問する、いいです。私は質問したくない。話さない。先生は宿題、宿題（ばかり言っている）。先生は質問します、私は話します。」（IN20061116）

教師は愛さんに宿題を催促するなど注意することが多いが、愛さんは教師から注意されるのではなくて、他の学習者のようにいろいろと質問をしてもらいたいと考えている。

〈学校が好きです〉

以上のように、教師の話も分からない、教師は遠い存在でいつも怒っていると言っていた愛さんであるが、学校に対してはこれとは少し異なる印象を持っていることが分かった。

筆者：「愛さん、じゃ、勉強も面白くないし、学校が嫌いでしょ。」
愛　：「あ〜。」
筆者：「でも、毎日学校に来ていますね。えらいね。」
愛　：「はい、勉強は好きじゃない、でも学校、いいですよ。」
筆者：「そうですか。勉強は好きじゃないけど、学校は好きなんですね。」
愛　：「はい、学校が好きです。」
筆者：「え、それは◯◯（調査協力校）が好きなの？ 学校が好きなの？」
愛　：「あ、◯◯はあまり、でも、学校はいいです。」（IN20061116）

愛さんは自分が通っている日本語学校が好きだというわけではないが、学校という場所が好きだと話した。彼の経験の中でも学校というのは「いい」存在であったようだ。

〈友達と一緒にいられる学校〉

愛さんが「学校が好き」だということをよく表していると思われる記録がフィールドノーツに残っている。

「教師が学習者に文法の問題を解くように指示。みな静かに始めるが、愛さんは前、後ろ（にいる学習者に）こそこそと話しかけてくすくすと楽しそうに笑っている。話しかけられた学習者は教師を気にしながら。愛さんは気にしながらも堂々と後ろを向いて話している。静かな教室には彼の声が響く。」（FN20061123）

「学校へ来てからずっと今日は勉強には集中できない様子。何かあったのか。少し機嫌が悪い感じ。教師には目もくれないが、いつも話す学習者にはにこにことひたすら中国語で話をしていて、注意される。」（FN20061116）

「愛さんが話しかけるも、教師の目を気にする相手は愛さんに話をやめて前を向くように、勉強するように促す。それでも愛さんは何度も振り返って笑っている。」（FN20061128）

愛さんの学習に関するフィールドノーツの記述には、勉強しているというよりも周りの学習者とおしゃべりをしている、それで注意されているという記述が多い。そこで、注意されることについて彼自身はどのように思っているのかインタビューで聞いてみた。

筆者：「勉強しているときも話しますよね。」
愛　：「ははは。」
筆者：「友達と話すのは楽しいですか。」
愛　：「はい、楽しいです。」
筆者：「勉強よりもいいですか。」
愛　：「そう。友達がいます。学校はいいよ。」
筆者：「（先生に）叱られても、大丈夫？」
愛　：「へへへ。はい。友達と話して楽しいです。学校。」（FN20061128）

愛さんは教師に注意されたり、叱られたりすることを気にしていない。確かに、彼は別のインタビューでも、注意されても大丈夫、気にしないということを話していた。つまり、愛さんにとって学校で教師に注意されることなどは問題ではなく、友達と一緒にいられるということが重要な要素なのである。友達と楽しく話ができるということが学校のいいところだと考えているのである。

3.2.2　愛さんにとっての日本語学習【面白いことだけ勉強したい】

〈勉強したくない〉

彼は日本語学習をどう捉えているのか。授業後のインタビューで次のような質問をした。

筆者：「愛さん、日本語の勉強、好き？」
愛　：「あ〜。まあまあです。」
筆者：「そうか。でもいつも学校ではあまり勉強しませんね。」
愛　：「ははは。そうです。あまり面白くない。」
筆者：「学校の勉強は面白くないの？」
愛　：「うん。あまり面白くないです。」
筆者：「そうなんだ。どうして面白くないのかな。」

これまでに何度か「面白くない」という愛さんの話を聞き、その理由は何であるのか質問を重ねてきた。答えがなかなか出ない状況が続いており、このときも愛さんは黙り込んでしまったので、次の質問に移った。

筆者：「でもほんとに大学に行きたければ、もうちょっと勉強しないとね。宿題も出してないでしょ。前に先生言ってましたよね。」
愛　：「そうそう。そうです。でも勉強は面白くないや。中国でも勉強嫌いです。全然勉強しない。」
筆者：「そうなんだ。勉強が嫌いなんですね。」
愛　：「はい。遊びばかりです。勉強したくない。」　(IN20061123)

愛さんは幼いころから学校の勉強が嫌いで宿題もあまりしなかったため、両親によく叱られたということも話してくれた。日本語の勉強をあまりしないのは、日本語が嫌いだからということではなく、勉強自体が好きではないからなのである。

〈友達やお母さんと勉強するのは楽しい〉

嫌いだから勉強はしないと話した愛さんであったが、実際には勉強したことも、しようと思ったこともあるのではないかと考えた。そこで、インタビューで彼の過去の勉強の場面を振り返ってもらった。

愛　:「分かるとき、たくさんしました。う〜ん。友達と一緒に勉強しました。友達と話して一緒に考えます。楽しいです。お母さんが一緒にしました。お母さんもうるさいでした。でも、お母さんも答えを教えてします。楽しいでした。」

彼は友達と一緒に楽しく勉強したこと、母親が宿題を見てくれたことなどについて、とても懐かしそうに話してくれた。彼にとって中国の学校で友達と勉強したことは楽しい思い出であったようである。この話を聞いた後、彼に当時の状況と現在の状況とを比較してもらった。筆者が、なぜ日本語学校では勉強ができないのか考えてもらうと、次のような答えが返ってきた。

愛　:「面白くない。面白いとき勉強したいです。」　(IN20061116)

また、別のインタビューの中にも次のような回答があった。

愛　:「楽しいです、勉強します。(在籍している日本語) 学校は面白くない。」　(IN20061124)

愛さんは、楽しく進められるなら勉強するが、日本語学校にはそれがないと話した。

〈アニメ〉

愛さんに時間があるときは何をしているのか聞いてみた。愛さんはインターネットを使って中国のテレビやアニメを見たり、ゲームをしたり、QQ (インターネット上でメッセージを送受信できるソフト) を使って中国にいる友達と話したりしているそうだ。時間があるときは面白いことや興味があることだけやっていて、勉強は面白くないからやらないということであった。愛さんが面白いと思うのは、ゲームとアニメと友達との会話であるが、特にアニメに関して言えば、漫画本と動画の両方に関心があると話していた。このアニメは日本のものであるということだったため、アニメについてさらに質問をした。

筆者：「アニメを見るんですよね。アニメって日本のアニメですか？」
愛　：「はい、そうです。日本のアニメです。」
筆者：「じゃ、日本語ですね。」
愛　：「日本語もあるし、中国語もある。（字幕が出るジェスチャーをしながら）」
筆者：「あ～そうなんだ。日本語のアニメも見るんだ。じゃ、日本語がたくさん出てますよね。分かりますか。」
愛　：「だいたい分かります。辞書を見ます。」
筆者：「辞書を見ながら、アニメの字幕を読むの？」
愛　：「はい。大変です。」
筆者：「そうなんだ。じゃアニメは日本語の勉強ですね。いいですね。」
愛　：「ははは。アニメを見ます。でも、電影（映画）は日本語ですが、中国語（の字幕）もあります。」
筆者：「そうですか。じゃ、アニメの本で日本語を読んだりして、テレビのアニメで日本語を聞いたら、とてもいい勉強ですね。分からないときは中国語もあるし。」
愛　：「そうです。アニメは日本語面白いです。」　（IN20061107）

愛さんはアニメの本を読んだり、映画を見たりすることで、日本語に触れていることが分かった。特にそれが日本語の勉強になるとは考えていないようであったが、彼はアニメを通して日本語を学んでいる。言い換えれば、アニメを用いれば日本語を楽しんで勉強することができるということを意味している。

3.3 学習者彦さんのケース

彦さんは中国東北地方の出身で年齢は23歳の男性である。2006年4月に入学し、『みんなの日本語Ⅰ』の後『みんなの日本語Ⅱ』を終えて中級に進学する際に再履修者となった。『みんなの日本語Ⅱ』を新しく学ぶ17人の学習者と彦さんを含め、再履修をする中国の学習者2人の計19人がクラスに在籍していた。出身国の構成は韓国が10人、中国が9人であった。

3.3.1 彦さんにとっての学校【学校は楽しい】

〈中国人の友達がたくさんいて楽しい〉

彦さんは授業中、よく周りにいる中国からの学習者と楽しそうに中国語で話していた。プリントの問題を解いているときや、他の学習者が答えているときでも話すため、教師に注意されることもあった。しかし、教師の目を気にすることなく冗談を言ったりして笑っていた。彦さんは「友達がいます。楽しいです」とインタビューで話したように、教室では常に楽しそうにしていた。

筆者：「彦さんは、友達がたくさんいますね。毎日楽しいですか。」
彦　：「はい、友達がたくさん、いいです。」
筆者：「彦さん、今日も叱られてましたよね。先生が怒りましたね。」
彦　：「はい、（叱られても）大丈夫。」
筆者：「よく叱られますね。でもいつも教室で話していて楽しそうですね。」
彦　：「学校はたくさん友達いますから、楽しいです。」
筆者：「いいですね。」　(FN20061206)

彦さんにとっての友達というのは、クラスメートの中でも中国人学習者のことで、彼はこの友達がいる再履修クラスを楽しんでいることが分かる。

〈注意されるのは嫌い〉

教室で文型の導入が行われ、その後の運用練習の際、彦さんが教師（仮名：川瀬）に注意される場面があった。

川瀬：「彦さん、聞いていますか。今はそれをする時間じゃないでしょ。一緒に練習してください。」
彦　：「（うなずくだけ）」
川瀬：「じゃ、○○さん、これはどうですか。」
彦　：「私は先生に本をいただきました。」
川瀬：「そうですね。彦さん、書くのをやめてください。ちゃんと聞いてますか。彦さんはできますか？ できないでしょう。できないのに、自分の勉強しても上手にならないんですよ。」
彦　：「（うなずくだけ）」（FN20061206）

彦さんは文型の導入時の説明は前を向いて熱心に聞いていた。板書もノートに書き留めたが、それ以降は全く前を見ず、うつむいたまま自分の本を見ながらノートに何かを書き続けていた。インタビュー時にノートを見せてもらったが、そのとき彼は能力試験に対応した文字語彙のテキストを持っていて、語彙を覚えるためにノートに練習をしていたのであった。彼は注意されても話を聞かない傾向があり、筆者が教室にいたこの日も、彦さんは注意されてもうなずくだけで、結局、自分の作業をやめなかった。

筆者：「彦さん、先生によく叱られますね。いつも授業のとき何をしてるの？」
彦　：「あ、練習。言葉を覚えます。漢字とかカタカナとか。漢字だいたい分かります。カタカナ難しいです。」
筆者：「どんな本？」
彦　：「これ。」
筆者：「おお、2級の本ですね。すごい、どうしたの？ この本。」
彦　：「友達にくれました。」
筆者：「そうですか。毎日これで勉強してるの？」
彦　：「はい。」
筆者：「うちでもやってるんですか。」
彦　：「ううう。家はあまり。学校でします。」
筆者：「そうか。家でこれをやって教室では先生の話を聞いた方がいいんじゃない？」

彦　：「先生の話は分かります。もう勉強しました。」

筆者：「あ、そうか。でも、教室でこれをするから先生が怒るんでしょ。」

彦　：「そう。うるさいよ。先生。」

筆者：「ははは、そうですか。注意されると嫌ですよね。」

彦　：「はい、とてもうるさい。いつも、だめ、だめ。私は分かった、分かった。」

筆者：「気分が悪いでしょ。」

彦　：「はい、本当に嫌いです。気持ち悪い。どうして、いつもだめ、だめ。私は先生の話分かります。聞かなくて、分かります。分かりますから漢字を練習しますよ。」　(IN20061213)

彼は、自宅ではなく授業中の教室で友人から譲り受けた日本語能力試験2級の文字語彙のテキストを使って自分で勉強していた。それを注意されることについて、本人はあまりよく思っていない。それは、教室での勉強はすでに分かっていることだから、自分の勉強をしているだけであるのに、叱られるのは納得できないという理由からだった。

〈私の日本語は誰も聞いてくれない〉

このような彦さんを見ていて、気がついたところがある。それは、いつも教師のすぐ目の前、一番前に座っていることである。彦さんは教師に座席を指定されたからではなく、自ら進んで前に座っている。観察を行ったクラスでは、一番前から3列目ぐらいまでに座る学習者は積極的に発言をするような学習者がほとんどであった。また、彦さんがいるクラス以外でも席は自由に座っていいことになっており、再履修者は後ろの方に座っていることが多いと他の教師から聞いていた。しかし、彦さんは他の再履修者とは異なり、常に一番前の席に座っているのである。文型導入の後、口頭での確認が始まると、彦さんは一番前で誰よりもいち早く答えていた。全体での口頭練習の場面では積極性を見せる彦さんではあるが、教師が何か質問を投げかけた場合は口を開かない。観察をしていたある日、教師（仮名：下村）が彦さんを指名した上で質問をするという以下のような場面があった。

下村：「彦さん、彦さんも日本料理は食べにくいですか。」
彦　：「（うなずくだけ）……。」
下村：「そう？ 食べにくい？」
彦　：「はい。」（FN20061106）

下村：「彦さん、日曜日どこか行きましたか。」
彦　：「（首を横に振る）……。」
下村：「行った？ 行かなかった？」
彦　：「いいえ、アルバイトだけ。」（FN20061106）

彦さんは単純な質疑応答であっても、個別に質問されると消極的な姿勢になり簡単な応答をするだけになっていた。そのため、教師が再度質問をすると、聞こえないぐらいの小さな声で自信なさそうに答えていた。筆者はこの様子を見て、授業後にインタビューを行った。

筆者：「人の前で話すのは大変ですよね。」
彦　：「大変じゃないよ。みんな、聞かない。」
筆者：「聞かない？」
彦　：「みんな、聞かない、聞かないよ。」
筆者：「うん？ あ、彦さんが話しても、みんな彦さんの話を聞かないの？」
彦　：「そうです。みんな聞きたくないから、はなしないです。」
筆者：「そうなんだ。だから練習のときは大きい声で言うけど、1人のときは言わないんですね。ちょっと残念ですよね。どうしてかな。他の人も同じですか。」
彦　：「いえ、（みんなは）私は日本語が下手ですね（と思っている）。それで、（みんなが私の話を）聞かない。私は話したくないです。」
（IN20061106）

全員で応えるような場合は問題ないが、クラスメートの前で1人で日本語を話す際には消極的になってしまう。彦さんはその理由について、周りの学習者が自分の日本語を下手だと思って聞いてくれないからだと述べた。

〈みんなの前では日本語で話したくない〉

彦さんは口頭練習には積極的に参加する一方で、教師からの個別の質問には答えない。こういった相反する彼の姿勢に筆者はとても疑問を感じた。教師や彦さんがインタビューで答えたことや彼の学習の様子を観察した結果、大勢の前で日本語を間違えたときに指摘されるのが嫌なのではないかということが分かった。

彦さんは教師に注意されることをとても嫌がっていた。それは教師の指示を聞かないときにされる注意だけではなく、教師による日本語の誤用の訂正も含まれている。「教師が彦さんに質問。しかし、彦さんは単語だけでしか答えられていない。もうひとつは「ことがある」が言えていない。教師は驚いた表情で再度言い直すように促す。しかし、彦さんはとても不機嫌な顔」(FN20061206)。これはフィールドノートの一部であるが、教師による誤用訂正を不快に思っていることが窺える。自分の会話能力に自信を持っている彦さんは、教師に指摘されることを嫌う。おそらく彼の自尊心が傷つけられるのであろう。みんなが聞いているときは話したくないと語った彼の心の中には複雑な思いがある。

〈日本語を話すのは上手〉

彦さんは他の学習者に日本語が下手だと思われているため、みんなの前では話したくないと言ったが、彼自身は自分の日本語能力についてどう考えているのであろうか。

筆者：「人前で話すのが嫌なんですね。間違えたら恥ずかしいという意味かなと思いました。」
彦　：「間違え、大丈夫です。私は大丈夫です。間違えません。」
筆者：「お、間違えませんか。すごいね。」
彦　：「はい、私は間違えません。」
筆者：「彦さん、日本語上手になりましたよね。」
彦　：「私は話す、大丈夫。」
筆者：「そうですか。アルバイトとかでも話が分からないとか問題はありませんか。」

彦　:「アルバイト（の人が話すこと）も分かります。アルバイト、生活、問題ないです。」　（IN20061113）

彼は自分の日本語の運用能力がすでに十分備わっていると自信を持って話していた。筆者や彼を担当する教師の教師としての見解では、彼の運用能力は同じクラスの人と比較すると決して高いとは言えず、十分であると自信を持って言えるようなものではなかった。しかし、彼は「大丈夫」と胸を張って言い切った。

3.3.2　彦さんにとっての日本語学習【大学の入学試験に合格するために】

〈大学の試験のために〉

インタビューの中で、彼は日本語学校での学習で必要なものについて話し始めた。

彦　:「私は大学に行きますから、試験で（のために）勉強したいです。漢字、文法勉強します、たぶん大学大丈夫です。」

筆者:「話すのはもう上手ですから、あとは試験のために勉強したいんですね。今自分で勉強していますか。」

彦　:「はい、学校は遅いよ。今毎日中級の本も勉強します。」

（IN20061220）

彼は会話能力はすでに十分備わっており、進学の際に試験で必要となる文法や語彙といった日本語能力を向上させる必要があると考えていることが分かった。しかし、教師は彼の運用能力について次のように話している。

大島:「全くですよ。何言うてるか分かりませんしね。途中でもういいやんって感じで話を切るんですよ。一応、言いたいことを言おうとするんですよね。しかも言い切るんですけど、なんかよく分からんから、もう1回聞き直したりすると、うん、うん、そうです、はいはいって感じでね。」

筆者：「そうなんですか。何かやっぱり分かってないんでしょうかね。」

大島：「たぶんね、文法とかは分かってると思うんですけど、使えないんでしょうね。この文型をやってるってときの答えじゃなくて、ただいきなり質問を振ったりすると、どう答えていいのか分からんのじゃないかな。でも、なんでこんな自信満々なんやろって思いますよ、あの子。不思議やわ。全く通じてないのに。」

（IN20061220）

彦さんの担当教師は、彼が日本語能力に自信を持っているようだと感じている。そして、実際には彦さんの日本語の運用能力は低く、簡単な質疑応答にやっと答えられる程度のレベルであるのに、なぜ自信が持てるのだろうかと語っている。

〈先生は勉強だけでいい〉

観察を行ったクラスの中では、彦さんのクラスが最も積極的で、学習者が教師とコミュニケーションを取ることが多く、授業中であっても休憩時間であっても学習者から教師に話しかける場面が多く見られた。そのため、教室はいつもにぎやかで教師と会話をしながら授業が進められていた。教師もインタビューで、「このクラスの学生はみんなよく話してくれるんですよね。まぁ全員じゃないですけど、でも、いつも話題が絶えないって感じですかね」と言っていた。このクラスの学習者も学校外でも教師と食事などをしながら交流したいと言っており、教室には教師との信頼関係が築かれているような雰囲気があった。しかし、彦さんは他の学習者とは少々違っていた。彦さんは口頭練習には参加するが、それ以外は全く教師とは話さない。こういった雰囲気の中でも、全く周りを気にせず自分のことだけをしているか、周りにいる中国からの学習者と中国語で話していることが多かった。

筆者：「彦さん、みなさんよく先生と話していてとても仲がいいですね。彦さんは先生と仲良くしたいですか。」

彦　：「ああ、いいえ。ほしくないです。」

筆者：「そうですか。先生と楽しく話したら勉強も楽しいんじゃない？」
彦　：「ううん。いいです。先生は、勉強だけ。」
筆者：「うん？ 先生は勉強だけ？ 勉強だけ教えたらいいってこと？」
彦　：「先生は友達じゃない。勉強教えます。だけです。」
筆者：「そうか。じゃ勉強だけ教えてくれたら、他はあまり話したくないんですね。」
彦　：「そうです。」
筆者：「お酒を飲んだりとか。したくない？ 他の人は先生とご飯を食べに行きたいって言ってたよ。」
彦　：「ああ、いいえ。行きたくないです。」　（IN20061213）

彦さんにとって、教師は日本語を教えるだけの存在であって、それ以上何も求めてはいない。彦さんは、他の学習者が思っているような勉強以外の教師との交流を必要とはしていなかった。

〈自分でできる〉

授業では彦さんは前を向いて教師が言うポイントをよく聞き、板書のメモを取っていた。しかし、それ以外の教師の指示はあまり聞かない。会話の練習だけでなく読解問題や文型に関する練習問題も手をつけず、自分の学習を進めていく。他の授業で使っている文字語彙のテキストや自分で購入したテキストにある漢字の練習を始めるのである。このような彦さんに対して注意する教師もいたが、指示を聞くように促すだけの教師（仮名：後藤）もいた。

後藤：「初めは聞いてるんですけどね。何か知らん間に漢字をひたすらノートに書いたりしてるんですよね。」
筆者：「じゃ、毎回注意してはるんですか。」
後藤：「うん。初めはしてましたけど、もういい加減疲れてきてね。結構最近はほったらかしですわ。」
筆者：「そうですか。流れも止まりますもんね。注意ばっかりしてると。」

後藤：「そうそう。言うても聞かないですし。」
筆者：「それで、何してるんですか。彼は。」
後藤：「いや、別にね、次に何かテストがあるとかじゃないんですけどね。自分の勉強してますね。」
筆者：「そうですか。困りますよね。」
後藤：「まぁ、もういいんですけどね。ここまで来たら。」(IN20061220)

教師は注意をしてきたが、彼がそれを聞かないため、あまり止めなくなったということであった。これについて彦さんは次のように話している。

筆者：「いつも自分の勉強していますよね。先生の話は聞きませんか。」
彦　：「ははは。はい。」
筆者：「先生の話を聞いて、先生と一緒に勉強しないの？」
彦　：「文法だけ。あまりいらないです。分かります。簡単です。」
筆者：「簡単だから分かるんですね。ですから、自分の勉強をするんですか。」
彦　：「あまり必要じゃない。自分で勉強できます。」
筆者：「そうですか。でも、話す練習も必要でしょう？」
彦　：「分かりますから、いらないよ。大学の試験の勉強したいです。」
(IN20061220)

彦さんは教室での勉強は簡単であり、大学の入試にはつながらないと考えているようである。また、自分で試験対策もできると思っていて、教室での勉強をあまり重視していない。彼のこのような態度に教師はあきらめてしまい、注意もせずそのまま放置しているという状況である。

4　考察――ケース間分析

次に瑩さん、愛さん、彦さんのケース間分析の結果を示す。ケース間分析によって、教師と再履修者の間に見られる学習観など様々な認識の相違があることが分かった。以下にその相違について記述するが、教師が認識を改めることで、再履修者に対する理解が深まり、学習動機の改善によい影響が与えられるのではないかと考えられる。

4.1 再履修者の実態と教師が捉える再履修者

3人の協力者にとって、「学校」の役割はそれぞれ異なっている。瑩さんにとっての学校は勉強ができる場所を提供してくれるものである。愛さんにとっては友人と過ごす時間を提供してくれる場所であり、彦さんの場合は大学の入学試験合格という目標を達成するために必要な場所である。学校の役割は3人にとって全く違うものなのである。

他の学習者との関わりで言えば、愛さん、彦さんの2人にとってクラスの友人は教室で過ごす時間を楽しくする存在となっており、この2人にはクラスの友人が学校に来る動機づけになっていると言える。しかし、この点については、瑩さんは少し異なる。彼女にとっては同じクラスの学習者ではなく、別のクラスにいる「いい友人」の存在がその大きな要因となっているのである。さらに、中井（2009）の分析結果によると、クラスでの交流がなく、居場所がないということが学習動機の低下を引き起こす要因とされていたが、このケース・スタディによって、交流や居場所がない状態でも、瑩さんのように学習動機が維持されるケースがあることが分かった。この点は、M-GTAによる理論（前掲）には含まれていないため、理論を構成する概念として追加する必要があると言える。

他者との関わりという視点で見れば、愛さんと彦さんに共通する点がある。しかし、この2人の学習観、学習スタイルは異なっている。愛さんにとっては友人や家族といった楽しく過ごせる人やアニメ等の興味のあるものが学習を進める上で必要である。一方で、彦さんは口頭練習には参加するが、それ以外は自分が持っているテキストで文字語彙の学習を進めている。彼は自分なりに自分の学習を分析し、入試合格という目標達成に必要な学習を自分が最善だと思う方法で進めているのである。また、瑩さんは学習者というのは教師の前では真面目で従順であるべきであって、私語をしてはいけないと考えている。彼女はこの学習観を背景に、教師には見えないところで他の学習者と協力しながら学習を進めていたことが観察されている。

さらに、彼らが持っている教師像にも相違点が存在する。教師との関わりを持つことには全員消極的であるが、学習面に限っては、教師から質問をしてもらいたいなど、愛さんだけが積極的な関わりを望んでいる。しかし、遠い存在であると教師との距離を置いているところも見られており、消極的な一面を持っていることは否めない。このように同じ再履修者であっても、多くの点で認識が異なっている。この点について教師はどのように捉えているのであろうか。

教師の前で話してはいけないと思っている瑩さんは教師の目が届かないところで隣の学習者と読解問題を進めていた。しかし、教師は瑩さんが何をしていたのか把握していなかった。また、彦さんが教室で自分の勉強を進める理由についても教師は理解していなかった。彼が語彙学習を進めるのは、自分自身で語彙学習が必要だと判断したからである。これに対して教師は注意をしているが、彼がなぜそうするのか理解をしようとせず、ただ叱責するだけであった。愛さんの場合も同様で、彼がアニメに関心を持っていて、自宅では日本語に触れているということを教師は知らなかったと思われる。仮にそれを知っていたとしても、教室での態度に教師は注意を重ねるだけであった。

注意や叱責をする教師の態度には、再履修者の学習態度に対する否定的な見方が根底にあると思われる。それは、上に挙げたような再履修者の学習観などを理解していないためである。教師が再履修者に下す否定的な評価は、あくまでも再履修者が教室で見せる表面的な態度から生まれたものであって、彼らの背景を理解した上で出てきたものであるとは考えられない。もし教師が、彼らの学習態度が生まれる背景を理解していれば、批判的な態度にはならないのではないだろうか。

5　第2章で得られた理論*1*との統合

次に、授業観察によるケース・スタディによって得られたカテゴリーと概念を第2章のM-GTAによって得られた理論（以下、「理論1」と呼ぶ）と統合する。授業観察は再履修者を対象としたため、第2章の理論の再履修期あるいは全過程に通じるカテゴリー群との統合となる。第2章の理論と第3章のカテゴリー・概念の統合に関して、その必要がある箇所についてはカテゴリーの再構成を行った。また、カテゴリーの再編に関して、理論1からの再編の軌跡が分かるように、再編されたカテゴリーについてはその名称を変えている。つまり、理論1と比較し、同じ名称のものは再編されたものではなく、名称が異なっているものは概念の追加などの再編があったということを意味している。

5.1 再履修期のカテゴリー群の再編

第2章で得られた再履修期のカテゴリー群は、第3章の分析を経て大きく変更されたところである。再履修期のカテゴリーの再編については次の表8に示すとおりである。また、それによって得られた再履修期の理論図は図5に示す。

理論1では【クラスメートとの関係による影響】と【教師とのインタラクションによる影響】、【両親の期待による影響】という3つのカテゴリーが含まれていた。ここでは、その中のカテゴリー【クラスメートとの関係による影響】を再構成した。まず、【クラスメートとの関係による影響】というカテゴリーを【クラスメートとのインタラクションによる影響】という名称に変え、ここに2つのサブカテゴリー［クラスメートとの関係］と［中国人同士の関係］を設けた。さらに、［中国人同士の関係］の下位概念として、〈中国人同士の居場所がない〉と〈中国人同士の居場所がある〉を設定した。次に、【クラスメートとのインタラクションによる影響】について述べる。

5.1.1 【クラスメートとのインタラクションによる影響】

このカテゴリーは第2章の理論1の再履修期のカテゴリー群にある【クラスメートとの関係による影響】を再編してできたものである。この理論1の【クラスメートとの関係による影響】はクラスでの居場所の有無が再履修者の積極性を左右するというものであった。再履修者は他のクラスメートと自分自身を比較することによって、自分が恥ずかしいと思い、周りの目を気にするようになる。そして、周囲から蔑視されているように感じ、クラスメートと交流を持つことに消極的な態度を取る。その一方で、クラスでの役割を果たすことで居場所を見出し、クラスメートとの関わり方や学習に積極的になる。これが理論1で得られた【クラスメートとの関係による影響】が表している流れである。しかし、授業観察では中国人同士の関係も影響を与えているケースが見られた。つまり、クラスメートからの影響の中には、中国出身者であるクラスメートからの影響も大きいということになる。そのため、中国人同士の関係を取り上げる必要が出てきた。

これには次のような理由が考えられる。理論1は再履修者からのインタビューデータに基づいているが、インタビューでは筆者がクラスメートとの関係について質問する際、「クラスの友達」というように学習者の出身地域を持ち出していなかった。そのため、中国人同士の関係による影響が見えなかったのである。しかし、ケース・スタディの分析結果では、クラスメートとの関係の中でも、特に中国出身者との関わりが特別な意味を持っていることが分かった。そこで、ケース・スタディの分析結果をもとに、理論1の【クラスメートとの関係による影響】は出身地域を問わないものとして捉え直し、［クラスメートとの関係］と変更した。そして、ケース・スタディの分析結果によって得られた概念を［中国人同士の関係］としてまとめ、区別することにした。

5.1.1.1 ［クラスメートとの関係］

理論1では〈自分が恥ずかしい〉、〈周りの人の目が気になる〉、〈クラスメートとの交流がない〉、〈クラスに居場所がない〉、〈クラスでの役割〉、〈クラスは楽しい〉、〈クラスに居場所がある〉の7つの概念があった。ここに新たに追加された概念は〈私の日本語は誰も聞いてくれない〉、〈隣の人と一緒に考える〉、〈教えてあげるのは楽しい〉である。この概念の追加に伴って、このカテゴリーの概念を再度統合した。〈クラスに居場所がない〉と〈クラスに居場所がある〉の2つを上位概念とし、それぞれに下位概念を設定した。〈クラスに居場所がない〉の下位概念は、理論1の〈自分が恥ずかしい〉、〈周りの人の目が気になる〉、〈クラスメートとの交流がない〉とケース・スタディの結果から得られた〈私の日本語は誰も聞いてくれない〉である。そして、〈クラスに居場所がある〉の下位概念として、理論1の〈クラスでの役割〉、〈クラスは楽しい〉に加え、ケース・スタディから得られた概念〈隣の人と一緒に考える〉、

表8　理論1の再履修期のカテゴリーとケース・スタディによって得られたカテゴリーから新たに再編された再履修期のカテゴリーとそこに含まれる概念

カテゴリー【クラスメートとのインタラクションによる影響】	
サブカテゴリー［クラスメートとの関係］	サブカテゴリー［中国人同士の関係］
○概念〈クラスに居場所がない〉 理論1再履修期のカテゴリー【クラスメートとの関係による影響】から ・概念22〈自分が恥ずかしい〉 ・概念23〈周りの人に対して恥ずかしい〉 ・概念24〈自分に対して恥ずかしい〉 ・概念25〈周りの人の目が気になる〉 ・概念26〈クラスメートとの交流がない〉 ・概念27〈クラスに居場所がない〉 ・概念28〈クラスにいたくない〉 ・概念29〈クラスにいるのが嫌になる〉 ケース・スタディのカテゴリー【学校は楽しい】から ・概念74〈私の日本語は誰も聞いてくれない〉 ○概念〈クラスに居場所がある〉 理論1再履修期のカテゴリー【クラスメートとの関係による影響】から ・概念30〈クラスに居場所がある〉 ・概念31〈クラスでの役割〉 ・概念32〈クラスは楽しい〉 ケース・スタディで得られたカテゴリー【私にできること】から ・概念59〈隣の人と一緒に考える〉 ・概念60〈教えてあげるのは楽しい〉	○概念〈中国人同士の居場所がない〉 ケース・スタディで得られたカテゴリー【学校に居場所がない】から ・概念52〈話しません〉 ・概念53〈普通の友達〉 ・概念55〈友達を作るのは面倒くさい〉 ・概念56〈複雑〉 ○概念〈中国人同士の居場所がある〉 ケース・スタディで得られたカテゴリー【学校が好き】から ・概念67〈学校が好きです〉 ・概念68〈友達と一緒にいられる学校〉. ケース・スタディで得られたカテゴリー【学校は楽しい】から ・概念72〈中国人の友達がたくさんいて楽しい〉
カテゴリー【再履修者のプライドによる影響】	カテゴリー【日本語の学習観の形成】
ケース・スタディで得られたカテゴリー【学校は楽しい】から ○概念73〈注意されるのは嫌い〉	ケース・スタディで得られたカテゴリー【教室に居場所がない】から ○概念58〈勉強さえできればいい〉

○概念75〈みんなの前では日本語で話したくない〉 ○概念76〈日本語を話すのは上手〉	ケース・スタディで得られたカテゴリー【学校が好き】から ○概念63〈だいたいでいい〉 ケース・スタディで得られたカテゴリー【大学の入学試験に合格するために】から ○概念77〈大学の試験のために〉 ○概念79〈自分でできる〉
カテゴリー【再履修者の学習観による影響】	カテゴリー【再履修者の教師像の形成】
ケース・スタディで得られたカテゴリー【私にできること】から ○概念61〈授業中他の学生と話すのはよくない〉 ケース・スタディで得られたカテゴリー【面白いことだけ勉強したい】から ○概念70〈友達やお母さんと勉強するのは楽しい〉	ケース・スタディで得られたカテゴリー【学校が好き】から ○概念64〈先生はいつも怒っている〉 ○概念65〈遠い〉 ○概念66〈先生からいろいろ質問してもらいたい〉 ケース・スタディで得られたカテゴリー【大学の入学試験に合格するために】から ○概念78〈先生は勉強だけでいい〉
カテゴリー【両親の期待による影響】（理論1からの変更なし）	カテゴリー【教師とのインタラクションによる影響】（理論1からの変更なし）
○概念43〈両親の期待に応えられなかった〉 ○概念44〈両親の期待に応えられるように頑張る〉	○概念33〈再履修者との関わり方が消極的な教師〉 ・概念34〈先生は優しすぎて私が勉強しなくても怒らない〉 ・概念35〈先生と話をしたことがない〉 ・概念36〈授業中に寝ても怒られないので、寝るようになった〉 ○概念37〈再履修者との関わり方が積極的な教師〉 ・概念38〈先生によく話しかけられる〉 ・概念39〈先生に点数を褒められる〉 ○概念40〈やる気〉 ・概念41〈やる気がなくなった〉 ・概念42〈やる気になった〉

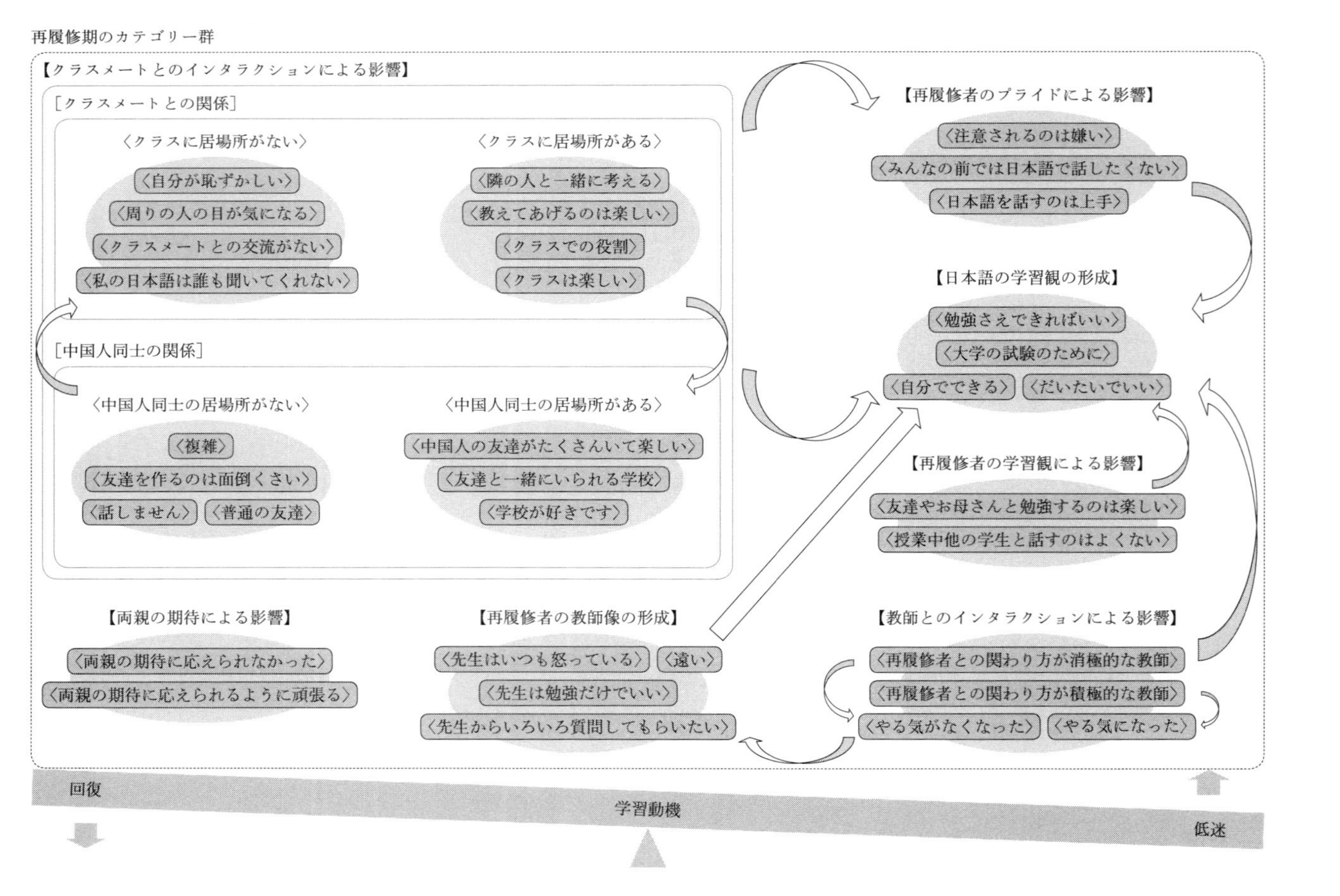

図5　ケース・スタディで得られた結果の統合によって完成した再履修期の理論図

〈教えてあげるのは楽しい〉を統合した。次に、それぞれの概念が表す動きについて説明する。

まず、〈クラスに居場所がない〉に関連する流れは次のようになる。再履修者は、再履修することで〈自分が恥ずかしい〉と思い、〈周りの人の目が気になる〉。再履修をすることで恥ずかしさや疎外感といった劣等感を持ち、クラス内の学習者同士の関係がうまく持てなくなる。これは〈クラスメートとの交流がない〉という概念の具体例に表れている。そのため、〈クラスに居場所がない〉と感じてしまう。このような状態になると、彼らはクラス全員が聞いている中で発言することに消極的になる。これは、概念〈私の日本語は誰も聞いてくれない〉の具体例に挙げたとおりである。このように、再履修者は自らクラスメートとの関係の構築を避け、発言の意志まで失ってしまうのである。

次に、〈クラスに居場所がある〉について述べる。クラスで役割を持つことが積極性を生み出し、居場所の獲得につながるということは理論1で分かったことであるが、授業観察によって得られた〈隣の人と一緒に考える〉や〈教えてあげるのは楽しい〉という概念もクラスでの居場所の発見につながる要素であると考えることができる。それは、この新たに加える2つの概念は〈クラスでの役割〉につながる経験となっているからである。隣の人と一緒に考え、教えることに楽しさを覚える。再履修者がこの経験を繰り返していく中で、自分の役割を見出すことができれば、〈クラスは楽しい〉と思い、クラスでの居場所を持つことができるようになると考えられる。

次に、新たに加えたカテゴリー［中国人同士の関係］について示す。

5.1.1.2 ［中国人同士の関係］

この［中国人同士の関係］には2つの下位概念が存在する。それは、〈中国人同士の居場所がない〉と〈中国人同士の居場所がある〉である。まず、〈中国人同士の居場所がない〉であるが、これは下位概念〈複雑〉、〈友達を作るのは面倒くさい〉、〈普通の友達〉、〈話しません〉によって構成されている。ケース・スタディの分析結果では、中国人同士は出身地域や家庭の経済的な環境の違いなどが原因で関係が〈複雑〉だということが挙げられている。この〈複雑〉な人間関係の中で、わざわざ〈友達を作るのは面倒くさい〉と考え、単なるクラスメートである〈普通の友達〉としての関係にとどまる。そのため、クラスでは中国人同士であっても話さないという状態になる。

その一方で、中国人同士の関係を楽しんでいるというケースも見られた。これは、〈中国人同士の居場所がある〉というタイプの再履修者である。これは下位概念〈中国人の友達がたくさんいて楽しい〉、〈友達と一緒にいられる学校〉、〈学校が好きです〉で構成されている。彼らはクラスの中国人とよい関係を築いているため、〈中国人の友達がたくさんいて楽しい〉と感じており、〈友達と一緒にいられる学校〉が好きになる。このような中国人同士の関係の有無は、中国人同士の居場所を見出すための重要な要因となっているということである。この中国人同士の居場所は、中国以外の出身者との関係とは別に、再履修者のクラスへの帰属意識に大きな影響を与えるものとなっている。

次に、このクラスメートとの関係から影響を受けていると思われる【再履修者のプライドによる影響】というカテゴリーについて述べる。

5.1.2 【再履修者のプライドによる影響】

再履修者は先に挙げたクラスメートとの関係の中でも、特にうまく関係が築けていない場合、自尊心、つまり、プライドというものを意識するようになることが分かった。

出身地域にかかわらずクラスメートとの関係が構築できていない状況では、クラスメートを前にして自分が否定的な評価を受けることを嫌う。具体的に挙げると、彼らが教師の質問に答えるときに使う日本語やフリートークなどで発言する日本語について、教師に誤用を指摘されることである。先にも述べたように、再履修者には再履修という事実によって、クラスメートから蔑視されているというように自分を否定的に捉えている側面がある。クラスメートに対し、あまり友好的な感情を持たず、逆に疎外感を持っているような中で、教師からミスを指摘されることは彼らにとって屈辱的なことになる。再履修者はクラスメートが自分を成績不振者だと見ていると考えているため、クラスメートの前で日本語の誤りを指摘されることは、彼らが持つ劣等感、蔑視されているという感覚を煽ることになるのである。そのため、〈注意されるのは嫌い〉であり、〈みんなの前では日本語で話したくない〉と思うようになると考えられる。また、教師とのインタラクションにも大きな影響があると思われるが、再履修者の中には〈日本語を話すのは上手〉だと考えている学習者もいる。自分の日本語には問題がないのに、再履修者となってクラスメートに見下されているように感じ、日本語を話したくなくなるのである。ただ、この〈日本語を話すのは上手〉だという自負が、どこから生じているのかを明らかにするのは難しい。このような自信を以前から持っていた再履修者が、蔑視される雰囲気のクラスの中で日本語を話す意欲を失うことになったのか、あるいは、再履修クラスで日本語を話す意欲を失った原因を周りの学習者の雰囲気に帰属させたことから生じた「言い訳」なのかが明らかではないということである。しかし、いずれの場合にせよ、再履修者は自分自身の日本語能力の高さを自負していることと彼らの発言に耳を貸さないクラスの雰囲気が発言意欲を低下させているということであり、再履修者の学習意欲の改善にとっては大きな問題であると言える。

このようにクラスメートとの関係と再履修者のプライドが相互に影響し合う中、再履修者としての学習上の経験や彼らが持つこれまでの学習経験から作り上げられた学習観というものが学校での日本語学習に影響を与えていることが分かった。ここで、日本語学校での経験を通して行われる【日本語の学習観の形成】と【再履修者の学習観による影響】について順に示す。

5.1.3 【日本語の学習観の形成】

再履修者は日本語学校での再履修という過程の中で、クラス内の関係、教師との関係など様々な影響を受けながら再履修という文脈の中で学習に関する経験をすることになる。彼らの過去の経験の中で、成績不振者としての学習経験があったかどうかは定かではないが、日本語学校での成績不振者としての学習経験はこれまでの経験の中では異質であることが想像できる。この再履修者としての学習経験によって彼らは日本語の学習についての学習観を作り上げていく。ケース・スタディの分析で分かった彼らの日本語の学習観は、〈勉強さえできればいい〉、〈大学の試験のために〉、〈自分でできる〉、〈だいたいでいい〉というものである。

まず、〈勉強さえできればいい〉という概念について述べる。これはクラスメートとの友好的な関係を持っていない再履修者の経験で、教室で友人を作ることには関心がなく、ただ日本語の勉強ができればそれでいいということを表している。再履修者は毎日教室に座って教師の話を聞いているだけで、他の学習者から話しかけられてもあまり応じず、淡々と机に向かって日本語学習を進めているのである。

また、彼らは日本の大学に入るという目標を持って来日しているため、大学進学に必要な学習を進めたいという意識を持っているのは当然であるが、その意識が教室活動への参加意識を低下させるという悪影響をもたらす要因に変わってしまうことがある。それは、再履修者は同じテキストを2度学習することが原因となっている。同じ内容の授業を2度聞くことになるため、再履修者は教師が進める教室活動は必要だと思わず、授業中であっても大学進学のための勉強を進めてしまう。このような状況は教師の進め方や教師とのインタラクションによって変わることもあるだろうが、同じ内容をやり直すという再履修制度がもたらす弊害の1つであると言うことができる。

さらに、再履修者は本研究の初めにも述べたように、教師の指示をあまり聞かなかったり、宿題を出さなかったりすることがある。教師の指示を聞かないというのは、先に挙げたように、授業中に教師が進める授業を無視して自分の学習を進める再履修者の様子を指しているが、授業中の指示を聞かない、あるいは、宿題を出さない再履修者には教師はよく注意をするようになる。注意をされることが多くなると、再履修者は教師に「だいたい」で返事をしたり対応したりするようになり誠実さを失っていく。これは再履修者になる前から見られた傾向であった可能性もあるが、〈だいたいでいい〉という考え方は、ケース・スタディの分析において、再履修という状態の中で彼らに生まれたものであると見ることができる。このような再履修者としての経験は彼らの日本語の学習観の形成に大きな影響を与えると言える。

次に、彼らが過去の経験によって作り上げてきた学習観について示す。

5.1.4 【再履修者の学習観による影響】

このカテゴリーは学習というものに対する彼らの態度や取り組み方を決める大きな要因となる概念をまとめたものである。彼らの学習観は、日本語学校だけではなく彼らが学習を始めたときから積み上げられたもので、家族、友人、学校、教師、クラスメート、さらには、彼らが属するコミュニティや文化など様々な要素によって影響を受けている。ケース・スタディの分析で得られた学習観に関する概念は2つ得られた。それは〈友達やお母さんと勉強するのは楽しい〉と〈授業中他の学生と話すのはよくない〉である。

まず、〈友達やお母さんと勉強するのは楽しい〉であるが、これは幼いころに進めてきた学習経験が背景にある。学校ではクラスメートと勉強し、家では母親に宿題を見てもらっていた。常に親しい人と一緒にいながら学習を進めてきた。しかし、ケース・スタディの分析で分かったことは、学習を進めるために友人や家族が必要なのではなく、学校などの学習を進める場に友人や家族の存在がなければならないということである。日本語学校のクラスは中国人も多く、そこで得た友人と一緒に教室の時間を過ごす。この友人とともに過ごす時間に意味があるため、友人がいなければ学校に来る動機も失っていくことになる。

〈友達やお母さんと勉強するのは楽しい〉と思っている再履修者は、教室では学習よりも友人との時間を重視し、教師の指示を聞かずに話をするため、注意を受けたりしている。しかし、このような再履修者とは逆に、〈授業中他の学生と話すのはよくない〉と考え、自ら口を開くことをあまりしない再履修者もいることが分かっている。中国で受けた教育が影響を及ぼしているかどうかは分からないが、授業中は教師に求められない限り話すべきではないと考えている。そのため、教師には発言の少ない消極的な再履修者と捉えられてしまうことがある。

このように、対称的とも言える2つの学習観を持った再履修者が存在する。授業中に私語をしてしまうため集中力が足りないと教師の目に映る再履修者と、ほとんど発言しない控えめな再履修者に対し、教師は注意をしたり、座席を変えたり、発言を促したりというように積極的に関わる。その一方で、このような再履修者に対して特別な対応を取らない消極的な関わり方をする教師も存在する。これについては、理論1にある【教師とのインタラクションによる影響】でその詳細について示しているため、ここでは省略する。この教師とのインタラクションを通じて、再履修者は教師に対して持っているイメージや要望などで構成される教師像を作り上げている。

次に、その【再履修者の教師像の形成】について述べる。

5.1.5【再履修者の教師像の形成】

再履修者は教師とのやり取りの中で次のような教師像を作っていた。それは、〈先生はいつも怒っている〉、〈遠い〉、〈先生は勉強だけでいい〉、〈先生からいろいろ質問してもらいたい〉である。

教師は教室での再履修者の学習態度を見て注意する。再履修者はこの注意を頻繁に受けることで、教師に対して〈先生はいつも怒っている〉というイメージを持つようになる。そのため、教師の存在が再履修者である彼らからは遠く、身近な存在ではないと感じているようである。〈先生は勉強だけでいい〉という概念が示すように、日本語さえ教えてもらえれば十分であって、それ以上は望んでいない。このように、注意ばかりする教師に対して、彼らは距離感を感じてはいるが、〈先生からはいろいろと質問してもらいたい〉と思っていることも分かっている。教師には注意ばかりするのではなく、自分たちに質問をしてもらいたい。つまり、再履修者は遠い存在である教師との関わりを望んでいると言えるのではないだろうか。

再履修を通して得た学習経験や教師像、再履修クラスのクラスメートとの関係、幼いころから持っている学習観と教室で行われる教師とのインタラクションという要素が複雑に影響を与え合っている。そして、これらの要因に加え、再履修となってしまった彼らに重くのしかかる両親の期待も彼らの学習動機を左右していることが明らかになった。

5.2 過渡期のカテゴリー群と全過程に通じるカテゴリー群の再編

次に、理論1で得られた過渡期のカテゴリー群と全過程に通じるカテゴリー群の再編について示す。理論1では過渡期のカテゴリー群として【自立心がもたらす学習動機の減退】、【孤独感から生じる学習動機の減退】、【学習の場の移行による学習動機の減退】で、全過程に通じるカテゴリー群として【学習性無力感と原因帰属による学習動機の変化】というカテゴリーが得られている。ケース・スタディの分析で得られた概念のうち、この全過程に通じるカテゴリー群にまとめることができるものは、〈先生の話が分からない〉、〈勉強したくない〉〈アニメ〉、〈寂しい〉、〈心は中国に〉である。また、これらの概念を取り込むにあたって、理論1の過渡期のカテゴリー群にある【孤独感から生じる学習動機の減退】と【学習の場の移行による学習動機の減退】、そして、全過程に通じるカテゴリー群にある【学習性無力感と原因帰属による学習動機の変化】を再編した。再編したカテゴリーについては次の表9に、新たに得られた全過程に通じるカテゴリーの理論図は図6に示す。まず、理論1にあった【孤独感から生じる学習動機の減退】である。

5.2.1 【孤独感から生じる学習動機の減退】

理論1では概念〈母国での人間関係の喪失〉、〈クラスでの人間関係の欠如〉、〈寂しい〉というものがあった。これらの概念に新たにケース・スタディで得られた概念〈寂しい〉、〈心は中国に〉を統合する。

まず、ケース・スタディの分析で得られた〈寂しい〉という概念である。これは、理論1にある概念と同じ名称になっている。概念名には、そこに含まれるデータの中からその概念を説明できるデータを選んで用いる。同じ名称の概念が出てくるということは、すなわち、過渡期であっても再履修期であっても〈寂しい〉というのが重要な概念であることを示していると考えられる。そのため、理論1の〈寂しい〉とケース・スタディの分析結果の〈寂しい〉を統合することにした。

次に、概念〈心は中国に〉であるが、これは来日によって母国にいる友人や家族に会えないことから生じている再履修者の心情を表している。この新たに得られた概念と理論1を比較すると、理論1にある〈母国での人間関係の喪失〉というのは〈心は中国に〉の理由となる概念であると言える。よって、〈母国での人間関係の喪失〉や〈クラスでの人間関係の欠如〉が原因で〈寂しい〉や〈心は中国に〉という感情を持つことになると捉え直した。そこで、これらの概念をカテゴリー【孤独感から生じる学習動機の減退】にまとめ、過渡期のカテゴリー群から全過程に通じるカテゴリー群へと移動した。

表9　理論1の過渡期及び全過程に通じるカテゴリーとケース・スタディによって得られたカテゴリーから新たに再編された全過程に通じるカテゴリーとそこに含まれる概念

カテゴリー【孤独感から生じる学習動機の減退】
理論1過渡期のカテゴリー【孤独感から生じる学習動機の減退】から ○概念8〈母国での人間関係の喪失〉 　・概念9〈日本には両親がいない〉 　・概念10〈日本には中国の友達がいない〉 ○概念11〈クラスでの人間関係の欠如〉 　・概念12〈過渡期のクラスは面白くなかった〉 　・概念13〈過渡期のクラスはつまらなかった〉 　・概念14〈前（過渡期の前の学期）のクラスの方がよかった〉 ○概念15〈寂しい〉→下記概念54〈寂しい〉を吸収 ケース・スタディで得られたカテゴリー【教室に居場所がない】から ○概念54〈寂しい〉→上記概念15〈寂しい〉と統合 ○概念57〈心は中国に〉
カテゴリー【関心の転換による学習動機の減退】
理論1過渡期のカテゴリー【学習の場の移行による学習動機の減退】から ○概念16〈授業は面白くない〉 ○概念17〈勉強はアルバイト先で〉 　・概念18〈アルバイト先の方が学校で習うよりも分かりやすい〉 　・概念19〈アルバイト先の日本人との日本語による会話が面白い〉 　・概念20〈アルバイトでは使いたい日本語を教えてくれる〉 　・概念21〈学校でできなくてもアルバイト先でもできる〉 ケース・スタディで得られたカテゴリー【面白いことだけ勉強したい】から ○概念69〈勉強したくない〉 ○概念71〈アニメ〉
カテゴリー【学習性無力感と原因帰属による学習動機の変化】
理論1全過程に通じるカテゴリー【学習性無力感と原因帰属による学習動機の変化】から ○概念45〈授業が分からない〉 ○概念46〈やっても仕方がない〉 　・概念47〈やりたくない〉 　・概念48〈分からなくても仕方がない〉 ○概念49〈原因帰属の転換〉 　・概念50〈2回目だから分かりやすくなっただけで、自分には能力がない〉 　・概念51〈アルバイトを減らして勉強時間を増やしたから今は分かるようになった〉 ケース・スタディで得られたカテゴリー【学校が好き】から ○概念62〈先生の話が分からない〉

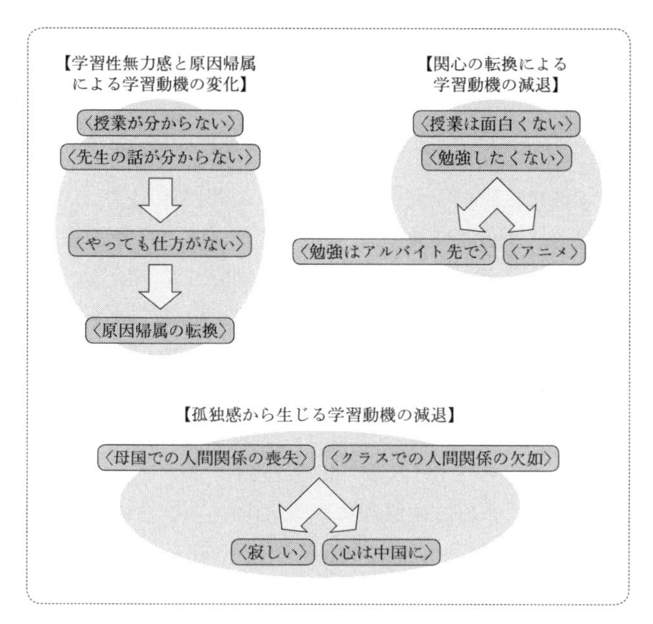

図6　ケース・スタディで得られた結果の統合によって完成した全過程に通じるカテゴリー群の理論図

5.2.2 【関心の転換による学習動機の減退】

次に、【関心の転換による学習動機の減退】についてである。このカテゴリーは、概念の追加に伴って、理論1の【学習の場の移行による学習動機の減退】の名称を【関心の転換による学習動機の減退】へと変更したものである。

理論1では、過渡期の学習者は〈授業は面白くない〉と感じるが、アルバイト先は実践的に日本語が身につけられるため、関心をアルバイト先へ移す。それによって、日本語学校での学習動機を減退させると考えた。このカテゴリーに新たな概念〈勉強したくない〉、〈アニメ〉を追加する。この2つの概念はケース・スタディの分析結果として抽出されたものである。そして、これらをカテゴリー【関心の転換による学習動機の減退】に組み込んだ。

〈授業は面白くない〉から〈勉強したくない〉と思った学習者が〈勉強はアルバイト先で〉できると考えたり、好きな〈アニメ〉を見ながら自宅で日本語学習をすることに関心を移したりするようになる。これによって、日本語学校の教室への関心が低下し、学校での学習動機が低下するというものである。

5.2.3 【学習性無力感と原因帰属による学習動機の変化】

次に、理論1の全過程に通じるカテゴリー【学習性無力感と原因帰属による学習動機の変化】について述べる。理論1において、このカテゴリーは次のようにまとめた。〈授業が分からない〉状態が続くと、どうせやっても分からないというLH状態に陥る。LH状態にある学習者は学期末テストで合格点を取ることができずに再履修者になる。さらに、再履修者になった後、再履修の原因を自分の能力不足に見出すのか、別の要因に見出すのかによってLH状態の改善が期待できる。

このLH状態を引き起こす原因に新たに加えられるのが、ケース・スタディの分析結果である〈先生の話が分からない〉という概念である。〈先生の話が分からない〉というのは先述の〈授業が分からない〉と同様に、分からないという状態を示しているからである。教師の話、あるいは、授業が分からないという状態が続くことでLH状態に陥るのである。ここで理論1のカテゴリー【学習性無力感と原因帰属による学習動機の変化】に追加した〈先生の話が分からない〉という概念はケース・スタディの分析結果、つまり、再履修期で見られた概念である。学習性無力感を生み出す原因は、過渡期、再履修期にかかわらず存在しているということになる。

6 M-GTAによるインタビューデータの分析

第3章では参与観察を通して得たフィールドノーツの記録とインタビューの記録をデータとしてケース・スタディを行ってきた。しかし、ケースとして取り上げた3人の再履修者のインタビューデータの中に、彼らが再履修者になる前、つまり、過渡期について触れている部分があった。そこで、この3人の再履修者が過渡期において、理論1の過渡期、あるいは、前節で統合した全過程に通じるカテゴリー群（図6）にある要因に影響を受けているのかを調べることにした。分析するデータはケース・スタディの調査時に行った授業観察後のインタビューデータである。インタビューは上述のように半構造化インタビューで、授業前後に2、3回、40分から1時間程度行った。質問の内容などについてもすでに述べたとおりである。このインタビューデータのうち、過渡期の彼らについて述べた部分を取り出し、理論1の過渡期のカテゴリー群と前節で得られた全過程に通じるカテゴリー群（図6）と比較した。第2章と同様、M-GTAを用いてインタビューデータを分析した結果、第2章の分析では得られなかったカテゴリーと概念が抽出された。

まずは、3人のインタビューデータから得られた新たなカテゴリーと概念を表10として示す。

表10　授業観察後の再履修者へのインタビューで新たに得られた過渡期のカテゴリー

新たに得られた過渡期のカテゴリー
カテゴリー【日本語学習に関する不安から生じる学習動機の減退】
○概念80〈ただ真面目に座っていた〉 ○概念81〈叱られることも褒められることもない〉 ○概念82〈宿題、テスト、嫌〉 ○概念83〈何もない〉 ○概念84〈大丈夫ですか〉
カテゴリー【両親の期待に対する不安から生じる学習動機の減退】
○概念85〈両親は頑張れと言う〉 ○概念86〈何をしたらいいか分からない〉

次に、新たに2つのカテゴリー【日本語学習に関する不安から生じる学習動機の減退】、【両親の期待に対する不安から生じる学習動機の減退】について、そこに含まれる概念と具体例を挙げながら記述する。

また、概念は〈　〉、カテゴリーは【　】で示し、引用する具体例にはインタビューの日付を「(IN050623)」のように示す。

6.1 【日本語学習に関する不安から生じる学習動機の減退】

〈叱られることも褒められることもない〉

観察を行っていると、特に愛さんや彦さんの2人の再履修者は宿題の提出を催促されたり、教師の指示を聞くように注意されたりする場面が何度か見られた。そこで、インタビューで教師に注意されることについて質問をしたが、そのとき彼らは過渡期のころの様子にも触れていた。3人の再履修者は過渡期のころの教室での様子について次のように述べている。

筆者：「先生はよく叱りましたか。」
瑩　：「いえ。何もないです。叱りません。」
筆者：「そうですか。褒めましたか。いい学生ですね〜って。」
瑩　：「いいえ。いいえ。ないよ。」　(IN20061026)

筆者：「愛さん、今よく叱られますよね。前もそうでしたか。」
愛　：「ああ、いいえ。今だけ。前は大丈夫（何もない）。」
筆者：「じゃ、褒められましたか。」
愛　：「ははは。（首を横に振る）」　(IN20061109)

筆者：「授業でまた注意されましたね。」
彦　：「そうですね。ははは。」
筆者：「そう、前からよく注意されたの？」
彦　：「前？」
筆者：「あ、前のクラス（過渡期のクラス）とか、（日本語学校名）に来てからいつも？」
彦　：「あ〜、何もないよ。今○○（教師の名前）先生がうるさいよ。」
筆者：「ははは。そうですね。じゃ、いいですねとかよくできましたねとか言われる？」
彦　：「おお、いいえ。ははは。」　(IN20061116)

教室では教師に注意される場面がよく見られていたため、注意されることについてインタビューで何度も質問を行った。その詳細については後に示すが、彼らは過渡期のクラスでは教師から叱られることも褒められることもなかったと述べた。さらに、教師からの問いかけなどについて質問を重ねていくと次のようなことを述べた。

〈ただ真面目に座っていた〉

3人は過渡期のクラスでは〈ただ真面目に座っていた〉だけだったと述べた。彼らは教室では特に学習者と私語をすることもなく、発言を積極的にするわけでもなく、座っているだけだったと過渡期のクラスでの自分について説明してくれた。

筆者：「前のクラスではよく話しましたか。」
瑩　：「いえ。話しません。」
筆者：「勉強のときに、友達と話したり（私語をするジェスチャーをしながら）、とか、先生！って（手を挙げて）とか。」
瑩　：「いいえ。」
筆者：「じゃ、どうしていましたか。座って……。」
瑩　：「真面目です。座って。（大人しく座ってじっとしているジェスチャー）」 （IN20061026）

愛　：「座って、勉強だけ。いい学生です。ははは。」 （IN20061116）

彦　：「座る。何も（話したりはしていなかった）。」
筆者：「そうですか。じゃ今と違いますね。（授業観察時は友人と私語をして笑ったり、自分が持ってきたテキストで勉強をしたりしていた）」
彦　：「あ、はい。面白くない。」
筆者：「じゃ、いい学生でしたね。ははは。」
彦　：「私は真面目ですよ。」 （IN20061206）

教室ではただ大人しく座っていただけで、それを彼らは真面目に座っていたと表現した。

〈何もない〉

教師に〈叱られることも褒められることもない〉。〈ただ真面目に座っていた〉という彼らに、そのころの日本語学習について質問をすると、次のように話した。

瑩　:「う〜ん。何もない。」　(IN20061109)

筆者はこの「何もない」という状態はどういう意味であるのか、他の2人のインタビューデータも何度も比較した。その結果、次のような発言があった。

筆者:「勉強はどうでしたか。」
愛　:「はい。まあまあです。」
筆者:「まあまあですか。今は?」
愛　:「先生がうるさいです。勉強は面白くない。」
筆者:「そうですか。じゃ前も面白くなかったの?」
愛　:「う〜ん。面白くない。あ、少し面白い……。」
筆者:「前の方が少し面白かった?」
愛　:「いえ。少し少し。」
筆者:「そうですか。じゃ、前はよく勉強できましたか。」
愛　:「う〜ん。よく、じゃない。わるい、じゃない。」
筆者:「いい。違います。悪い。違います。じゃ。」
愛　:「うん。でも。(首を大きく横に振る)」　(IN20061109)

愛さんは以前の過渡期のクラスについて面白かったとは述べたものの、以前と比べれば少しはよかったという雰囲気で話した。また、よくもないし、悪くもない、でもそれも違うと最後に付け加えていた。中国語で話してもいいと促したが、彼は特に何もないという感じで話を付け加えなかった。これは、彦さんについても同じ場面が見られている。

筆者:「彦さん、今はよく叱られるから前(過渡期)の方がよかったでしょ。」
彦　:「う〜ん。だいたい同じ。」
筆者:「だいたい同じですか。」
彦　:「前は……。」
筆者:「前は?」
彦　:「あ。」

筆者：「忘れましたか？ ははは。」
彦　：「いいえ。覚えます。でも説明難しいよ。」
筆者：「中国語でもいいですよ。」
彦　：「日本語でも分かる。でも、説明がない。」
筆者：「説明がない？」
彦　：「（何かを表そうとするジェスチャーをしながら）ない。」　（IN20061223）

彦さんも過渡期のクラスについては説明することができないし、説明することもないと話した。忘れているのかという問いに対してははっきりと違うと述べていた。そのため、忘れたから説明できないという意味ではなく、説明をするための対象や言葉が見当たらない、そのような意味ではないだろうか。他のインタビューでは不十分ではあるものの日本語を使って答えていたが、この質問に関しては愛さんも彦さんも言葉に詰まった。

〈宿題、テスト、嫌〉

過渡期のクラスについてはうまく表現できない彼らであったが、授業の中であった嫌なことを指摘した。それは宿題とテストについてである。

瑩　：「宿題、嫌いでした。」
筆者：「ははは。そうですか。」
瑩　：「あ、テストも嫌いです。」　（IN20061026）

愛　：「毎日宿題宿題。嫌い。」　（IN20061123）

彦　：「あ〜、宿題毎日するよ。テストもたくさんある。嫌です。多い。」　（IN20061223）

漢字の宿題やテキストに合わせた練習問題が宿題として出されていた。また、テストはテキストの課が終了した次の日に行われていた。しかし、2日で1課終了するペースであったため、ほぼ毎日テストが行われていたということになる。この宿題とテストに彼らははっきりと嫌い、嫌だと答えている。

〈大丈夫ですか〉

彼らにとって、特に説明や表現することがない過渡期の日本語学習。唯一言えるのは宿題やテストが嫌だったということであったが、そんな状態で彼らは日本語の勉強というものについてどのように思っていたのか質問した。

筆者：「前（過渡期）のクラスで勉強しましたね。勉強についてどう思いましたか。」
彦　：「あ、私は大丈夫か。」
筆者：「大丈夫？」
彦　：「毎日勉強、宿題、テストです。でも、私は大丈夫？」
筆者：「心配？ 不安ですか？（メモ用紙に漢字を書いてみせる）」
彦　：「はい。これ。（不安を指差す）これ何ですか。」
筆者：「ふあんです。」 （IN20061206）

彦さんは日々指示されること、学校で課せられるものを全てこなしてきたが、自分はこれで大丈夫なのか不安に思ったと言った。これについては、瑩さんや愛さんは次のように話している部分があった。

瑩　：「たぶん、いいですか。そして、もう一度なりました。（これでいいかどうか分からなかったが、結局再履修になってしまったという意味）」
（IN20061026）

愛　：「分かりません。大学へ行きたいでした。いいです、分かりません。」 （IN20061123）

瑩さんはこれでいいのかと思ったが、結局再履修することになってしまった。愛さんは、大学へ行きたいが自分の日本語能力の面から見てこれで十分なのか分からないという思いがあったと述べている。

6.2 【両親の期待に対する不安から生じる学習動機の減退】

〈両親は頑張れと言う〉

再履修期にあった3人の再履修者に過渡期を振り返ってもらうと両親についての話が出てきた。彼らの両親は連絡を取るたびに「頑張れ」と言うそうだ。

瑩　:「よく電話します。両親はいつも頑張って、頑張って。」
(IN20061026)

愛　:「お母さんは頑張ります、言いますよ。」　(IN20061123)

彦　:「家族は頑張る言います。」　(IN20061206)

彼らはインターネットでほぼ毎日連絡を取っている。電話では、日本での生活やその日の出来事、また、中国の家族の出来事などについて話す。その際必ず出てくるのが「頑張れ」という言葉だと言っていた。

〈何をしたらいいか分からない〉

先に挙げた両親の「頑張れ」という言葉をよく耳にする3人であったが、その言葉を聞いてどう思っているのか質問したところ、次のような答えが返ってきた。

筆者:「両親は頑張ってと言いますか。じゃ、瑩さんはどう思いますか。」
瑩　:「はい、私は頑張りますと言いますよ。」
筆者:「じゃ、勉強頑張らなければなりませんね。」
瑩　:「あ、はい。でも頑張りますけど、何をしますが分からない。」
筆者:「そうですか。」
瑩　:「あ〜。大変だよ。もう嫌です。」　(IN20061026)

愛　:「お母さんは頑張ります、言いますよ。」
筆者:「そうですか。じゃ、愛さん、頑張ってくださいね。」

愛　:「ははは。はい。うん。」
筆者:「勉強頑張っていますか。」
愛　:「はい。頑張ります。勉強、アルバイト。たくさんです。」
筆者:「たくさんありますね。何を頑張りますか。どれ？ 勉強？ アルバイト？」
愛　:「分かりません。疲れます。」
筆者:「疲れましたか。」
愛　:「はい、したくないです。」 (IN20061123)

瑩さんも愛さんも頑張りたいがどう頑張ればいいのか分からないという様子であった。彦さんは頑張らなければならないことは分かっているし、勉強も実際頑張っている。しかし、頑張ることができているのか分からないということを話してくれた。さらに彦さんは次のように述べた。

彦　:「頑張ります。でも疲れます。やめるがいいね。」 (IN20061209)

頑張れと言われるから頑張っているというのは先に挙げた具体例にもあったが、彦さんは、頑張っても何をしていいのか分からないことが原因で疲れる。留学をやめた方がいいと思ったことがあると述べた。このやめた方がいいと言ったのは彦さんだけであったが、瑩さんや愛さんが言った「大変です」や「疲れます」という言葉の裏には、彦さんと同じような気持ちがあったと推測できる。それは瑩さんも愛さんも「もう嫌です」、「したくないです」とインタビューで答えていたからである。

7　*M-GTA*によって得られた理論*1*の再構築

ここでは、先に挙げた3人の再履修者から新たに得られた概念を理論1に統合する。上述の概念は過渡期のものであるため、理論1の過渡期のカテゴリー群との比較、統合を行った。5.2で統合した全過程に通じるカテゴリー群（図6）の形成に伴って、理論1の過渡期にはカテゴリー【自立心がもたらす学習動機の減退】のみが残っている。ここに、【日本語学習に関する不安から生じる学習動機の減退】と【両親の期待に対する不安から生じる学習動機の減退】の2つのカテゴリーを追加する。したがって、理論1の過渡期に含まれるカテゴリーが【自立心がもたらす学習動機の減退】、【日本語学習に関する不安から生じる学習動機の減退】、【両親の期待に対する不安から生じる学習動機の減退】の3つになる。また、さらに再編する必要があるカテゴリーが生じた。それは、【両親の期待に対する不安から生じる学習動機の減退】である。このカテゴリーは再履修期のカテゴリー【両親の期待による影響】との統合が考えられるからである。このカテゴリーの再編については表11に示すとおりである。第3章で得られる最終の理論図（理論2とする）を最後に図7として示す。

次に、【日本語学習に関する不安から生じる学習動機の減退】について述べる。

表11 授業観察後の再履修者へのインタビューで新たに得られたカテゴリーと理論1の再履修期のカテゴリーの再編

カテゴリー【両親の期待による学習動機への影響】
授業観察後の再履修者へのインタビューデータの分析から得られた 　カテゴリー【両親の期待に対する不安から生じる学習動機の減退】から ○概念85〈両親は頑張れと言う〉 ○概念86〈何をしたらいいか分からない〉 理論1の再履修期のカテゴリー【両親の期待による影響】から ○概念43〈両親の期待に応えられなかった〉 ○概念44〈両親の期待に応えられるように頑張る〉

7.1 【日本語学習に関する不安から生じる学習動機の減退】

3人の再履修者は過渡期のクラスではいつも真面目に座って授業に臨んできたと述べた。積極的に発言していたというわけではないが、教師の指示も聞き、大人しく真面目に座っていたとインタビューで当時を振り返った。大人しく真面目に座っていた彼らは積極的に教師と関わらなかったためか、教師からは叱られることも褒められることもなかった。また、過渡期のクラスの学習について、宿題やテストが多かったのが嫌であったとも述べている。つまり、彼らは課題や宿題は嫌だったものの、授業には真面目に取り組んできた。しかし、叱られることも褒められることもなかったため、自分の学習がうまく行っているのかが分からなかった。努力はしているがそれが報われているのかどうか分からないため不安になったということである。過渡期のクラスにおいて、こういった日本語学習に対する不安が学習動機の減退を招いていたと考えることができる。

7.2 【両親の期待による学習動機への影響】

ここで得られた新しいカテゴリーは【両親の期待に対する不安から生じる学習動機の減退】であり、詳細は先に述べたとおりである。このカテゴリーについては、理論1と比較すると、理論1の再履修期のカテゴリー群にある【両親の期待による影響】というカテゴリーに類似する。過渡期には【両親の期待に対する不安から生じる学習動機の減退】、再履修期には【両親の期待による影響】というカテゴリーが存在することになる。これは、学習者は全過程を通じて「両親の期待」から大きな影響を受けているということを示していると考えられる。そこで、これら2つのカテゴリーを統合して【両親の期待による学習動機への影響】という全過程に通じるカテゴリーに変更した。過渡期の学習者は両親に頑張るように言われるものの、どうしたらいいのか分からないため、不安を覚えるようになる。どうしたらいいのか分からずに不安を持っている状態は、学習動機に悪影響を与えると考えられる。不安定な状態の中、学習効果が上がらず結果的に成績が低下し、再履修者になったと考えられる。また、再履修者になった後は、両親の期待に応えるためにも再履修という悪い状況から脱出しようと学習動機を高める場合と、両親からの期待にどのように応えればいいのか分からず不安定な状態にある場合の2種類あることが分かった。両親の期待は、全過程を通じて彼らの学習動機の形成に大きな影響を与えているということが言える。

注 [1] | 瑩さんは韓国や台湾出身の学習者とも話していないという意味。

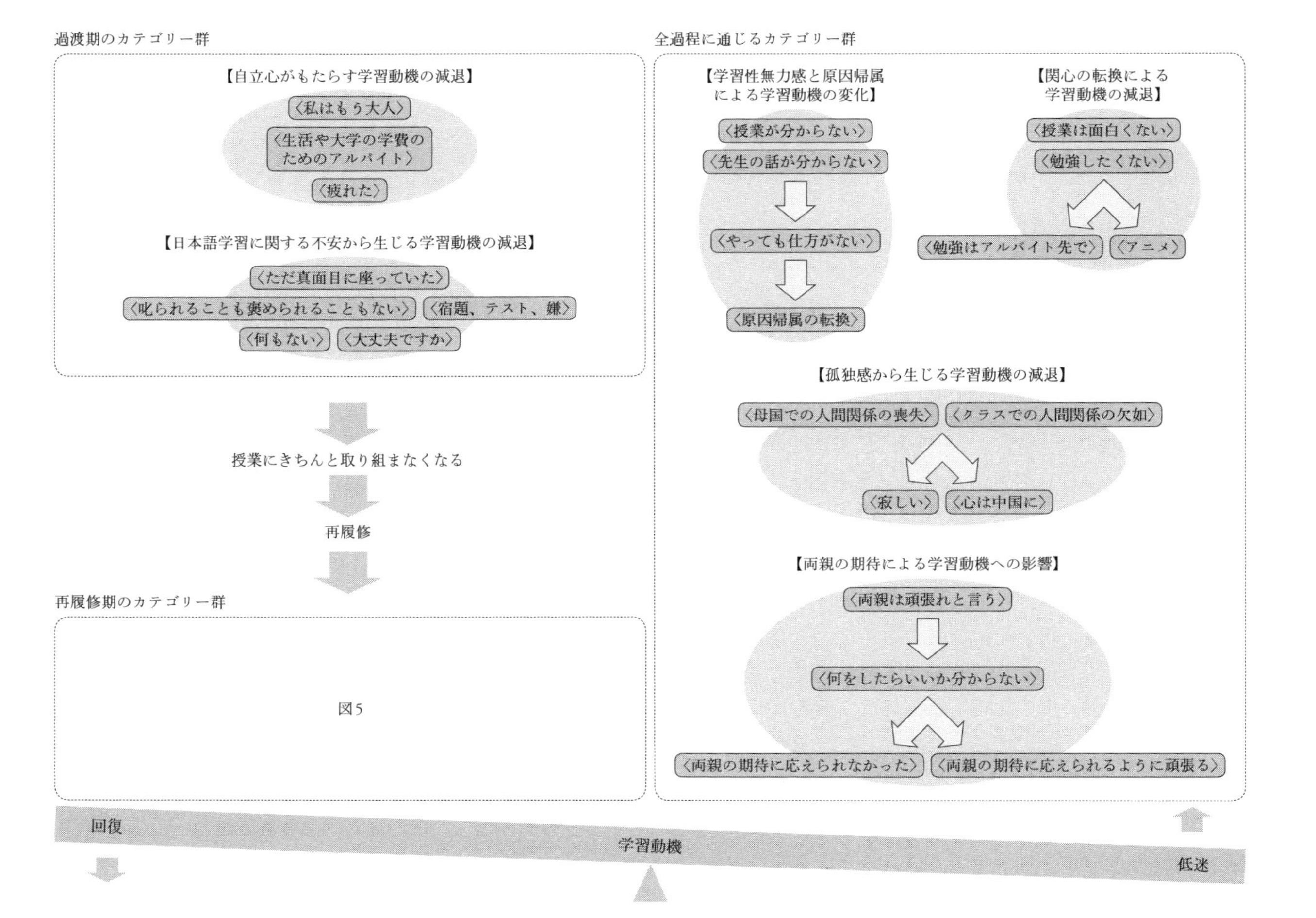

図7　*M-GTA*によって得られた理論*1*の再構築（理論*2*）

第4章 教師のインタビューデータを用いたM-GTAによる教師の対応の分析

1 はじめに——教師のインタビューデータを分析する目的

これまでに、再履修者のインタビューデータを用いたM-GTAによる分析、再履修者がいるクラスの参与観察によるケース・スタディ、さらに、参与観察後のインタビューデータを用いたM-GTAによる分析という3つの段階を経て理論2を得た。つまり、理論2は、再履修者の視点から構築された学習動機形成のプロセスに、第三者としての筆者の視点を取り入れ、修正を加えたものとなっている。第3章の分析では、特に、再履修者が気づいていなかった要因が明らかになり、再履修期のカテゴリーの精緻化ができた。この理論は実際に現場にいる学習者の学習動機の様相を理解する助けとなるだけではなく、教師の対応について再考することができる。しかし、実際には教師は再履修者をどのように捉え、どう対応しているのだろうか。これを明らかにし第3章で得られている理論に組み込むことで、教師の対応の改善についてより多くの示唆が得られるようになることが期待される。そこで、第4章では教師にインタビューを行い、再履修者にどう対応してきたのかを探る。

2 調査方法と分析方法

2.1 調査方法と質問項目

調査方法は第1章と同様の半構造化インタビューである。調査の対象となったのは、インタビューの時点で再履修者に関わっていた教師、あるいは過去に関わった経験のある教師11名である。インフォーマントの属性については表12に示すとおりで、学習者との利害関係などを考慮して全て仮名とした。また、インタビューで行った質問の主な項目は次のとおりである。まず、教師が持っている再履修者という学習者像である。再履修者と言えばどういう学習者であると思っているのかを経験に基づいて話してもらった。次に、実際に関わっている再履修者や過去に教えたことのある再履修者が他の学習者と違っているところは何か、またそういった違いを持つ理由や原因についてどう考えているのかについて質問した。最後に、再履修者がクラスにいるとき、あるいは、いたときに実際どういう対応を取ったのかについて答えてもらった。この項目については表13にまとめた。実際に行ったインタビューは、表13に示すようなインタビュー項目に基づいているが、インタビューの質問項目以外の質問や回答にも柔軟に対応できる半構造化インタビューを用いているため、必ずしもインタビューの質問項目のみにとどまっているわけではない。インタビューで得られた内容に関しては、インタビュー時に教師に発言の内容を聞き返すという形で確認を行っている。教師1人当たり30分から1時間程度のインタビューを2回以上行った。インタビューを行った場所はフィールドとなった日本語学校内の教室、喫煙室であり、全て個別のインタビューである。

なお、教師へのインタビューは、事前に作成した調査依頼書を渡して

表12　インフォーマント「教師」

対象（仮名）	田村	北	細田	村中	野村	中田
年齢	40代	50代	50代	30代	30代	50代
性別	女	女	女	女	女	男

対象（仮名）	川瀬	大島	下村	後藤	森田
年齢	30代	30代	20代	20代	30代
性別	男	女	女	女	女

表13　教師に対するインタビューの質問項目

教師に対する主な質問項目	＊「再履修者」という学習者像 ＊「再履修者」と他の学習者との違いとその原因 ＊「再履修者」への対応について

説明を加え、同意を得た上で行っている。調査依頼書については巻末に付録Ⅲとして添付した。録音に関しては全て許可が得られていたので、インタビュー内容をICレコーダーに録音した。

2.2 分析方法

分析方法は第2章と同様、M-GTAを採用した。再履修者への対応方法はどのようなもので、その対応方法をどのように作り上げてきたのかを明らかにすること、第3章までに得られている学習動機の変遷に関する理論との比較が容易になることが、その採用の理由である。

M-GTAの手法に則り、教師に対して行ったインタビューデータを分析した結果、教師の対応に関する概念とカテゴリーが得られた。その結果、教師が再履修者に対してどう考えていて、どう対応しているのかが体系的に見ることができるようになった。次にその結果を示す。結果の中に出てくる〈　〉は概念、［　］はサブカテゴリー、【　】はカテゴリーを示している。サブカテゴリーは分析上必要な場合のみ設定している。得られた概念、サブカテゴリー、カテゴリーは表14に示すとおりである。

表*14*　教師へのインタビューから得られたカテゴリー

カテゴリー【教師が改善の努力を放棄する】	
サブカテゴリー［教師の再履修者像］	
○概念87〈再履修者へのネガティブな評価〉 ・概念88〈姿勢が悪い〉 ・概念89〈集中力が続かない〉 ・概念90〈意欲が低い〉 ・概念91〈全てが甘い〉 ・概念92〈一人っ子には根性がない〉 ・概念93〈仕方なくやっている〉	○概念94〈つかみどころがない〉 ・概念95〈あまり自分から質問してこない〉 ・概念96〈雑談を持ちかけてくることがある〉 ・概念97〈自分の気持ちを言わない〉 ・概念98〈目が死んでいる〉
サブカテゴリー［教師が取る対応］	
対応1 ○概念99〈前に座らせる〉 ○概念100〈注意する〉	対応2 ○概念101〈こっちを見ているから指名する〉
サブカテゴリー［特に何もしない］	
○概念102〈どうしたらいいのか分からない〉 ○概念103〈放っておく〉 ○概念104〈他の学習者と同様に扱う〉	

サブカテゴリー［再履修者をポジティブに捉えようとする］	
○概念105〈悪い人ではない〉 ○概念106〈まじめ〉 ○概念107〈できないわけではない〉	
サブカテゴリー［再履修者問題の原因帰属］	
○概念108〈カリキュラムの問題〉 ・概念109〈初級のスピードが速い〉 ・概念110〈再履修者になるともう上がれない〉	○概念111〈学校の方針の問題〉 ・概念112〈結局成績よりも出席〉 ・概念113〈専任がリーダーシップを取るべき〉

3　分析結果

クラスの中で再履修者と接することで、教師は再履修者をどのような学習者であると感じているのであろうか。インタビューデータを分析すると、教師は再履修者問題の解決に向けた改善の努力を放棄していることが明らかになった。そこで、【教師が改善の努力を放棄する】というカテゴリーを設け、その過程の説明となる要因をサブカテゴリーとしてまとめた。

まず、分析の結果、教師は再履修者に対して低い評価を下しているということと彼らについて理解しがたい側面があると認識していることが分かった。そこで、この2つを〈再履修者へのネガティブな評価〉と〈つかみどころがない〉という概念としてまとめ、さらに、これらの概念を［教師の再履修者像］という1つのサブカテゴリーの下位概念として統合した。次に、その内容について具体例とともに示すが、教師は、〈再履修者へのネガティブな評価〉と〈つかみどころがない〉という認識に基づいて教室内での対応を決めていることも分かっている。そこで、［教師が取る対応］というサブカテゴリーについては、そこに含まれる概念をまとめて示すのではなく、〈再履修者へのネガティブな評価〉と［教師が取る対応］（対応1）、〈つかみどころがない〉と［教師が取る対応］（対応2）というように、概念を対応させた形で記述する。

3.1 〈再履修者へのネガティブな評価〉と［教師が取る対応］（対応 1）

〈再履修者へのネガティブな評価〉とそれに基づく教師の対応についてである。初めに、〈再履修者へのネガティブな評価〉に含まれる概念と具体例を示す。

3.1.1 〈再履修者へのネガティブな評価〉

［教師の再履修者像］の下位概念である〈再履修者へのネガティブな評価〉について、そこに含まれるさらに下位に位置する概念を用いて述べる。

〈姿勢が悪い〉

次に挙げるのは教師とのインタビューの一部で、再履修者の姿勢の悪さについて話している部分である。

細田：「Kさん（営業部の課長）がこないだ教務会議で言うてはったでしょ。なんかしつけしてくださいって。だから、こう姿勢が悪かったり、こんなんしてたり。」
筆者：「姿勢が悪いですよね。」
細田：「授業を受けるっていう姿勢、あの物理的にも精神的にもできてない人が多いですよね。」
筆者：「そういう学生がいたら先生はどうされてます。」
細田：「注意します。うん、リピーター（再履修者）じゃなくても、今ちょっとましになったけど、2、3年前の中級とか上級の一番下のクラスなんてもう大変だったでしょ。まず、こう授業を受ける姿勢、私もこんなんしてる（椅子に浅く座って足を投げ出している様子）のとかものすごい嫌なので、まっすぐこちらを見ないでしょ。」
（細田 051021）

野村：「ここです。場所はここです。はいはい。で、そうですよね〜。あの中国人ってだいたいいろいろ彼だけではないけれど、姿勢の悪い子多いですよね。あれ、何ですか。何なんですかね。」
筆者：「姿勢悪いですよね。」

野村：「姿勢悪い子多いですよね。R（再履修者）さんだけじゃなくて、足が片方が通路に出たりとか、片ひざ立てたりとか、片ひざ立てたらたたくんですけどね、ちょっとやっぱり品がないと思うから、足が出るくらいのことはよく、彼だけじゃなくてありますよね。で、こういう感じ（落ちそうなぐらい浅く座っている様子）で座りますよね。足、前に出してね。それ何なんですかね。」

筆者：「それはもうほっとかれるんですか。」

野村：「もう、あんまり目に余る場合は行儀悪いよって言うんですけど、先生、あのYさん（成績がいい中国の学習者）知ってます？」

筆者：「あ、はい。知ってます。」

野村：「あの子もすごい賢い子やったんですけど、でも、こう（上記の座り方）でしたね。Uさん（別の中国の学習者）でも。みんなそうでした。中国人の多いクラスで、いつも足放り出して、こんなんですけど、あれって中国で注意されないですかね。」

筆者：「いや、でも中国って。」

野村：「特に気になるでしょ。」

筆者：「はい、厳しいらしいですけどね。先生が。上下関係が。きちんと座ってるらしいですけどね。」

野村：「まぁ足ぱんと（投げ出して）。なめてるんかね。でも中国人多いですよね。まぁとりあえずRさん（再履修者）は足出てるときは注意して、そうですね。はっきり、個人面談してないので分からないんですが、アルバイトしてるんですよね。してるんですよね。それ、しんどいんですかね。」　（野村051028）

彼らは授業を聞いているときの姿勢が悪い。教師が言う「姿勢が悪い」というのは、足を前に投げ出したりしていて、教師の目には失礼に映るという態度のことを指している。このような座り方になるのは椅子の大きさなどの物理的な原因があることも考えられるが、インタビューをした教師たちにとっては、いわゆる行儀が悪い座り方をしていることが気になるようだ。

また、座り方といった姿勢だけではなく、授業への取り組みという意味での姿勢についても次のような概念が得られている。

〈集中力が続かない〉

再履修者の集中力についての教師の回答を挙げる。

「でも授業中は気分がいいときは、すごい聞いてるんです。でも、自分の気分が乗らないときは寝ている。集中力が続かない。4時間びっしりちゃんと前を向いて聞くっていうのは彼はちょっとできないですよね。」 (下村051105)

「(休みがちになってきた) だから、今一日休んだらすぐ呼び出してます。で、授業もあんまり聞かない。ていうかね、集中できてないんですよ。聞けてるときと、こうなってる (机の上にうつぶせになって寝ている) ときとどちらかですね。不思議な2人。」 (川瀬061110)

この具体例が示しているのは集中力が続かないという再履修者の様子である。授業中、気分がいいときは一生懸命授業を聞いているが、そうでなければ伏せて寝てしまう。再履修者はやる気の変化が激しいということであるが、教師は集中力が持続しないことがその原因であると考えている。

〈意欲が低い〉

ここでは、波があるという彼らのやる気に関する具体例をまとめた。インタビューの回答から、再履修者のやる気に関する教師の見解を集めた。次に示すのはその回答の一例とインタビューの一部である。

「真面目に聞いてますけどね。Kさん (再履修者) は決して消極的でやる気がないとは思わないんですよ。」 (後藤051116)

野村:「自分から積極的っていうのは……。S3 (クラスの仮名) というクラスは異常なほど盛り下がってるクラスでね、私いままであんな盛り下がるクラス初めてで、別にLさん (再履修者) だけが盛り下がってるんじゃないですけど、全体的に盛り下がってる。しんとして信じられないほど盛り下がってるんですけど、もう、どうなんかな。コミュニケーションは成立しますよね。あの人は。成立します。」

筆者：「会話は？」

野村：「成立します。ただ自分の方から物言うてくることはないですね。で、何か聞けばちゃんと答えます。だから、彼はコミュニケーションは成立してると思いますね。で、自分から積極的な発言はありませんが、彼（Lさん）だけのことじゃあない。で私はあまりに盛り下がってるんで、うわぁって（次々と学生を指名し）当てるんですよ。当てたらちゃんと言います。それは。」

（野村051028）

「あまり積極的ではないですね。あの、積極的ではないです。」

（川瀬061027）

「邪魔することもないし、真面目に聞いてますよ。やる気ないけど。」

（北051118）

教師は、再履修者は授業を真面目に受けてはいるが、積極性が見られないと述べており、彼らをいい学生としては評価していないことが分かる。つまり、教師は大人しく教師の話を聞いていれば「真面目」として捉えるが、自発的な発言がないため、いい評価はできないと考えていることが窺える。

さらに、教師は彼らのこういった学習態度の原因として次のようなことを挙げている。

「あのねぇ、学習目的がはっきりしない、だから学習意欲、学習意欲がない。」

（細田051020）

「力というか日本語を話したいという意欲じゃないんですかね。そういうのもないんですよね。目的もないし。」

（北051118）

このように、教師は再履修者の意欲が低いのは学習目的がないからだと捉えている。

〈全てが甘い〉

なぜ再履修者の学習態度は、先述のように低く評価されるのであろうか。筆者は教師に彼らの学習態度がよくない原因として考えられることについて質問した。

「甘いですね。全体的に。全体的に甘いからリピート（再履修）するんです。」（中田 050614）

「できないというより、（勉強が）いい加減なんですよね。」（村中 050623）

「文句はゆうけど自分にはめちゃくちゃ甘いでしょ。だから結果が出せないんですよ。でもだからといって粘り強くすることがでけへんねんなあ。」（森田 061016）

教師は再履修者の「甘さ」を指摘し、この甘さが勉強ができない原因となっていると述べている。

〈一人っ子には根性がない〉

それでは、彼らの持つ「甘さ」はどこから来ているのだろうか。〈一人っ子には根性がない〉。これが、この質問に対する教師の答えであった。

細田：「一人っ子。一人っ子政策と、私がそんな政治的なこと言うのは、たぶんそうだと思うのね。昔の中国人の方がまだ働かないといけないっていう……。」

筆者：「はいはい。」

細田：「ものすごい借金をしてきたから、働かないといけない。そのために、日本語上手になったらちょっとでも割りのいい仕事ができるっていう。そういう面の根性があったんですね。でも、先生にも反抗したりするような根性のある人も中にはいたんです

けど、勉強はだめでもね。でも、今は、国でも甘やかされて、そして年が若い。」（細田051021）

野村：「すぐあきらめるでしょ。間違ったり分からんかったりしたら。もっと粘ったらいいのに。すぐ逃げ出すんですよね。」
筆者：「すぐあきらめるっていうのは傾向としてありますね。」
野村：「そうでしょう。一人っ子やから甘やかされたんやと思うわ。」
（野村051021）

彼らの「甘さ」についてインタビューを続けていくと、「一人っ子」との関連について話す教師がいた。教師によれば、一人っ子には苦難を乗り越える「根性」がなく、すぐにあきらめるという「甘さ」を持っているという。甘やかされて育てられてきた彼らは、学習上の問題があっても、それを乗り越えることができない。それは彼らには根性がないからだと考えている。

〈仕方なくやっている〉

自分に甘く、根性がないため、すぐにあきらめてしまう彼らの様子を見て、教師は次のように彼らについて描写している。

下村：「彼はお父さんが怖くてやってるって。お父さんがすごい怖い方みたいで、で、お父さんに電話するよって言うたらすごいビビるみたいな。怖いらしいです。父親が日本語勉強しろっていうたから、彼は父親が怖くて、逆らえなくて日本へ来て。仕方なくやってるって面もあって。」（下村061109）

森田：「いまいちこうなんか、理由というものがないんでしょうね、日本語を勉強する。なんかたぶん、楽しいって感じたことがないのかなぁ。理由がなくても勉強してて楽しかったらそれなりにもうちょっと集中してできると思うんですけど、いまいちこう、自分の中で楽しいっていう感情もないし、こう、理由もないし、ただ親に言われてそのまま……。」

筆者：「やってる。」
森田：「来てる。学校もまぁ友達はいないことないけど、う〜〜ん。」
（森田060713）

両親に留学させられたということを再履修者本人から聞かされている教師は、本人の意思ではないというところが彼らのやる気を左右しているのではないかと述べている。

3.1.2　［教師が取る対応］（対応 *1*）

以上のように、再履修者は教師から低く評価されていることが分かった。このような再履修者に対して教師はどういった対応を取っているのであろうか。次に、教師が取っている対応について述べる。

〈前に座らせる〉

調査を行った日本語学校の教室の机の配置は、小学校や中学校など日本の義務教育の学校で一般的によく見られる机の並び方に近い。学習者は縦に2列に並べられた机に、それぞれ2人ずつ座っていて、全員が教室前方にあるホワイトボードの方を向いている。教室には20人前後の学習者がいるが、座席を指定するかどうかはクラスの担当教師の裁量に任せられている。調査を行った再履修者や教師によれば、多くの場合、座席が決められておらず、学習者が自由に好きな所に座るようになっているということであった。ただし、学期末試験の場合や、私語が多いなどの問題があれば、担任教師が座席を指定することもある。本研究でインタビューを行った教師のクラスでは席が指定されておらず、学習者が座りたい所に座っていた。しかし、1人の教師がインタビューで次のように話した。

「後ろに居るとできなくてもいいかって思ってしまう。だから前に座らせるよ。」
（細田050713）

特に座席は指定されていないが、教室の後ろに再履修者が座ると教師の目が届きにくくなり、学習状況が綿密にチェックできなくなるため、前に座ってもらうようにしているという。また、特に指定していないとインタビューで述べていた教師のクラスであっても、質問を重ねれば、実際はそのクラスの担任教師がすでに座席を決めていたということもあった。調査協力者の教師の中にも担任教師がいたが、その教師もやはり彼らの学習状況を見て判断したり、何度注意しても聞いてもらえなかったりすれば、座席を指定し再履修者が前に来るように配置を決めると述べている。

〈注意する〉

上述のように再履修者の座席を前に配置する以外に、教師が取っている対応としては、再履修者に対して注意することが多いということが分かった。

「なんで日本にいるのか理由も分からないくらい何もしないです。ただ、Uさん（再履修者）とかCさん（再履修者）とかこの辺は、やりなさいよっていったら、やる。Bさん（再履修者）はウォークマン聞くか、携帯いじるか、ぼーっとしてるか。」（下村061109）

「注意することが多いから授業の流れが止まるんですよ。」（村中050720）

「授業中怒ってばっかりで、他の学生に嫌な思いさせてるやろうなって。」（川瀬061116）

再履修者は授業では集中力も続かず、仕方なくやっているという様子で勉強に取り組んでいる。教師は彼らの集中力を勉強に向けるように注意したりしているが、それでも指示を聞いてくれない再履修者がいるようである。

ここでは、教師が低く評価する再履修者の学習態度を挙げ、そこから実際に教師が取っている対応について示した。しかし、インタビューでは教室で再履修者が見せる消極的とも言える一面について触れられていた。次に、その再履修者が見せる一面とそれに対する教師の対応について述べる。まず、再履修者の消極性を示した概念をまとめた［つかみどころがない］というサブカテゴリーについて記述する。

3.2 〈つかみどころがない〉と［教師が取る対応］（対応 2）

次に、［教師の再履修者像］の下位概念〈つかみどころがない〉再履修者に対して［教師が取る対応］はどのようなものであるのかについて示す。

3.2.1 〈つかみどころがない〉

まずは、〈つかみどころがない〉という概念についてである。この概念には、教師が再履修者を〈つかみどころがない〉と思うようになった原因となる下位概念が含まれている。その原因は再履修者が見せる教室での学習態度に関するものである。

〈あまり自分から質問してこない〉

再履修者の方から教師に話しかけたりすることがあるのか質問をしてみた。授業中は彼らから話しかけてくることも、自ら積極的に質問することも少ないという。

「質問はありませんね。」　（中田 050516）

「Rさん（再履修者）とかは時々授業でぼぉ〜っと聞いてて分からなかったら、さっきのところですけど、たまにぼそっとたまに。」
（下村 051107）

「Tさん（再履修者）は私が回ってたら先生先生って聞くタイプですね。Uさん（再履修者）は日によって違う。自分の気分次第ですね。気分の乗ってるときは聞いてくるし、乗ってないときは全く聞いてこなく、ずっと伏せってる状態で、叩こうが起こそうが何をしようが起きない。」　（下村 051107）

筆者：「当然質問したりとかは全然しないですよね。先生に。」

野村：「自分の方からは質問なんてしない。」（野村051021）

教師が学習者全員に対して、授業に関して何か質問があるか問いかけても、再履修者からは全く手が上がらない。しかし、教室を巡回しているときに個別に聞いてみると、質問をしてくることもある。ただ、それも彼らの気分次第で、教師の問いかけ自体聞いていないこともあるようだ。

〈雑談を持ちかけてくることがある〉

再履修者は学習に関する質問をあまりしない。そこで、授業内容に関する質問以外のことで話しかけてくることはないのか聞いてみた。週末にしたこと、趣味、アルバイトのこと、ニュースなど、いわば雑談と言えるようなたわいもない話をすることがあるのだろうか。教師は次のように答えた。

「ＵさんとＴさん（共に再履修者）は機嫌がいいときはプライベートの話をしてきますね。彼氏いますかとか。ま、機嫌がいいときですけど。」（後藤051201）

「雑談はしますけど。」（田村051115）

「休み時間には話してあげるようにしてるんですよ。いろんな子がいるでしょ。勉強好きな子も嫌いな子も。会話したいと思ってる子もいると思うんでね、授業では時間がそんなに取れないから休み時間に話してあげるんですよ。歌手がどうとか。じゃ、話には乗ってきてくれますよ。」（中田051107）

「話してあげてもね、あんまりね。はいとかいいえとか。ぎこちない感じかな。」（村中051115）

これらの具体例から、教師が再履修者から雑談を持ちかけられることもあるが、教師から雑談を持ちかけて、なんとかコミュニケーションを取ろうとしている教師の姿も見える。

教師から話しかけたとしても、常に答えてくれるわけではなく、再履修者の反応にも様々あるようだ。

〈自分の気持ちを言わない〉

さらに、教師は再履修者の消極的な一面として次のようなことも述べた。

「大人しいっていうのとはちょっと違うよね。だって内気とかいうタイプ違うでしょ。わりとしたたかなところあると思うの。わりとね。だけど。自分から積極的に自分の気持ちを言ったりとかはしない。」 （野村050627）

「私（教師）に話しかけてくることはないですね。でもこっちがこう冗談を言ったりすると、のってはくるし、明るい子ですよね。決して悪い印象は……。まぁ家とかでは勉強してなさそうな。彼（再履修者）は結構しゃべりますよ。そんな自分からうあっとは言わないですけど、話を聞くとまぁあのふてくされた態度で答えるという。とにかくどう考えてるのかっていうか、自分の気持ちみたいなのは言いませんよね。」 （下村050628）

教師は、再履修者は自分を表現しないことが多いと述べた。そこで、教師が彼らのどういう気持ちを聞きたいのかについて質問をすると、次のような答えが返ってきた。それは、喜怒哀楽といった感情や、分からない、難しい、こうしたいという日本語学習に関する彼らの意思表現であった。教師は、学習上の問題だけではなく、再履修者が日々感じることや率直な気持ちなどについて話してほしいと思っているのである。

〈目が死んでいる〉

このように特に何も発信をしない再履修者のことを教師は〈目が死んでいる〉と表現している。教師は再履修者の中には〈目が死んでいる〉ものがいるため、どう対応していいのか分からないことがあるという。

「やっぱり生きてる目と死んでる目がありますよね。こう説明が終わって他の学生が、そういうことですかっていう顔をするときってありますよね。でもそれがなんかあまりぴんと来てなくて。」
（北050614）

この教師は彼らの反応がうまくつかみとれないと語っている。そして、次のように付け加えた。

「それで、質問がありますかって聞いても、無反応でしょ。分かってないから返事がないんかなって思いますけど、もしそうじゃないんだったら、しつこく質問は？って聞くのも変ですしね。」（北050614）

再履修者の中には全くと言っていいほど無反応なものもいるようだ。こういった場合、教師は対応しきれなくなり、結局彼らと接触を持つのをやめてしまうことになる。では、この目が死んでいるという状態はどういう状態なのであろうか。他の教師は別の表現で次のように述べている。

「教室では無表情。無表情っていうか感情がないっていうか。」
（大島061121）

「目を合わせてもにこっともしませんよ。でも怒ってるとかっていうわけじゃないですよ。」（野村050705）

「なんか生気がないっていうのか。全く気が抜けた感じですよね。」
（森田061026）

初めに具体例として挙げた教師は、教師の説明後の彼らの反応について述べているものである。また、他の教師が述べたのは、授業中に見せる彼らの表情や様子であるが、このような再履修者の様子が、教師が表現する〈目が死んでいる〉状態なのである。

3.2.2 ［教師が取る対応］（対応2）

次に、上に述べたような〈つかみどころがない〉再履修者に対して、教師は実際にどのように対応しているのか。その教師の対応について具体例とともに述べる。

〈こっちを見ているから指名する〉

自分からあまり発信しない再履修者に対する教師の対応は〈こっちを見ているから指名する〉というものである。再履修者は積極的に学習者全員の前で手を挙げて質問をすることはないが、彼らの方から何かを言いたいときは、声に出さずに教師に視線を送り注意を引こうとすることがあるという。教師から再履修者に話すように促したり、質問をしたりするが、何も言わない彼らに対して、教師が最終的に取っているのが〈こっちを見ているから指名する〉という手段である。

「下向いたりしないから。目を背けないから。そのときにふってあげるということはしてますよ。」（中田050628）

「じっとこっち見ますし。当てると、言葉を発するので（じっとこっちを見ているのは何か）言いたいこと表すんだと思います。」（北050628）

教師がクラス全員の前で聞いても再履修者は答えない。しかし、授業の中でどうしても何かを言いたいときは教師の方に視線を送ることがある。それを教師はくみ取って指名する。再履修者が教師に視線を送っていること、また、それによって教師の関心を引こうとしているというのは、再履修者が意図したことであるのかどうか分からない。しかし、教師が彼らの視線を感じた場合、再履修者を指名すると答えるという状況が続いた。この経験から、教師は再履修者が送る視線は発言の意思を表していると考えているようである。

3.3 ［特に何もしない］

再履修者は時々〈雑談を持ちかけてくることがある〉。教師は授業に支障がない限り、その雑談に対応している。しかし、雑談を持ちかけて来るかと思えば、〈自分の気持ちを言わない〉上に、〈目が死んでいる〉こともある。目が死んでいる再履修者には、教師は話しかけたり注意をしたりするが、彼らには反応がない。このような状態にある再履修者を見て教師は〈どうしたらいいのか分からない〉と述べている。

〈どうしたらいいのか分からない〉

インタビューで教師は、積極的に自分を表現しない再履修者について次のように話している。

野村：「だからようわからん子やなぁって。」
筆者：「当然質問したりとかは全然しないですよね。先生に。」
野村：「自分の方からは質問なんてしない。」
筆者：「じゃ、聞いてみたりとかは？」
野村：「いや、しても何も言いませんからね。もう私もよう分からないんですよ。」（野村050627）

教室では全く教師の話を聞かず、無視をしているような再履修者がいる。その一方で、教師からのアクションがあれば比較的明るく話してくれる再履修者がいたりする。このような再履修者の様子に、教師は対応方法に戸惑いを隠せない。特に、教師が再履修者に指示や質問をしても答えてくれない場合は、どうしたらいいのか分からないと答えている。次の具体例は、気分の浮き沈みがあり、気分がいいときは話しかけてくれるが、気分が悪いときは話しかけてくれない再履修者についての教師の回答である。この教師が授業で関わっている再履修者は授業中話しかけてくれることがあった。そのため、教師はこの再履修者は教師と話そうとする意欲を持っていると考え、授業中再履修者に話しかけてみた。しかし、全く教師の話を聞かず、返答もなく態度も悪かったという。そのような経験を踏まえ、教師は、

「あまりよく分からないですね。どうせえっちゅうねんって感じです。」（下050628）

と答えている。

教師から話しかけない限り、自分からは何も言ってこない。聞いてもそっけなく答える。一方で、時には授業とは関係のない雑談をしてくることもある。そこで、教師から話しかけてみると、返事がないことがある。このようなやり取りの中で、教師は彼らが何を考えているのか分からなくなっている。これも教師が彼らをつかみどころがないと考えている要因の1つになっていると考えられる。

ある教師は1人の再履修者について「よく分からない人たちです」と述べた後に、次のようなエピソードを付け加えた。

筆者：「寮に幽霊が出るって？」
野村：「そう、そう。」
筆者：「で、寝れないからって友達の家を転々とするんですか。」
野村：「なんかしたら出るって。そんなん出るわけないやろうって思うんやけどね。そういうところがちょっとね、理解できないんですけどね。なんかが出るって言うんですよ。なんかね、夜になると、ないところにね、あのなんて言うのかな、フックみたいなの、ハンガーあるじゃないですか、服が3つぐらい掛かってるその影が映るって言うんですよ。それ、なんかの影じゃないのって夜やしって。でも違うって。ちょっと変わってるでしょ。だから私もね、それで勉強しない言い訳しているんかな、てな気がするんですよ。」
筆者：「そうですか。」
野村：「ちょっと不思議な子やなと思って。」 （野村050627）

これはあくまでも1人の再履修者のエピソードで、休みがちになった再履修者を教師が授業後に注意した際に聞いた話である。これは1つの例にすぎないが、「どうしていいか分からない」と対応に困った教師の彼らに対する印象が窺える一例である。

以上のように、教師は再履修者に注意したり、積極的に働きかけようと試みたりしても、反応がないという状況が続いているため、困惑していることが分かった。改善されない彼らの学習態度に対して、教師はどのように対処しているのであろうか。

次に、教師が教室で取っている2つの対処〈放っておく〉と〈他の学習者と同様に扱う〉を挙げる。

〈放っておく〉

ここでは、注意をしても聞かない再履修者への教師の対応を挙げる。

「いや、ほっときます。何回も怒ってたらこっちも嫌なってくるし、他の人（学習者）もいるしね。」（下村061109）

「無視ですよ。無視。向こうもこっちの注意聞きませんし、何回ゆうても変わりませんもん。」（村中050720）

「もう結局ほっときますわ。毎回毎回こっちもしんどいしね。でもあんまりひどかったら注意しますけど。でも、どうせ聞かへんけどね。」（大島061220）

教師は学習態度が悪い再履修者を前に座らせたり、彼らに注意をしたりするが、再履修者はその注意を聞かない。そのため、授業中教師は注意をすることが多くなってしまう。しかし、他の学習者も多くいる教室で、1人の再履修者を叱るために時間を割くわけにはいかない。そこで、何度注意をしても効果がない場合はそのままにしておく。これは、このインタビューの例に挙がっている再履修者だけではなく、これまでの経験上、注意しても聞かない場合は最終的に放っておくと付け加えていた。

〈他の学習者と同様に扱う〉

教師はインタビューで再履修者に対してどう対応したらいいのか分からないと述べたが、その状況を踏まえて実際に彼らを指導する上で注意していることはあるか、それは何かという質問を行った。

「特にないですよ。」（中田051115）

「結局できなかったからここにとどまってるわけで、新しく来た人たちと同じで何も分かってないというか、知らなくて、で、新しいことを今からやる人として考えてます。そんな特別扱いはしませんよ。」

（細田050628）

「指導上……、まぁ2度目やから、できてほしいっていう期待はあるけど、教えるときって特に変わらんかな。変わりませんね。」

（北050614）

「2回目やからできて当たり前っていうか、他の人たちよりはいい点を取ってほしいっていうのもあるけど、指導するときって他の人とおんなじですかね。一斉授業やし、差つけられないでしょ。」

（後藤051115）

「間違ったところに気づいてほしいから、あえてミスしたところを他の人に、これでいいですかって知らせることはあるけど、導入のときとか、練習のときとか、何も特別なことはないです。」

（大島061109）

教師は、教室での彼らの態度がよくないこと、真面目ではあるがどこか理解しがたい面を持っていること、さらに、指示を聞かないことで注意をすることが多いということについて話していた。そのため、指導上の注意点や意識的に変えている点があるか、あればどのようなものなのか質問した。すると、教師は特に変えているわけではなく、他の学習者と同じであると答えた。おそらく教師は、最善だと思った手段で対応しても、いい結果が得られないため、どうしていいのか分からなくなり、結果的に他の学習者と同じような扱いになってしまうのではないかと考えられる。また、教え方にも何ら区別をつけることはなく、彼らがどういったところでつまづいているのかということにも特に考慮していないことが分かった。

さらに、1人の教師が次のように述べていた。

「指導上は特に何もありません。みんなと同じように扱ってるつもりですけど、よく考えると意識的ではないけど結果的に構っているのかもしれませんね。」 （川瀬050628）

この「構っている」というのは、この教師のインタビューに出てくる言葉を拾っていくと、「注意する」「叱る」「前を見るように言う」などであって、彼らの学習態度がよくないため教師が注意せざるをえないという状況を物語っていると言える。

3.4 ［再履修者をポジティブに捉えようとする］

以上、再履修者の学習態度とそれに対する教師の対応について挙げた。教師が再履修者に下す評価は決していいものではなく、問題解決のために大きな対策を講じることもできていないと言える。しかし、インタビューの分析によって、教師が再履修者をポジティブに捉えようと努力していることも分かった。次に、［再履修者をポジティブに捉えようとする］について示す。

〈悪い人ではない〉

これまでに述べてきたように、インタビューで行った再履修者とその指導に関する質問に対して、教師がした回答はほとんどが否定的なもので、彼らに対する対応に苦慮している様子も多く聞かれた。しかし、インタビューでの教師の回答の中には、再履修者への低い評価や指導上の問題だけではなく、彼らの評価できる側面を探そうとする一面を表したものも見られている。

「そうですね。つかみどころのない学生かな。真面目、そんなに真面目ってわけでもない。でも決して不真面目でもない。じゃ、すごい底抜けに明るいわけでもないし、暗いというわけでもない。授業態度もあんま悪くもなく、そんなによくもなく、勉強熱心ってわけでもないし、サボるわけでもないし。人間性は悪いとは思わないんですけどね。礼儀はそこそこあるし。」 （下村050727）

「素朴な……。確かにUさんも悪い人ではない…でも…うーん。」

（下村050727）

「いい子なんですけどね……。でも、なんというのか……。いいではないね。」（大島060621）

教師は再履修者に対して、人間性が悪いという印象は持っていない。しかし、完全には「とてもいい学習者、とてもいい人だ」とは言いがたい気持ちも持ち合わせている。具体例に挙げたように、筆者が再履修者についてどんな学習者であるかという質問をすると、教師から必ず「いい子なんだけど」という前置きの言葉が聞かれている。

〈まじめ〉

再履修者の学習態度については、次のような肯定的な回答も得られている。

「学校へ来ると比較的真面目にやってます。ちょっと休みがちですね。来てるときは真面目に授業は受けてますね。時々こう伏せってるときもありますけど。」（北050628）

「比較的休みは少ないです。きたら真面目にしてます。で、質問もちょっとしてます。」（下村050727）

「（不真面目というと）違いますね。今まで寝たこともないし。」

（中田050627）

「彼は来たときは、授業は真面目に受けてます。なんかよく前に座ってますよね。」（野村050627）

再履修者と一口に言っても、中にはクラスで真面目に授業を受けている再履修者もいるという。教師が言う真面目にしているというのは、先に述べたように、大人しく授業を聞いているということである。では、真面目にしているのなら何の問題もないかと言えば、そうではないと教師たちは述べる。いずれにせよ、教師にとっては、授業の邪魔をせず静かに聞いているということが真面目なのである。

〈できないわけではない〉

さらに、教師の中には、再履修者の様子を以下のように捉えている教師がいることも分かった。

「やる気はないから、あれですけど、たぶんやればできると思うんですよ。」（細田 051021）

「う～ん……。めちゃくちゃあほとは思いませんよ。ちゃんとやったらできるでしょ。」（森田 061107）

「たまに賢いなあって思うことありますよ。だから、できないわけではない。」（中田 050511）

「でも、彼は頭はいいですよね。私が感じるあれですけど。決してバカではないと思います。もっとやれば、彼のいいところも出てくると思うんですけど。」（後藤 061121）

これまで勉強をきちんとやってこなかった、つまり、丁寧にやってこなかったことが彼らが再履修している理由である。そして、再履修者となってしまってからは、同じテキストで同じような授業を聞いているため、すぐに理解してしまって安心し、運用練習や復習など自分のものにするための努力を怠ってしまう。教師はこのように、彼らは基本的な能力は持っていると分析しているのである。

インタビューでは、教師は「いい子ではあるけれど」という前置きをした上で、彼らへの否定的な認識を述べることが多かった。また、教師は筆者の質問に対して明確な答えが出せないこともあった。それは、彼らの学習態度について否定的な評価を下したものの、彼らにいいところがないわけではない、彼らの人間性まで否定したいわけではないという教師の複雑な心情があるからではないだろうか。

3.5 ［再履修者問題の原因帰属］

以上が再履修者についての教師の認識で、教師が持っている再履修者像であると言える。しかし、〈つかみどころがない〉という概念が示しているように、再履修者は教師の理解を超えたところを持っているのである。このような再履修者への対応に教師は苦慮しており、対応しても彼らの学習態度が改善されないことを再履修者の問題として捉えていることが分かった。この再履修者の問題に関して、インタビューの中に教師がその原因となっている要素を指摘する部分があった。

最後に、再履修者の種々の現象を引き起こす原因について述べる。この原因に関する教師の指摘はサブカテゴリー［再履修者問題の原因帰属］としてまとめている。次に、このサブカテゴリーに含まれる概念〈カリキュラムの問題〉と〈学校の方針の問題〉について具体例とともに示す。

3.5.1 〈カリキュラムの問題〉

教師はインタビューの中で、再履修者の問題が改善されない原因として、過密なカリキュラムによる弊害を挙げた。その〈カリキュラムの問題〉に含まれる下位概念について以下に示す。

〈初級のスピードが速い〉

「やっぱりね、あんなにやる気なくしてるんって、カリキュラムがきついでしょ。それで、構ってあげる時間もないですよね。彼らにしてももうちょっとゆっくりしてあげた方がいいのに。」（野村051021）

「やっぱり速いですよ。速すぎます。分からないのに次から次へ進むでしょ。」（森田061121）

「もうちょっとゆっくりやったらね。確かに日によって時間があるときもあるんですけど、でも、ゆっくりやったらもうちょっと目をかけられるような気もしますね。」（大島061107）

「引っ張るしかないから、できない人は注意することが多くなるか

な。だらっとしてたら。はやく、さっさとやってって感じですかね。」（下村051105）

再履修者に対して注意するだけで、特別な指導ができないのは、カリキュラムが過密で、毎日の消化するべき学習量が多すぎるからだと教師たちは述べている。さらに、ついてくるのが大変な再履修者に関しては、カリキュラムをこなすために学習者を引っ張っていかなくてはいけないため、やる気を見せない場合は注意をするしかないとも述べている。

〈再履修者になるともう上がれない〉

さらに、教師は、初級の進度のペースが速いという理由から、学習者が一旦再履修者になってしまうと元のレベルにも戻れない、つまり、それまで一緒に勉強してきた学習者とは差がついたままになると考えていることも分かった。次に、その具体例を挙げる。

「再履修者って、一旦落ちたらもうだめでしょ。今まで見てきたけど、卒業するまで下のクラスにいることになるでしょ。」
（中田051115）

「1回落ちたら、主流にのし上がれないというか、新入生のいいクラスに入れればいいんですけど、でも結局次の新しい人たちの下クラスにいるでしょ。」（野村051021）

「再履修ってことは、そんなもんなんでしょうね。ほとんどの人が普通に上がっていくのに、できひんっていうのはやっぱりできひんってことじゃないですかね。」（川瀬061110）

「再履修者は卒業まで再履修者ですよね。」（北051118）

教師は、一度進級の流れに乗れなかった学習者は卒業までその流れには戻れないと指摘している。確かに、調査を行った日本語学校では、同じ時期に入学した学習者は、卒業まで同じペースで進級していくのが基本である。次の学期に入学してくる学習者とは混じることがほとんどない。そのため、入学時に母国での学習歴があり、ある程度の日本語能力を持っていれば、在校生のクラスに入ることはあるが、在校生が新入生のクラスに入るということは再履修する場合だけであり、一旦新入生のクラスに入ると、もうそこからは在校生のクラスには戻れなくなってしまう。こういった学校のシステムを背景にして出てきたのが、上に挙げたような発言であろう。しかし、学校のシステムが原因であるということだけではなく、大多数の学習者が問題なく進級する中で、再履修者になってしまうのはその学習者に何らかの問題があるからであるとも捉えていることが分かった。

3.5.2 〈学校の方針の問題〉

再履修者が作られること、また、彼らの学習状況が改善されないことに関して、カリキュラムの問題以外に、学校の方針にも問題があると教師たちは述べた。それは次のような問題である。

〈結局成績よりも出席〉

「ここって、結局成績よりも出席重視でしょ。だから、(再履修者が)やる気なくなって休みがちになっても、成績気にしてるのは教師で、学校ってそんなに……ですよね。もう当たり前というか仕方ないというか。で、ビザとかのことで叱って学校に来させるでしょ。そうなったら成績はどうでもいいっていうか、一応叱られてますけど、でもやっぱり休んだ方がものすごいですよね。呼び出されたりとか。それって、やる気をなくしてて、あんまし勉強しなくてももういいっていうか。」 (野村050627)

「う〜ん。そういえばそうですよね。できないって困るのは教えてる教師がしんどいし。休んだら学校がうるさいですもんね。」

(下村051105)

「そうでしょ。だから、来てたらそれでいいっていうか。何かでき

なくてもしゃあないっていうか。」（森田061016）

「私ね、再履修者決定した後って、もちろん勉強とか態度とかも気になるけど、ふてくされたりする子いますからね。でも、それよりも学校に来なくなるんちゃうんかなってそれが心配なんですよね。休み出したら、もう後がないでしょ。できなくても来てればそんな大きな問題にもならないし。」（川瀬050621）

調査した日本語学校では、成績、特に定期試験の結果をもとに再履修を決めている。それは、規定の点数に満たない学習者は進級するために必要な日本語能力が身についていないと判断しているためである。しかし、一旦再履修が決まってしまった後は、〈もう上がれない〉と考えており、再履修することによって動機を失い、彼らの成績に改善が見られなくなるということよりも、休みがちになった再履修者の出席率の方を重視してしまう傾向にあることが分かる。これは、学校側の学生管理の方針に問題があるのではないかと教師は指摘している。

〈専任がリーダーシップを取るべき〉

学校の方針に対する指摘に加え、専任講師への指摘も出てきた。この日本語学校では、欠席が2日続いた場合、あらかじめ控えてある学習者の連絡先に、その日の担当教師が連絡をすることになっている。そして、連絡が取れても取れなくても、事務所の教務課にも届け出なければならない。教室では彼らの遅刻や欠席には担当教師、担任教師ともに敏感になっていて、欠席が続く学習者が学校に来た場合は、なぜ休んだのか理由を問いただし、休みが重なるとビザ更新や進学に大きな影響があることを伝え、休まないように注意する。特に、過密なスケジュールの初級クラスでは、1日の欠席が彼らの学習に大きな穴を開けることになるため、絶対に休まないように呼びかけている。

しかし、再履修者は休みがちになってしまうことが多く、教師の指示や話も聞かなくなってしまう。そのため、教師が欠席について注意するのを負担に感じているのではないかと思われる具体例があった。出席を重視するという環境の中、教師に耳を貸さない再履修者に注意することについて、次のように話している。

「結局ね、カリキュラムも忙しいし、落ちこぼれたら仕方ないから再履修させて。で、そうなると嫌になって休むでしょ。で、事務所の方は休んだらぎゃーぎゃーうるさいですよね。なんか教師って学生と事務所の間に挟まれてるって感じがするんですよね。で、ここの学校って級のリーダーも非常勤で、専任ってそういう仕事しないでしょ。確かに事務的なことも忙しいと思うんですけど。そういうところで専任がきっちりリーダーシップ取っていけばいいと思うんですけどね。」（後藤051201）

「やっぱりね、もう教師には手に負えないんですわ。事務所の先生（専任講師）は休ませるなとかすごいゆうてきはるけど、じゃ、自分でやってよって正直思うことがありますよ。実際任せますけど。」

（細田051105）

「勉強できないから下におろして、欠席が増えてきたら締めつけるっていうのもね。1回ね、何か根本的に変えないと。専任の先生に入ってもらって仕切ってもらう方がいいですね。他の学校とか普通はリーダーって専任でしょ。」（森田061124）

初級、中級、上級というレベルの総括を担うリーダーは非常勤講師に任せられている。専任講師は非常勤講師と同様、授業のいくつかのコマを受け持つだけで、それ以外は出席管理やテスト管理など事務的な作業を行っている。こういった調査校のシステムに触れながら、教師たちは日々置かれている状況について不満を述べていた。この状況を変えられるのは専任講師であって、非常勤講師ではそこまで責任を持てないということにまで言及する教師も見られている。

4　理論のストーリー

第4章の分析では教師のインタビューデータをもとに、教師が持っている再履修者像や再履修者に対する教師の対応方法に着目した分析を行った。その結果、再履修者の教室での様子に対して教師が取ってきた対応と、改善されることのない再履修者の学習態度や成績に関する問題の原因をどこに見出しているのかということを理論化することができた。理論は図8に示すとおりである。

教室での再履修者は授業を聞く姿勢が悪く、やる気がない。集中力がなかなか続かないせいか、学習に取り組むが意欲が低い。こういった再履修者に対して、教師は姿勢を正すように、勉強に集中するようにと注意する。しかし、彼らは教師の注意をあまり聞かないため、教師は彼らに注意することが他の学習者に比べると多くなってしまう。

また、学習を進めていく上で、疑問があればその場で教師に質問をする学習者がいる。しかし、再履修者は自ら手を挙げることがほとんどない。教師から、理解できているのか、質問はないかと問いかければ、質問が出てくることもあるが、それでも何もないという場合もある。学習者が何が分からなくてどう質問したらいいのかが分からないという可能性もあるが、あまり質問をしない状況が続くと、教師は彼らからの視線というサインを頼りにするようになる。それは、彼らにだけ時間を割くことができないからである。再履修者からの視線を感じた教師が彼らを指名してみる。すると、話し出すことがある。このような経験を経て、教師は教師から問いかけるのではなく、発言の意思を表すサインである彼らの視線を待ち受けるようになってしまう。

さらに、再履修者の消極性は、教師の問いかけに応えないという点だけではなく、彼ら自身のことや気持ちなどを話さないという点においても見られる。理解できない、難しいといった学習上の問題や、プライベートな部分に関することは一切話さない。その上、彼らの目に生気がないこともあって、教師は彼らからの視線という信号を待ちながらも、その信号がない場合にどうしたらいいのか分からなくなるのである。また、自分について語らない再履修者が、時折教師に雑談を持ちかけることがある。そのため、教師も彼らに話しかけてみるが、教師の話には全く関心を示さない。このような再履修者の態度は、教師が持っている理解しがたいという気持ちに拍車をかける。話したいのか、話したくないのか、はっきりしない彼らの態度に、教師はどう対応すればいいのか戸

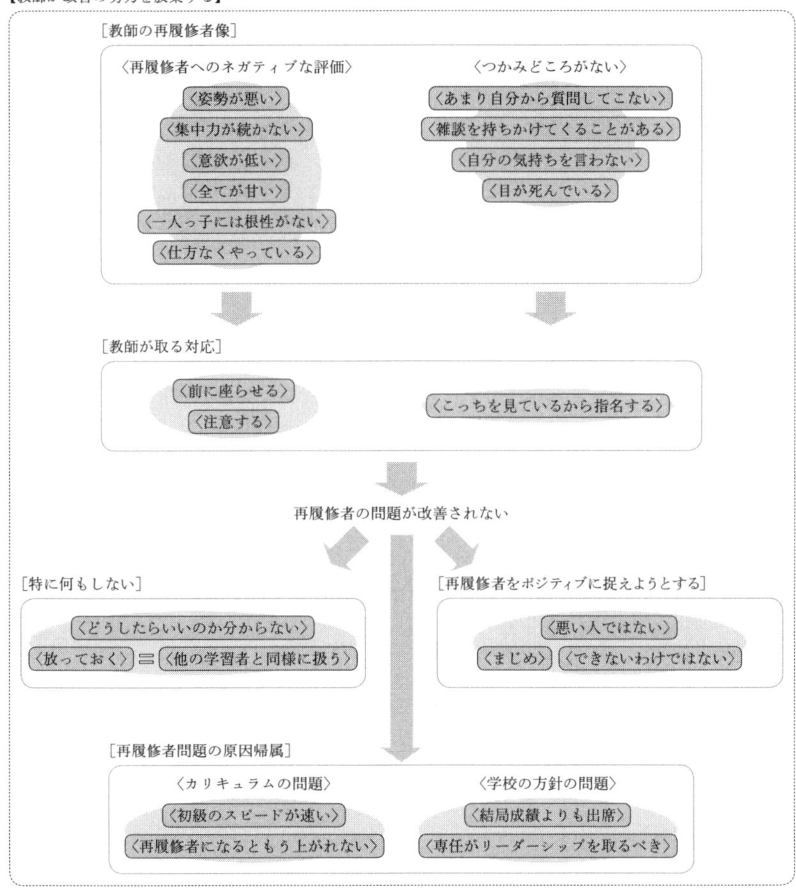

図8　教師のインタビューデータの分析によって得られた理論図

惑っていると言える。

改善されない再履修者の学習状況に対して、教師は特に何の対処もしない。例えば、何度注意しても教師の話を聞かないという状態が長引けば、教師もあきらめて放っておくしかなくなる。それは、授業を中断してしまう上に、他の学習者にも悪影響が及んでしまうことを考慮しているからである。また、教師は再履修者を他の学習者と同じように扱わざるを得なくなる。それは、どのように対応したらいいのか分からないからである。そのため、結果的に指導において特別な配慮をすることなく、教室の他の学習者と同じように対応するという状態になる。この〈他の学習者と同様に扱う〉という教師の対応は、上述の〈放っておく〉というものと同じ対応方法であると言える。どのような対策を講じても改善されないため〈放っておく〉という対応と、彼らへの対応方法が分からなくなり〈他の学習者と同様に扱う〉という対応は、理由やその経緯は何であれ、最終的に彼らに対して特別な対応を取らないということになるからである。

学習状況の改善が難しい再履修者ではあるが、教師は再履修者に対して悪い人ではなく真面目な人であるとポジティブに捉えようとする努力をしていることも分かった。再履修者は、成績は芳しくないができないわけではない。自分から発信することが多くないという意味で積極的であるとは言えないが、真面目ではある。このように教師は再履修者について学習態度だけでは測れない側面を見出そうとしている。教室で見る彼らの態度や成績などからは否定的な評価しか下せないが、それが全てではなく、決して彼ら自身を否定的に捉えているわけではないという教師の複雑な思いが表れていると言える。

それでは、教師は再履修者問題についてどのように考えているのであろうか。教師は再履修者に関する問題が生じる原因を教師や再履修者以外の面に見出すようになる。つまり、教師は種々の問題の原因を自分以外の要因に帰属するのである。

その原因はカリキュラムのスピードの問題や学校の方針である。まず、カリキュラムのスピードについてである。教師によると、短期間の間に初級を終了しようとする過密なカリキュラムが再履修者を生みやすくしており、学習の改善を阻害しているという。流れの速い初級クラスでは、一旦落第すると元の主流に戻ることは困難であると考えている。次に、専任講師のクラスへの関わり方についてである。調査を行った日本語学校では、専任講師は非常勤講師と同様に、いくつかのコマを担当するだけである。そこで、教師は専任講師がリーダーシップを取って、カリキュラムの問題などの解決を図るべきだと考えている。専任講師がこのカリキュラムを変更し、再履修者への特別なケアができるような体制を整えるべきであるということである。最後に、再履修という制度を設ける以上、彼らの成績も重要な課題として取り上げられているはずであるが、学校の方針自体が成績に関することよりも出席に関する規制やルールに重点を置くという矛盾した体制であることも改善を施すべきであると考えている。

5 考察——教師の対応と再履修者問題の原因帰属に関する考察

次に、教師のインタビューデータの分析によって得られた理論について考察を行う。第4章で得られた理論のストーリーはすでに述べたとおりであるが、再度要約すると次のようになる。教師は再履修者の学習状況の改善に対策を講じるが、効果が上がらないためその改善方法を見出すことができなくなり、結果的に再履修者への特別な対策を取らなくなる。そして、学習状況が一向に改善されない原因を学校側に帰属させるというものである。

ここで、この原因帰属について再度考えてみたい。教師は［再履修者問題の原因帰属］で挙げたように、再履修者の問題の原因をカリキュラムや学校の方針に見出している。この教師が行う原因の見出し方に、学習性無気力の分析に用いた原因帰属理論を応用する。原因帰属理論とは、問題が解決できない原因をどこに帰属させるかによってその問題への捉え方が変わるというものである。帰属する原因は次の4つの分類がある。内的な要因であるのか、あるいは、外的な要因であるのかという分類と、要因が安定的、もしくは、不安的なものであるのかという分類である。学習性無気力は、勉強ができない、授業が分からない原因を自分の能力に帰属することによって生じる。しかし、アルバイトに時間を割いたというように、容易に変えることができる自分以外の要因に帰属することで、学習性無気力から解放される。つまり、できない原因を自分自身の能力不足に見出すのか、外部にあって容易に変えることができる要因に見出すのかが大きなポイントとなる。

この理論を教師の対応が効果を得ないという事実に当てはめると、次のようになる。教師が対策を講じても良くなることがない再履修者問題の原因を外部の要因に見出す。これによって、教師自身は対策を講じることについて自信を失うことはない。それは教師自身の能力不足に原因を見出していないからである。また、外部の要因のうち、すぐに変えることができないと予想できるもの、つまり、学校のシステムに原因を帰属することで、対策を講じても無駄であるというように、対策について考えることを放棄している可能性があると見ることができる。

これは別の捉え方をすると、教師が自分自身の非を認めたくないという意識の表れであるとも考えられる。改善策を講じても一向に変わらない再履修者の問題は教師自身の能力不足が原因なのではなく、全て学校側にあるという、いわば責任を転嫁する構造である。調査を行った学校では、確かに教師が指摘したようなカリキュラムや制度上の問題はある。しかし、ここに原因を見出してしまうと、教師は改善策の模索を止めてしまうことにならないだろうか。対策を講じてもうまくいかない、どうしていいのか分からないという状況に葛藤するが、改善されないのは自分が悪いからではなく学校の方針が悪いのだというように、教師は改善をあきらめるだけではなく自己防衛的な思考に陥っている可能性がある。

さらに、[再履修者をポジティブに捉えようとする]についても次のようなことが考えられる。このサブカテゴリーは教師による再履修者への否定的な評価だけではなく、彼らをポジティブに捉えようとしていることを表しており、教師が多くのネガティブな評価によって彼ら自身を全て否定するものではないという意識の表れとして捉えた。

しかし、このサブカテゴリーも先に挙げた[再履修者問題の原因帰属]と同様の視点から分析すると、教師の自己防衛的な側面が垣間見える。それは次の理由からである。インタビューは筆者と教師の2人で行ったが、インタビューを行った当時は筆者も調査協力校に勤務しており、調査協力者である教師と同じ立場にあった。このような教師同士が教室での事象について語るとき、教師は自分の非に触れようとはしないと言われている。教室という閉ざされた世界での事象は教師と学習者しか知らない。その教室で起こる出来事について、たとえ教師側にミスがあっても、それを他の教師には語らないのである。これは、Clandinin & Connelly (1996) が挙げている 'secret stories' と 'cover stories' に相当する。青木 (2006) はそれを「聖なる物語」、「ごまかしの物語」と訳しているが、教室での経験である聖なる物語は、他の教師と共有されるとき、自分自身を防衛するためにごまかしの物語となって語られるのである。つまり、教師が再履修者をポジティブに捉えようと見せるのは、理解ある教師であるかのように振る舞い、教師自身が非難されることから身を守っているのではないかと考えられる。また、ここにも原因帰属の理論を応用して考察すると次のようなことが言える。教師は再履修者について理解できており、それに基づいた対応の改善策を講じているが、効果が見られない。その原因を先にも述べたように学校側のシステムや方針に帰属する。つまり、彼らへの理解に関する努力を怠っておらず、改善に努めているにもかかわらず、学校側に問題があるため、教師には打つ手がないという論理である。このように、教師は再履修者問題を学校側に原因を帰属するだけではなく、理解ある教師を演じようとすることで教師自らを守ろうとしていることが考えられるのである。

6　理論2との比較と理論の再構築

第2章、第3章では、再履修者のインタビューデータや授業観察のデータから、学習動機の変遷に関する理論2を導き出した。それは先に図7として示したとおりである。ここでは、第4章の分析で得られた再履修者への教師の対応に関する理論を理論2と比較し再構築する。また、第4章で得られた理論は再履修者への対応に関するものであるため、理論2の再履修期のカテゴリー群との比較検討を行った。

理論2の再履修期のカテゴリー群に追加したのはカテゴリー【教師が改善の努力を放棄する】である。このカテゴリーには、[教師の再履修者像]、[教師が取る対応]、[特に何もしない]、[再履修者をポジティブに捉えようとする]、[再履修者問題の原因帰属]の5つのサブカテゴリーが含まれている。また、[教師が取る対応]と[特に何もしない]については、【教師とのインタラクションによる影響】と統合し再編成を行った。このカテゴリーの再編については表15として示す。また、理論2と第4章の結果の統合によって完成した理論(最終形)は図9として示す。次に再編や統合があったカテゴリーについて述べる。

表15　理論1のカテゴリー【教師とのインタラクションによる影響】の再編

サブカテゴリー［教師が取る対応］
○概念33〈消極的な対応〉
理論1再履修期のカテゴリー【教師とのインタラクションによる影響】から ○概念33〈再履修者との関わり方が消極的な教師〉→名称を変えて上位概念へ （ここに含まれる下位概念は［特に何もしない］へ） ○概念40〈やる気〉の下位概念 ・概念41〈やる気がなくなった〉 教師へのインタビューデータの分析から新たに得られたサブカテゴリー［教師が取る対応］から ○概念100〈注意する〉 ○概念101〈こっちを見ているから指名する〉
○概念37〈積極的な対応〉
理論1再履修期のカテゴリー【教師とのインタラクションによる影響】から ○概念37〈再履修者との関わり方が積極的な教師〉→名称を変えて上位概念へ ・概念38〈先生によく話しかけられる〉 ・概念39〈先生に点数を褒められる〉 →これらの2つの下位概念は〈積極的な対応〉の下位概念として保存。 教師へのインタビューデータの分析から新たに得られたサブカテゴリー［教師が取る対応］から ○概念99〈前に座らせる〉
サブカテゴリー［特に何もしない］
教師へのインタビューデータの分析から新たに得られたサブカテゴリー［教師が取る対応］から ○概念102〈どうしたらいいのか分からない〉 ○概念103〈放っておく〉 ○概念104〈他の学習者と同様に扱う〉 理論1再履修期のカテゴリー【教師とのインタラクションによる影響】から ○概念33〈再履修者との関わり方が消極的な教師〉の下位概念 ・概念34〈先生は優しすぎて私が勉強しなくても怒らない〉 ・概念35〈先生と話をしたことがない〉 ・概念36〈授業中に寝ても怒られないので、寝るようになった〉 →全てを概念103〈放っておく〉の下位概念として統合
○概念41〈やる気がなくなった〉
理論1再履修期のカテゴリー【教師とのインタラクションによる影響】から ○概念40〈やる気〉→廃止 下位概念41〈やる気がなくなった〉を独立した概念に変更
○概念42〈やる気になった〉
理論1再履修期のカテゴリー【教師とのインタラクションによる影響】から ○概念40〈やる気〉→廃止 下位概念42〈やる気になった〉を独立した概念に変更

6.1 ［教師の再履修者像］の理論 2 への統合

［教師の再履修者像］に含まれる下位概念〈再履修者へのネガティブな評価〉と〈つかみどころがない〉は教師がどのように再履修者を捉えているのかを示している。その詳細については先に述べたとおりである。この再履修者像は教師の視点に基づいたものであるが、この再履修者像の中でも特に、〈つかみどころがない〉という再履修者像の形成には理論2で得られた【クラスメートとのインタラクションによる影響】というカテゴリーに影響を受けていると考えられる。〈つかみどころがない〉という概念には〈あまり自分から質問してこない〉、〈雑談を持ちかけてくることがある〉、〈自分の気持ちを言わない〉、〈目が死んでいる〉という下位概念が含まれている。また、【クラスメートとのインタラクションによる影響】というカテゴリーには、サブカテゴリーである［クラスメートとの関係］、［中国人同士の関係］が含まれている。さらに、［クラスメートとの関係］については〈クラスに居場所がない〉と〈クラスに居場所がある〉という下位概念が、そして、［中国人同士の関係］については〈中国人同士の居場所がない〉と〈中国人同士の居場所がある〉が下位概念として設けられている。中国人であるか否かという違いがあるが、いずれにせよクラスでの再履修者の居場所の有無が重要な鍵となっている。

教師が指摘した彼らの学習態度の中の〈あまり自分から質問してこない〉というのは〈周りの人の目が気になる〉からであると考えられる。再履修者はクラスメートが自分自身をどのように見ているのかを気にしている。特に自分が再履修者であることを知られていると思っているため劣等感を持っている。そのような状況では彼らは進んで質問をすることができない。これは〈クラスに居場所がない〉ということも大きな影響を与えていると考えられる。クラスの中に自分の居場所がない再履修者は、教師とクラスメートが楽しそうに学習を進めている環境にはなじめない。そのため、質問をすることはもちろん、自分の気持ちも言うことができない。クラスにおける居場所の欠如が〈自分の気持ちを言わない〉という概念の背景にあることが考えられる。

また、〈クラスメートとの交流がない〉ことから、クラスメートではなく、教師に〈雑談を持ちかけてくることがある〉。しかし、再履修者はクラスにいる中国人とよい関係を築いていることがある。その場合、他の国のクラスメートや教師と関わりを持つことよりも、彼らと教室で過ごす時間を重視する。そのため、教師に対しても常に話しかけてくるわけではない。さらに、教師は勉強だけ教えればいいと思っていることもその原因になっていることが考えられる。

教師へのインタビューの分析から得られた彼らの学習の様子は、再履修者のインタビュー結果の分析から得られた概念によって裏づけられると言える。クラスメートとの関係が築けず、居場所を持たない再履修者は教室での発言を拒むようになる。つまり、居場所の有無が〈つかみどころがない〉とされる再履修者の消極的な一面を作り出す要因となっているということである。

6.2 ［教師が取る対応］に関するカテゴリーの再編と理論2への統合

次に、［教師が取る対応］である。教師は〈再履修者へのネガティブな評価〉と〈つかみどころがない〉再履修者の側面に基づいて対応を決めている。その対応は、〈前に座らせる〉、〈注意する〉、〈こっちを見ているから指名する〉というものである。このうち、〈前に座らせる〉が積極的な関わり方で、それ以外の2つの概念が消極的な関わり方であると考えられる。これは、第2章に挙げた表4「高期待・低期待生徒に対する教師行動の差異」と比較することで分かる。〈前に座らせる〉のは教師との距離が近い位置に座席を配置することであり、学習者への積極的な対応であると言える。また、〈注意する〉というのは学習者への叱責で、〈こっちを見ているから指名する〉というのは指名することが少ないという消極的な対応にあたる。このような消極的な教師の行動は、ピグマリオン効果によると学習者の成績向上が望めないということになる。

教師の関わり方について、理論1では【教師とのインタラクションによる影響】として1つのカテゴリーにまとめたが、このカテゴリーに第4章で得られた教師の関わり方に関する概念を統合することができる。そこで、理論1のカテゴリー【教師とのインタラクションによる影響】を［教師が取る対応］へと統合した。さらに、〈再履修者との関わり方が積極的な教師〉を概念〈積極的な対応〉へ、〈再履修者との関わり方が消極的な教師〉を概念〈消極的な対応〉へと変更し、新たに第4章の分析で得られた概念を取り入れることにした。その結果、〈積極的な対応〉に含まれる下位概念は、理論1で得られていた〈先生によく話しかけられる〉、〈先生に点数を褒められる〉と新たに得られた〈前に座らせる〉の3つとなった。また、〈消極的な対応〉については理論1の〈再履修者との関わり方が消極的な教師〉に含まれていた概念を全て〈放っておく〉の下位概念へと移動し、第4章の分析で得られた〈注意する〉、〈こっちを見ているから指名する〉の2つのみを〈消極的な対応〉の下位概念とした。さらに、理論1【教師とのインタラクションによる影響】に含まれていた下位概念〈やる気〉を廃止し、〈やる気〉の下位概念であった〈やる気になった〉と〈やる気がなくなった〉を独立した概念として変更した。教師の積極的、あるいは、消極的な関わり方がピグマリオン効果によって再履修者の学習動機に影響を与え、〈やる気がなくなった〉、あるいは、〈やる気になった〉という結果に至るという捉え方である。

さらに、理論2では【クラスメートとのインタラクションによる影響】と【教師とのインタラクションによる影響】との相互関係が明らかではなかったが、第4章での分析によって、その関連が明らかになっている。それは次のような関連である。まず、教室での居場所がないということが原因となって〈つかみどころがない〉再履修者像を作り出す。そして、この〈つかみどころがない〉という再履修者像に基づいて教師は対応するが、結果的に消極的な関わり方になってしまうため、再履修者の学習動機にはいい影響が与えられないというように関連づけられる。

6.3 ［特に何もしない］に関するカテゴリーの再編と理論2への統合

第4章の分析でサブカテゴリーとしていた［特に何もしない］には概念〈どうしたらいいのか分からない〉、〈放っておく〉、〈他の学習者と同様に扱う〉が含まれている。このうち〈放っておく〉の下位概念として、理論1の〈先生は優しすぎて私が勉強しなくても怒らない〉、〈先生と話をしたことがない〉、〈授業中に寝ても怒られないので、寝るようになった〉を含めた。これらを下位概念としたのは次のような理由である。これら3つの概念は教師が再履修者の学習態度を注意しない、また、彼らに話しかけないという状態を表しているが、それは結果的に放っておくという状態になっていると考えられるからである。

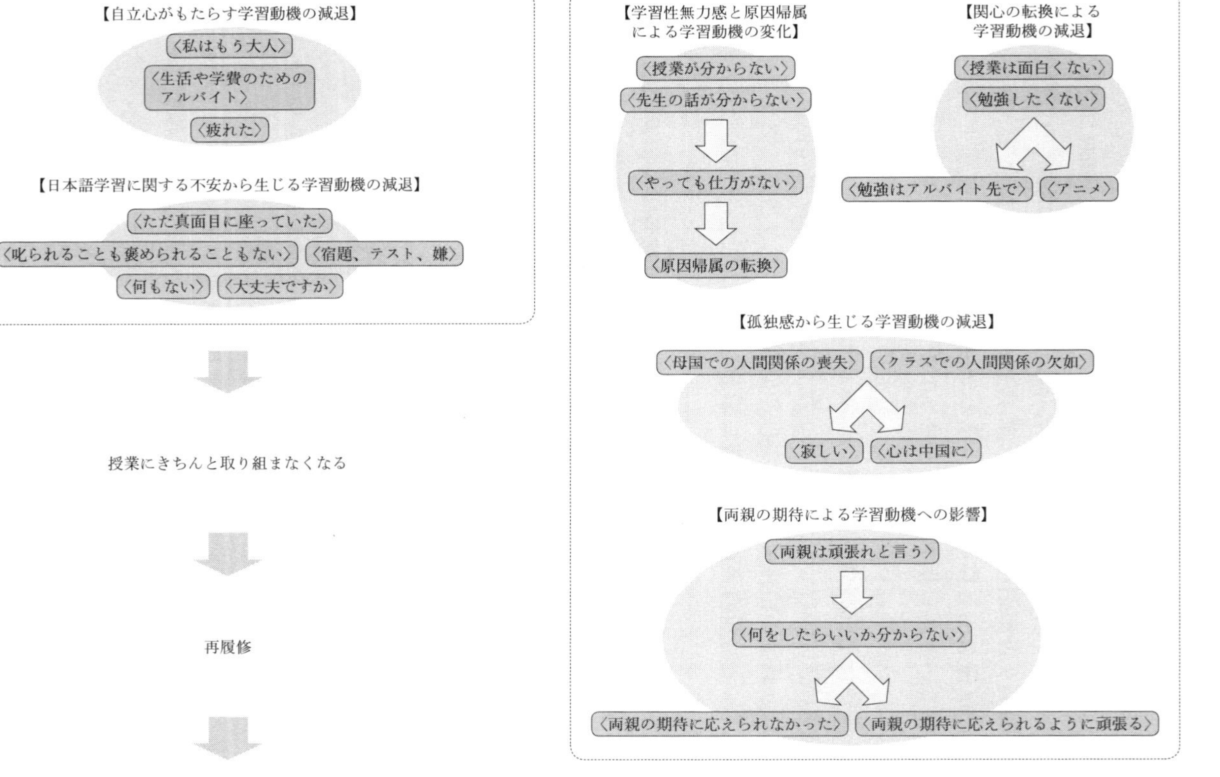
過渡期のカテゴリー群
【自立心がもたらす学習動機の減退】
〈私はもう大人〉
〈生活や学費のための
アルバイト〉
〈疲れた〉
【日本語学習に関する不安から生じる学習動機の減退】
〈ただ真面目に座っていた〉
〈叱られることも褒められることもない〉
〈宿題、テスト、嫌〉
〈何もない〉
〈大丈夫ですか〉
授業にきちんと取り組まなくなる
再履修
全過程に通じるカテゴリー群
【学習性無力感と原因帰属
による学習動機の変化】
〈授業が分からない〉
〈先生の話が分からない〉
〈やっても仕方がない〉
〈原因帰属の転換〉
【関心の転換による
学習動機の減退】
〈授業は面白くない〉
〈勉強したくない〉
〈勉強はアルバイト先で〉
〈アニメ〉
【孤独感から生じる学習動機の減退】
〈母国での人間関係の喪失〉
〈クラスでの人間関係の欠如〉
〈寂しい〉
〈心は中国に〉
【両親の期待による学習動機への影響】
〈両親は頑張れと言う〉
〈何をしたらいいか分からない〉
〈両親の期待に応えられなかった〉
〈両親の期待に応えられるように頑張る〉

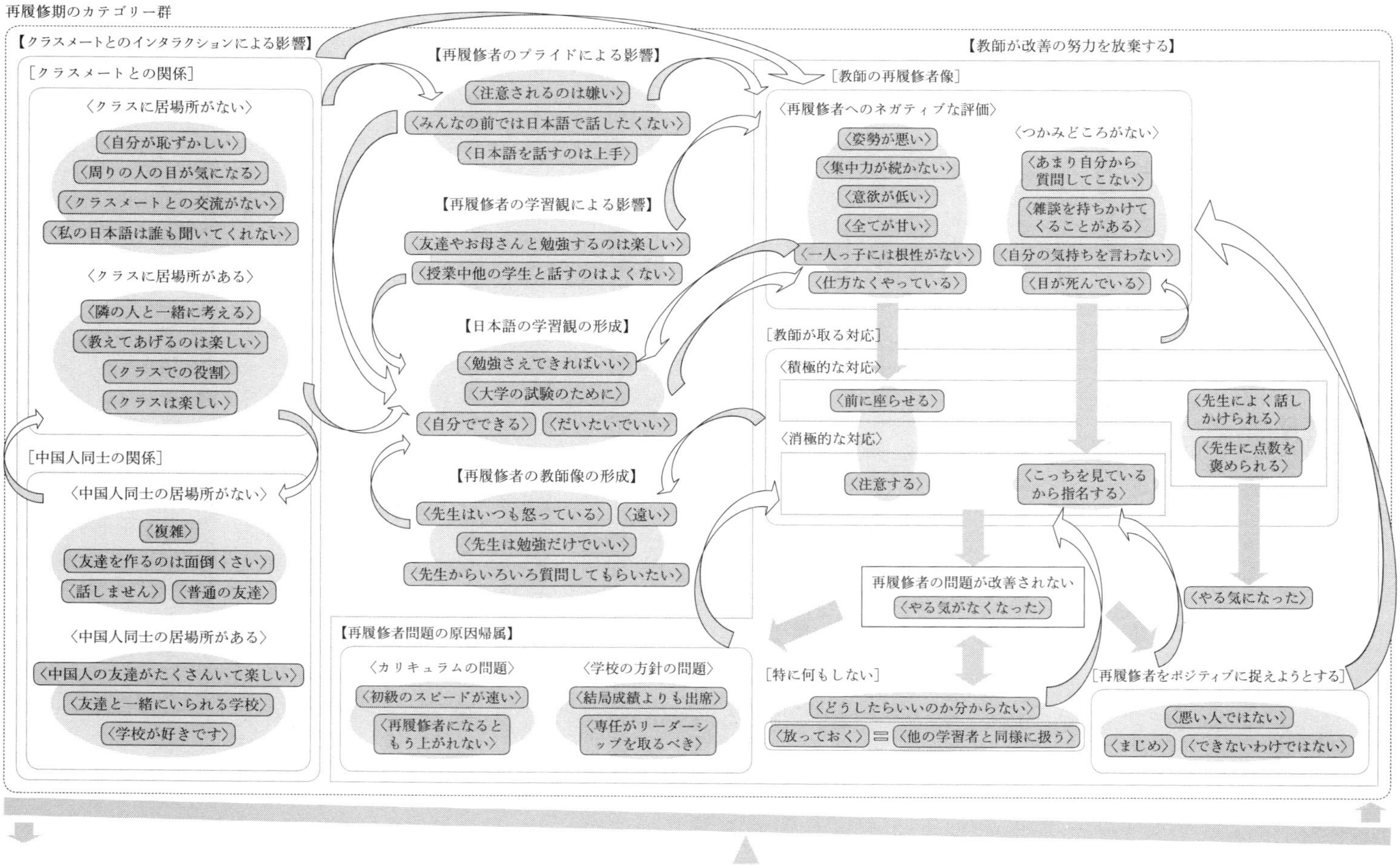

再履修期のカテゴリー群

【クラスメートとのインタラクションによる影響】

［クラスメートとの関係］

〈クラスに居場所がない〉

〈自分が恥ずかしい〉
〈周りの人の目が気になる〉
〈クラスメートとの交流がない〉
〈私の日本語は誰も聞いてくれない〉

〈クラスに居場所がある〉

〈隣の人と一緒に考える〉
〈教えてあげるのは楽しい〉
〈クラスでの役割〉
〈クラスは楽しい〉

［中国人同士の関係］

〈中国人同士の居場所がない〉

〈複雑〉
〈友達を作るのは面倒くさい〉
〈話しません〉〈普通の友達〉

〈中国人同士の居場所がある〉

〈中国人の友達がたくさんいて楽しい〉
〈友達と一緒にいられる学校〉
〈学校が好きです〉

【再履修者のプライドによる影響】

〈注意されるのは嫌い〉
〈みんなの前では日本語で話したくない〉
〈日本語を話すのは上手〉

【再履修者の学習観による影響】

〈友達やお母さんと勉強するのは楽しい〉
〈授業中他の学生と話すのはよくない〉

【日本語の学習観の形成】

〈勉強さえできればいい〉
〈大学の試験のために〉
〈自分でできる〉〈だいたいでいい〉

【再履修者の教師像の形成】

〈先生はいつも怒っている〉〈遠い〉
〈先生は勉強だけでいい〉
〈先生からいろいろ質問してもらいたい〉

【再履修者問題の原因帰属】

〈カリキュラムの問題〉

〈初級のスピードが速い〉
〈再履修者になるともう上がれない〉

〈学校の方針の問題〉

〈結局成績よりも出席〉
〈専任がリーダーシップを取るべき〉

【教師が改善の努力を放棄する】

［教師の再履修者像］

〈再履修者へのネガティブな評価〉

〈姿勢が悪い〉
〈集中力が続かない〉
〈意欲が低い〉
〈全てが甘い〉
〈一人っ子には根性がない〉
〈仕方なくやっている〉

〈つかみどころがない〉

〈あまり自分から質問してこない〉
〈雑談を持ちかけてくることがある〉
〈自分の気持ちを言わない〉
〈目が死んでいる〉

［教師が取る対応］

〈積極的な対応〉

〈前に座らせる〉

〈先生によく話しかけられる〉
〈先生に点数を褒められる〉

〈消極的な対応〉

〈注意する〉
〈こっちを見ているから指名する〉

再履修者の問題が改善されない
〈やる気がなくなった〉

〈やる気になった〉

［特に何もしない］

〈どうしたらいいのか分からない〉
〈放っておく〉＝〈他の学習者と同様に扱う〉

［再履修者をポジティブに捉えようとする］

〈悪い人ではない〉
〈まじめ〉〈できないわけではない〉

図9　中国人就学生の学習動機の変遷（最終形）

この概念は、再履修者に対して［教師が取る対応］に挙げたような対応を取っても、彼らの学習状態が改善されないことをふまえて取る処置をまとめたものであるが、この［特に何もしない］というのも教師が取る対応の1つであり、消極的な対応であると言える。つまり、第4章の結果の統合に伴って、［教師が取る対応］や［特に何もしない］というサブカテゴリーに示されている教師の対応方法は消極的なものが多くなっているということである。これは、再履修者の学習動機が改善されにくい状態にあることを示していると考えられる。［教師が取る対応］の〈消極的な対応〉によって再履修者の問題が改善されない、つまり、〈やる気がなくなった〉という状態をもたらす。また、再履修者の問題が改善されない状況に対して、教師が［特に何もしない］ことで〈やる気がなくなった〉という状態をもたらす。［特に何もしない］の下位概念〈放っておく〉には〈先生は優しすぎて私が勉強しなくても怒らない〉、〈先生と話をしたことがない〉、〈授業中に寝ても怒られないので、寝るようになった〉が含まれているが、これらの概念は理論1の考察で示したように、〈やる気がなくなった〉という概念に結びついているからである。

このように、教師の消極的な対応が改善されない限り、再履修者の学習態度や学習動機といった問題が改善されないという悪循環が生じるのである。それは、再履修者の問題が改善されないということは、［教師の再履修者像］が変わらないということになるからである。

6.4　［再履修者問題の原因帰属］と［再履修者をポジティブに捉えようとする］の理論2への統合

教師は再履修者との対応の中で改善策を講じるが、彼らの学習態度や学習動機が改善されない原因について指摘している。［再履修者問題の原因帰属］というサブカテゴリーに含まれる概念がその原因にあたる。その詳細については先に述べたとおりである。このサブカテゴリーは第4章において新しく得られたものであるため、理論2にそのまま追加することができる。さらに、［再履修者をポジティブに捉えようとする］も理論2に追加することができる。この2つは教師が改善の努力を怠っているという循環を示す要因に含まれるものであり、再履修期における学習者の学習動機の形成に大きな影響を及ぼすものでもある。

第5章 考察

1 これまでの分析結果について

これまでの第2章から第4章では、分析で得られた結果をまとめ、中国人就学生の学習動機に関する理論を再構成した。第5章においては、最終的に得られた理論について概観し、考察を行う。まずは、各分析で得られた理論について要約しておく。

・第2章で得られた理論

再履修者へのインタビューによる学習動機の変遷に関する理論である。再履修者になる過程を過渡期、再履修者になった後を再履修期として区別し、学習者が再履修者になり、その後学習動機がどのように変化していくのかを理論化したものである。次にその理論について概観する。

過渡期では、来日によって生じた環境の変化によって、自立心が芽生えたり、孤独感が生じたりする。また、アルバイトをしている学習者は学習が実感できるアルバイト先へと学習の関心を移すこともある。このような要因によって、学習者は学習動機を低下させ、授業への取り組み方が悪くなった結果、再履修することになる。

再履修期では、クラスメートや教師とのインタラクションが学習動機に影響を及ぼす。クラスメートとのインタラクションは再履修者のクラスでの居場所に関わるものである。再履修者である自分が恥ずかしいと思うことで周囲の目を気にするようになり、クラスでの居場所が持てなくなる。その一方、クラスにおいて役割を果たすことで帰属意識が高まり、居場所を見つけることができる。この居場所の有無は学習動機の改善を左右する。また、教師の再履修者への関わり方がやる気を生み出すかどうかに影響していることも分かった。これはピグマリオン効果と呼ばれるものであるが、消極的な関わり方は学習動機の低迷をもたらし、積極的な関わり方は学習動機の改善をもたらすのである。さらに、日本留学に寄せる両親の期待が再履修者に心理的な影響を与えることもある。再履修となったことは両親の期待に背くことであり、成績不振という状態を克服しようとするかどうかで彼らの学習動機が変化するのである。

このように学習者は過渡期、再履修期において学習動機を変化させるのであるが、分析の結果、過渡期や再履修期にかかわらず、学習動機に影響を及ぼす要因が存在することが分かった。それは学習性無力感と原因帰属である。授業が分からない状態が続くと、やっても仕方がないと思うようになり、学習性無力感という状態に陥る。この学習性無力感は、授業が分からない原因を自分の能力不足に見出す限り改善されることはない。しかし、学習時間が不足していたというように外部の要因に見出すことで、学習性無力感という状態から脱することができる。

以上、第2章では、再履修者のインタビューデータをもとに、本研究の骨格ともなる理論が導き出された。

・第3章で得られた理論

第3章は再履修者という当事者ではなく、第三者としての筆者の視点から、教室で起こっている現象に焦点を当てて、再履修者の学習の実態をケース・スタディによって分析した。それによって、再履修者の学習の実態や再履修者と教師との間にある認識の相違が明らかになった。やる気がないと教師の目に映る再履修者はそれぞれの学習スタイルで学習を進めていた。学習者はそれぞれが持っている学習観、学習スタイル、教師像、自分自身による学習管理によって学習方法を決定している。その一方、教師も教師が持つ学習観、学習者像等に影響された教授方法を実践している。しかし、教師が持つ学習観や学習者像が再履修者についての誤解を生み出しているため、教師自身の認識を改める必要があることが分かった。そして、この結果を第2章の理論と比較し、理論を再構築することで、再履修者とクラスメートとの関係や再履修者が持つ学習観、再履修を通して得た日本語の学習観、教師との関わりよって作り上げられた教師像が、彼らの実践に大きな影響を与えていることが明らかになった。

また、授業観察に伴うインタビューデータから再履修期にあたる部分を取り出し、理論1の再履修期の理論に一部の概念を加えている。それは日本語学習に関する不安という概念で、学習動機の低下に影響を及ぼすものである。さらに、これは全過程を通して見られる学習性無力感による学習動機の減退にも関連しており、授業が分からないという問題を引き起こす背景の一部となっていると考えられる。しかし、この概念についてはさらなる比較検討が必要である。それはこの概念が3人の再履修者のインタビューデータから得られただけで、具体例が十分であるとは言えないからである。

・第4章で得られた理論

第2章が再履修者の視点で捉えられた事実をもとに理論が産出されたのに対し、第4章では教師のインタビューデータをもとに、教師側の視点から再履修者に関する理論を導いた。それによって、教室で見せる再履修者の姿を通して形成した再履修者像が彼らに対する教師の対応を決めており、特に教師が持っている学習観や再履修者像というものが再履修者を教室で問題のある学生にしている側面があることが分かった。また、教師は改善されない再履修者に関する問題の原因を学校の方針に見出し、理解ある教師でいようとすることで、再履修者問題の改善を放棄していることが明らかになった。第4章では、再履修者と教師それぞれが持つビリーフスによって影響を受けた実践が、複雑に作用し合っていることが示された。

以上、骨格となる理論1に第3章、第4章で得られた再履修期における概念を統合することで学習動機の変遷の背景にある要因を「動き」とともにそれらの関連を示すことができた。その統合した理論は第4章において図9として示した。

2　学習動機の変遷の理論

次に、本研究における理論の最終形について、概念やカテゴリーの移動に触れながら概観する。

2.1　過渡期のカテゴリー群について

まず、過渡期のカテゴリー群では追加されたカテゴリーと移動した概念がある。移動先は全過程に通じるカテゴリー群で、移動、あるいは概念を変更した部分についてはすでに示したとおりである。ここでは、最終的に過渡期のカテゴリー群として残ったものについて挙げる。

2.1.1　【日本語学習に関する不安から生じる学習動機の減退】

過渡期のカテゴリー群で追加されたのは【日本語学習に関する不安から生じる学習動機の減退】である。これは第3章の参与観察後のインタビューデータをもとに、M-GTAの分析によって得られたカテゴリーである。授業では特に問題もなく真面目に座って教師の話を聞いているため、教師に叱られることはないが、褒められることも特にない。日本語学習に関しては、毎日のように出される宿題や2日おきに行われるテキストの課末試験が嫌だったという思い出しかなく、日本語能力が向上したとは感じていない。そのため、彼らはこのまま学習を進めていけばいいのだろうかと漠然とした不安を持つようになっていた。この不安は解消されることがなく、学習における目標や自信も持てなかったため、学習動機を低下させたと考えられる。

2.1.2　【自立心がもたらす学習動機の減退】

もう1つのカテゴリーは【自立心がもたらす学習動機の減退】である。これは、両親から離れ自分の生活を全て自分自身で管理するようになることで、両親からの自立を求めるようになるというものである。クラスメートがアルバイトで生計を立てていること、両親が来日準備で多額の出費をしていることからアルバイトに気を奪われるようになり、学習への関心が薄れていく。アルバイトに没頭する日々を過ごし疲労感だけが蓄積する。彼らは自立心を持つことでアルバイトと学習のバランスが取れなくなってしまうのである。

2.2　再履修期のカテゴリー群

再履修期のカテゴリー群は、第3章、第4章の分析を経て、大きく変更されたところである。これまでの再編や移動などに触れながらカテゴリーを概観する。

理論1では【クラスメートとの関係による影響】、【教師とのインタラクションによる影響】、【両親の期待による影響】という3つのカテゴリーがあった。しかし、理論の再構築によって、【両親の期待による影響】は全過程に通じるカテゴリー群へ移動し、最終的に再履修期のカテゴリー群として編成されたのは、【クラスメートとのインタラクションによる影響】、【教師が改善の努力を放棄する】、【再履修者の教師像の形成】、【再履修者のプライドによる影響】、【日本語の学習観の形成】、【再履修者の学習観による影響】という6つのカテゴリーとなった。

2.2.1　【クラスメートとのインタラクションによる影響】

このカテゴリーは、理論1の再履修期のカテゴリー【クラスメートとの関係による影響】の再編によってできたものである。理論1では【クラスメートとの関係による影響】という名称であったが、この名称を【クラスメートとのインタラクションによる影響】とし、サブカテゴリーとして［クラスメートとの関係］、［中国人同士の関係］を加えた。また、［クラスメートとの関係］には〈クラスに居場所がない〉と〈クラスに居場所がある〉という上位概念、［中国人同士の関係］には〈中国人同士の居場所がない〉と〈中国人同士の居場所がある〉という上位概念を設けた。

［クラスメートとの関係］には理論1の概念を従属させたが、理論1で得られた〈クラスに居場所がない〉と〈クラスに居場所がある〉を上位概念とし、理論1のその他の概念と第3章で得られた概念をそれぞれの下位概念として含める形となった。最終的に構成されたものは次のようになる。〈クラスに居場所がない〉には、〈自分が恥ずかしい〉、〈周りの人の目が気になる〉、〈クラスメートとの交流がない〉と第3章で得られ

た概念〈私の日本語は誰も聞いてくれない〉が下位概念として含まれており、〈クラスに居場所がある〉には理論1の〈クラスでの役割〉、〈クラスは楽しい〉と、第3章で得られた〈隣の人と一緒に考える〉、〈教えてあげるのは楽しい〉が下位概念として含まれている。

〈クラスに居場所がない〉は、クラスに居場所を持てないことが学習動機に悪影響を与えることを示している。〈自分が恥ずかしい〉、〈周りの人の目が気になる〉という概念が示しているように、自分自身が再履修をしているという事実から疎外感を感じ、クラスメートとの関係が築けないことで〈クラスに居場所がない〉と思う。そのため、〈私の日本語は誰も聞いてくれない〉というように、クラスの中で発言することを嫌がるようになるのである。

その一方で、〈クラスでの役割〉を担うことによって〈クラスは楽しい〉と思い、クラスでの居場所を作ることができるようになった再履修者もいることが分かった。クラスで果たす役割は彼ら自身の存在意義を見出すことになりクラスへの帰属意識を高めることになるからである。また、〈クラスでの役割〉を持たない再履修者も、この〈クラスでの役割〉につながる〈隣の人と一緒に考える〉や〈教えてあげるのは楽しい〉という経験をする。この経験を通して、再履修者自身が自分の役割を意識できるようになれば、クラスでの居場所を発見し、帰属意識を高めることができるようになると考えられる。

さらに、この居場所は出身国にも関係しており、中国以外の出身者との関係だけではなく、同じ中国出身者との間に存在する居場所の有無も大きく影響する。再履修者の中には、中国出身者同士のグループに居場所を見出している再履修者と、そうではない再履修者がいる。これを表しているのが〈中国人同士の居場所がない〉と〈中国人同士の居場所がある〉という概念である。同胞の友人との関係を築いている再履修者は、学校には〈中国人の友達がたくさんいて楽しい〉と言っており、〈友達と一緒にいられる学校〉にいる時間を楽しんでいる。〈学校が好きです〉とインタビューで述べたのもそのためである。その一方、中国人同士でさえ交流を持たない再履修者は中国人同士の関係には出身地域や家庭の経済状況の違いなど、様々な要素が〈複雑〉に絡み合っているため、〈友達を作るのは面倒くさい〉とその関係を持つことを拒んでいる。このような再履修者は教室に単なるクラスメートとしての〈普通の友達〉がいるだけで、〈話しません〉と述べた。

このように、クラスにおける居場所の有無は彼らの学習動機に影響を及ぼす要因の1つであると言うことができる。

2.2.2 【再履修者のプライドによる影響】

中国人が持っている面子を表しているのが、このカテゴリー【再履修者のプライドによる影響】である。再履修者となったことでクラス内での面子を保てなくなった再履修者はクラスメートの前で日本語の間違いなどを教師に注意されることを嫌がる。そのため、〈みんなの前では日本語で話したくない〉と日本語の練習の場である教室で日本語を使うことも嫌がるようになってしまう。しかし、再履修者の中には、自分自身の日本語能力、特に、話すという点においては問題がなく、〈日本語を話すのは上手〉だと考えており、もう練習する必要がないと述べた再履修者もいた。これは教室で日本語を使いたくないことへの理由づけであるかもしれないが、彼らが持っているプライドの一面を表しているものであるとも考えられる。

2.2.3 【教師が改善の努力を放棄する】

このカテゴリーは教師が再履修者への対応の改善を怠るという流れを示すものである。次に、このカテゴリーに含まれるサブカテゴリーと概念について示す。このカテゴリーには、第4章での分析で得られた概念と、カテゴリーの再構成に伴って理論1から移動してきた一部の概念が含まれている。

［教師の再履修者像］

教師はこれまでの教授経験の中で、再履修者と向き合い、彼らに接することよって再履修者像を作ってきた。この再履修者像の分析結果には2つの側面があった。まずは教師が再履修者に対して持っている〈再履修者へのネガティブな評価〉である。次にこの概念に含まれる下位概念について示す。

まずは、姿勢についてである。教師から多く聞かれたのは彼らの〈姿勢が悪い〉ということであった。足を投げ出し、ほとんど落ちそうなぐらいに浅く椅子に座っている。その姿勢に加えて、学習面では〈集中力が続かない〉、〈意欲が低い〉、〈全てが甘い〉という状態である。このような学習態度を作り出す原因として教師が挙げたのは、〈一人っ子には根性がない〉ということである。再履修者は両親に甘やかされて育てられているため、学習上の困難に耐える力がないと教師は考えている。また、両親の意思で来日しているような再履修者の場合、〈仕方なくやっている〉面があることも、その原因の1つとして挙げている。

また、教師は彼らの教室での様子を見て〈つかみどころがない〉と述べた。その様子は次のようなものであり、この〈つかみどころがない〉の下位概念となっている。教室での再履修者は〈あまり自分から質問してこない〉。教師が個別に何度か聞けば疑問点を挙げ、それについて質問する場合もあるが、それは限られた再履修者だけである。教室での再履修者は〈目が死んでいる〉状態で、教師は彼らが授業を理解できているのかどうか分からない。また、再履修者は学習上の疑問だけではなく、彼ら自身の感情も露わにしない。楽しい、うれしい、辛いなど生活の中で起こる出来事や教室で起こる出来事などに対して持つ感情も教師に見せない。このように再履修者は教師に対して自分から質問もせず、自分の気持ちも話さないが、時折休み時間に教師に〈雑談を持ちかけてくることがある〉。これを教師は再履修者の話そうとする意欲の表れだと理解し、教師から彼らに問いかけるが、全くと言っていいほど関心を示さない。そのため、教師は彼らに対して〈つかみどころがない〉と感じている。

［教師が取る対応］と［特に何もしない］

教師は再履修者に対して、次のような対応を取っていることが分かった。教師は〈姿勢が悪い〉、〈集中力が続かない〉といった再履修者に対して〈前に座らせる〉、〈注意する〉という対応を取る。しかし、注意を続けてもなかなか態度が改善されないため、そのまま〈どうしたらいいのか分からない〉状態になり、〈放っておく〉。また、〈つかみどころがない〉再履修者に対して、〈こっちを見ているから指名する〉といったように、彼らからの視線を頼りに指名することがある。しかし、彼らの学習状況は改善されないため、〈どうしたらいいのか分からない〉状態に陥り、結果的に彼らへの特別なケアをすることなく、〈他の学習者と同様に扱う〉ことになる。つまり、〈前に座らせる〉や〈注意する〉、また、〈こっちを見ているから指名する〉といった［教師が取る対応］は、再履修者問題の改善には効果がなく、改善されない彼らの問題に対して［特に何もしない］。教師は〈どうしたらいいのか分からない〉ため、〈放っておく〉、あるいは、〈他の学習者と同様に扱う〉という対応しかできないのである。ピグマリオン効果の理論によれば、〈前に座らせる〉以外の対応は消極的な関わり方となる。消極的な関わり方と考えられるものは〈注意する〉、〈こっちを見ているから指名する〉である。

一方で、再履修者への関わりを多く持つ積極的なタイプとしては、〈前に座らせる〉と理論1で得られた〈先生によく話しかけられる〉、〈先生に点数を褒められる〉というものがある。ピグマリオン効果の観点から見れば、学習者への関わり方は再履修者の学習状況に大きな影響を与えるものであるが、第2章から第4章の分析を通して得られた結果には消極的な関わり方の方が多く見られている。再履修者への対応の中に消極的な関わり方が多いということは、彼らの学習動機の改善の可能性が低いということを示している。また、教師の対応と再履修者の問題の間には悪循環が存在する。教師が消極的な対応を取った結果、再履修者の学習態度や学習状況が改善されなくなる。その再履修者問題が改善されない状況に対して、教師が特に対策を取らずに放置する。こういった教師の措置は再履修者の学習動機の低下を招くことになるのである。

［再履修者問題の原因帰属］

このように様々な要因が複雑に影響し合う中で再履修者の学習が進められているのであるが、教師は対策を講じても再履修者の学習態度や学習動機の低下が改善されない原因を次のような要因に帰属させていることが分かった。

それは、まず〈カリキュラムの問題〉として、〈初級のスピードが速い〉ということを挙げている。1日4時間の授業を3か月続けて『みんなの日本語Ⅰ』や『みんなの日本語Ⅱ』を終わらせるというペースは確かに速い。教師もこのスピードは問題視しており、カリキュラムの速さについてこられない学習者をたくさん作り出していると考えている。また、このスピードは進級しても変わらないため、一旦〈再履修者になるともう上がれない〉。カリキュラムに変更がない限り、一度落ちこぼれてしまった学習者は復活することができないと2つの弊害について述べた。次に、〈学校の方針の問題〉である。それは、成績不振を改善するために設けた再履修というシステムではあるが、学校側が〈結局成績よりも出席〉を重視する姿勢を取っているため、彼らの学習に関する配慮ができていないという問題である。この問題については、調査校では非常勤講師が各レベルのリーダーをしているが、〈専任がリーダーシップを取るべき〉であって、専任講師でなければこのカリキュラムの問題を含め、再履修者がもたらす数々の問題を解決できないと考えており、再履修者の問題の原因は学校側にあるという見方を示した。

［再履修者をポジティブに捉えようとする］

教師は再履修者の学習態度に関してネガティブな評価を下し、教室では彼らの学習状況の改善に対策を講じる。しかし、その問題は改善されない。そんな状況の中、教師は、改善されない原因は学校側にあるという見方をするだけでなく、再履修者をポジティブに捉えようとすることも分かった。教師は再履修者には姿勢が悪い、意欲がないなど否定的な評価を下している。しかし、実は再履修者は真面目であり、悪い人でもなく、勉強に関してもできないわけではないというように、教師は学習状況が改善されない再履修者を肯定的に捉えることで、再履修者問題の解決に望みをつなぐのである。

一方でこのサブカテゴリーは、教師の自己防衛のための口実であると見ることもできる。学校や学習者の両者に問題の原因を帰属することで、問題の原因は教師にはないというように教師自身の地位を守ろうとする保身的な態度が浮かび上がることになる。しかし、学習者をポジティブに捉えることで、その態度が緩和される。教師は学習者を理解しようと努力しているが、学校に原因があるから問題は解決できないというように、理解ある教師でいるということは教師自身の体面を守ることになるのである。

2.2.4 【再履修者の教師像の形成】

上に挙げたような教師の対応によって、再履修者は日本語学校での教師に対して独自の教師像を作り出すようになる。教師からよく注意される再履修者は、教師について〈先生はいつも怒っている〉というイメージを抱いている。これは教師が取る対応から大きな影響を受けて作られたものであると考えられる。また、〈先生からいろいろ質問してもらいたい〉と教師からの関わりを望んでいることも分かった。これは教師が取る対応の中の〈放っておく〉というのが大きく関わっていることが考えられる。さらに、教師を〈遠い〉存在であると表現した再履修者も見られており、教師の［特に何もしない］という対応が彼らの心理に影響を及ぼしていることが考えられる。さらに、その遠い存在である教師に対して彼らが思っているのは、〈先生は勉強だけでいい〉という概念が示すように、日本語を教えるだけの存在であればいいということである。このように、教師の対応は彼らの教師像の形成に大きな影響を与えると言える。

2.2.5 【日本語の学習観の形成】

再履修者は再履修クラスにおいてクラスメートや教師とのインタラクションを通して、様々な学習上の経験をする。そして、その経験を通して日本語の学習観を形成していくことになる。

再履修者は自分に対して感じる恥ずかしさ、クラスメートの前で保ちたい面子などの心理的な側面が影響し、学校では〈勉強さえできればいい〉と思う。また、同じことを繰り返す授業に必要性を感じなくなり、大学進学が目的である彼らは自分に必要なことだけをするようになる。さらに、教師の話が分からないという状態の中で、教室では〈だいたいでいい〉と考えるようになったということも明らかになっている。このように、再履修者として過ごす教室の中では様々な学習経験を積み、それに影響された日本語の学習観を作り上げていくのである。

2.2.6 【再履修者の学習観による影響】

以上のように再履修者の学習には、再履修者としての経験が非常に影響していることが分かった。しかし、日本語学校での再履修から得た経験だけではなく、彼らがこれまで受けてきた教育の中で作られた学習観というものも影響している。

分析の結果明らかになった学習観は〈友達やお母さんと勉強するのは楽しい〉と〈授業中他の学生と話すのはよくない〉というものである。まず、〈友達やお母さんと勉強するのは楽しい〉であるが、これは彼らが学習を進めるには友人などの親しい関係にある存在が必要だということを表している。そのため、中国人同士のグループに居場所を見出す再履修者は、そのグループのメンバーとともに過ごす時間を楽しむ。それが、学校へ来る動機の維持につながっているのである。

また、授業中学生は教師から求められない限り話すべきではないという学習観を持っている再履修者がいることも分かった。そのため、授業では指名されなければ発言しない。しかし、実際にはこの学習観に基づいた学習を進めることで、教師の目には消極的な学習者であるかのように映ってしまっている。そして、この消極的という評価は、学習者は積極的に話すべきであるという教師が持っている学習者像にもとづいたものであって、再履修者は実際に消極的であるかというと、そうとは言いきれないことが明らかになった。

2.2.7 各カテゴリー同士の複雑な関係とその影響

再履修期のカテゴリーは相互に複雑に絡み合い影響を与え合っていると言える。このカテゴリー間の関係については、大きく2つに分けることができる。それは、【教師が改善の努力を放棄する】とそれ以外の再履修者に関わるカテゴリー群という2つのグループである。

まず、再履修者側のカテゴリーについて、どのような関連があるのか考察する。カテゴリーの記述の中にも一部示してきたが、クラスメートとのインタラクションというのは、再履修期のクラスにおいて実際にインタラクションを取る中で形成される学習観とこれまで作り上げてきた学習観に影響を与え、学習方法だけでなくクラスメートの捉え方までも決定している。学習者は再履修をすることで周りの人の目が気になり、話したくない、あるいは、居場所がないと感じる。このように感じると、再履修者によっては、クラスみんなで学習するという学習観ではなく、学習は友人と楽しくするものであるという過去に形成していた学習観をより明確に持つようになり、その学習観に基づいた学習を進めようとしてしまうこともある。つまり、自分や中国人同士の居場所の中に閉じこもってしまい、他の国や地域から来ているクラスメートとは交流を持たなくなるのである。

その一方で、教師は彼らのこういった態度を前に対応の改善を迫られる。しかし、前に座らせる、注意するなどの対応しか取ることができず、このような対応では一向に改善されない再履修者の態度にどう対応していいのか分からなくなる。こういった経験を重ねることで、教師はそれぞれが再履修者像というものを作り上げていく。真面目ではあるがやる気がない、来たくないところに来ている上、一人っ子は根性がなく、全く日本語学習に集中できないという再履修者像である。また、再履修者の問題に関して、教師は再履修というシステムを作った学校が彼らの成績ではなく出席にしか関心がないため、うまく機能せず再履修者問題は根本的に解決できないと考えるようなる。そのため、目の前にいる再履修者の態度への対応には限界を感じるようになるが、その原因は学校にあるため、教師には改善することができないと考える悪循環が生まれるのである。これらは【教師が改善の努力を放棄する】に含まれる［教師の再履修者像］、［教師が取る対応］、［特に何もしない］、［再履修者問題の原因帰属］、［再履修者をポジティブに捉えようとする］というカテゴリーの相互関係が再履修者の学習動機の改善からはほど遠く、いい影響を与えていないことを示している。

こういった教師の対応を受けて再履修者は教師像を形成していく。教師は常に注意する存在であり、勉強を教えるだけでいいと思っている。しかし、教師との関係も望むという彼らの相反する教師像が彼らと教師との関係を複雑にしている。教師が取る対応は、彼らに注意するか、他の学習者と同様に対応するかというものであるが、再履修者が教師に望んでいるのは、注意されることではなく、自分たちに関わりを持とうとしてもらうことである。この再履修者の教師に対する願望は、彼らの〈つかみどころがない〉という様子にも影響している。再履修者は、注意されることがインタラクションの多くを占める教師に対して質問をすることはおろか、自分の気持ちを言うこともできなくなるということは容易に想像ができる。

2.3　全過程に通じるカテゴリー群

理論1では全過程に通じるカテゴリーは1つであった。しかし、第2章、第3章の分析を含めるとカテゴリーが4つ生成できたため、全過程に通じるカテゴリー群とした。このカテゴリー群に含まれているのは次のようなものである。

まずは、理論1で得られていた【学習性無力感と原因帰属による学習動機の変化】である。これは〈授業が分からない〉原因を内的で安定的要素である自分自身の能力不足に見出すことで、学習に対して〈やっても仕方がない〉と無気力になるというものである。これによって学習動機を低下させた学習者は、結果的に再履修者となってしまう。また、再履修者となった後も、この〈授業が分からない〉、〈先生の話が分からない〉原因を自分の能力不足である内的要因か、あるいは、アルバイトをしていたために時間が足りなくなったという外的で不安定な要素のどちらに見出すかで、学習性無力感に終止符を打てるかどうかが決まるのである。

次に、理論の再構成が行われたものの1つとして【関心の転換による学習動機の減退】がある。これは、第3章の分析結果の追加に伴い、理論1の【学習の場の移行による学習動機の減退】を変更したものである。過渡期では〈授業は面白くない〉〈勉強はアルバイト先で〉、再履修期では〈勉強したくない〉、〈アニメ〉といった2つの概念が見られており、学習への興味に関わるという点で全過程に通じるものであると考えられる。そこで、学習への興味をどこへ持っていくのかが彼らの学習動機を左右していると捉えた。過渡期では、学校の学習に興味が持てなくなった学習者は、アルバイト先へと学習の場を転換する。アルバイト先の日本人との交流の中で生きた日本語を実践に基づいた形で習得することに関心を移し、それによって、日本語学校での学習動機が低下するという流れである。再履修期において見られたのは、自宅で〈アニメ〉を見ながら日本語に触れるというもので、再履修者の関心が教室での授業には向けられていないことを表している。しかし、彼らは日本語学習に関する興味を失っているとは言えず、これを教師が授業にどのようにして取り込んでいくのかが重要な鍵となるだろう。

もう1つのカテゴリーは【孤独感から生じる学習動機の減退】である。

孤独感は過渡期において見られていたものであった。母国で築いてきた友人や家族といった人間関係を失い、クラスでの人間関係も築けないという状態の中で寂しさを感じることで孤独に陥ってしまい、この孤独感が学習動機の低下を招いていた。この孤独感に関しては再履修期でも存在することが分かっている。〈寂しい〉、〈心は中国に〉という概念がそれを示している。彼らにはやはり母国での人間関係を喪失したことが非常に大きく、孤独感をもたらす一番の原因になっているようである。しかし、再履修期では、来日後にできた友人やクラス内にできた中国人同士の居場所に帰属することで、孤独感から逃れる再履修者もいることが分かっている。このような再履修者には、中国人同士の居場所の有無が孤独感を遠ざけるためには必要であり、それが学習動機にも影響を与えているということが考えられる。また、その一方で、教室内に居場所を求めず、孤独感を持ち続けている再履修者も見られている。それは、教室にいる様々な背景を持った中国人と関係を築くのは複雑な上に煩わしいことであるため、中国人同士の居場所は必要としない再履修者である。こういった再履修者は、中国人同士や中国以外のクラスメートとの居場所がなくても、学習を進めることができる。しかし、もしクラスに居場所を見出すことができるのであれば、帰属意識が生まれ、学習動機の向上が期待できるのではないかと考えられる。

最後に、【両親の期待による学習動機への影響】である。学習者の両親は彼らの日本留学に大きな期待を寄せている。学習者は、常に〈両親は頑張れと言う〉が、その両親の期待に応えるために自分が〈何をしたらいいか分からない〉と述べている。両親がかける「頑張れ」という言葉に、学習者はプレッシャーを感じる。それは、家族が自分を日本留学に送り出す際に経済的な負担を背負っていたことを学習者が知っているからである。また、留学に大きな夢を抱くという中国の社会的な風潮も彼らにプレッシャーをもたらす原因となっているだろう。その大きなプレッシャーのせいで、学習者は再履修者になると絶望感を抱いてしまう。その絶望感を乗り越えられるかどうかは、彼らの努力にかかっており、その努力は両親の期待に応えようとする彼らの気持ちが原動力となっているのである。

3 考察

次に、中国人就学生の学習動機の変遷について考察する。考察では、理論全体の概観を通して中国人就学生の再履修という経験を理解するとともに、学習動機の形成に関わる要因と動機づけ研究について考える。

3.1 学習動機の変遷に関する複雑系理論

前節では、本研究で明らかになった学習動機の変遷に関する理論について概観した。来日に伴って生じる人間関係の変化といった再履修者の置かれている状況に加え、教室内で軽視されているというクラスメートとのやりとりが学習者に与える影響など、マクロなレベルからミクロなレベルに至る様々な要因が複雑に絡み合い学習動機を形成する動的な理論図が示された。これは、Pavlenko（2002）が述べているように、学習動機が学習者の内面に存在し、社会に原点を持つ心理的な要素であること、また、学習者自身が身を置く文脈の中で形成され、再形成されるものであることを示している。

このように本研究の分析によって抽出された理論図は、学習動機形成に関する1つのシステム、複雑系理論であるとみなすことができる。この複雑系理論（Larsen-Freeman & Cameron 2008）というのは、複雑に影響し合う構成要素（エージェント）を持ち、その要因同士の相互作用が全体のシステムの動きを作り出す1つのシステムとして機能している何らかの集団のことである。この要因同士の相互作用は、システムの中で記憶され過去の相互作用の影響を受ける。つまり、システムとしての全体の動きは、要因同士の関係だけではなく、過去の経験にも基づいたものであり、集団が1つの自律的なシステムとして機能しているということになる。また、このシステムは閉鎖的なものではなく、システム外にあるものを取り込んだり外からの影響を受けたりすることによってシステム内に生じた変化に適応するように、自己組織化していくという性質も持っている。さらに、複雑系理論は陥りやすい状態（アトラクター）を持っており、作り出される動きには、ある一定の傾向が見られることがある。しかし、突然予想だにしない新しい状態やパターンを生み出す創発という現象が起こり、この創発がシステムの姿を変えてしまう（相転移）こともある。この複雑系理論は言語（Ellis & Larsen-Freeman 2008）、言語習得（Van Geert 2009）、言語学習者のアイデンティティ（Sade 2009）、学習者オートノミー（Nakai 2017）研究に応用されている。学習動機についてはSampson（2016）が英語学習の教室を1つの開かれたシステムとして捉え、第二言語動機づけ自己システムに基づき、教室でどのように学習動機が作られていくのかについて分析している。

次に、Sampson（2016）を参考に、クラスを学習動機を形成するシステムの最小単位であるとみなして考察する。クラスというのはそれぞれの生活を送る学習者や教師が一時的に集まる場所であり、そこで繰り広げられる学習活動は日常生活といった教室外の文脈と関連している（van Lier 2004）だけではなく、学習者それぞれが持つ過去の経験や将来像からも影響を受けている（Sampson 2016）。そこで、本研究においても、学習者や教師の背後にある様々な文脈が交差するクラスを学習動機形成に影響を与えるシステムであると捉え、クラスが持つ学習動機形成に関する複雑系理論について考察する。

3.1.1 来日によって生じる心理面の変化と学習動機

中国人就学生は日本に来た留学生である。来日することで人間関係や生活環境といった彼らの置かれている文脈が大きく変わる。来日によって生まれた新しい文脈の中にある様々な要素が彼らの学習動機にどのような影響を及ぼしているのかについて述べる。

「孤独感」と学習動機

中国人就学生は、生まれ育った祖国を離れ日本という異国の地に滞在して日本語を学ぶ学習者である。中国の経済発展に伴う留学の大衆化と若年化によって、早ければ高校を卒業して間もなく一人旅立つことになった学習者も少なくない。留学は感受性が豊かな年代の彼らだけではなく、子どもを思う家族にとっても人生の大きな節目となるはずである。

こんな彼らが日本への留学で最初に経験したことは、失うということであったのかもしれない。それは、家族や友人とともに過ごしてきた時間や場所から切り離されるからである。日本に到着した後は、寂しさを憂いている間もなく日本語学校の授業が始まる。そして、留学生としての新しい生活が始まるのである。日本語もほとんど分からない中、流れるように進んでいく日本語学校での授業や初めて経験する一人暮らしも、高校を卒業したばかりの彼らにとっては多くの困難が伴うことが考えられる。

日本語学校では、同じ中国出身の学習者や他の国や地域からの学習者、教師、事務職員など新たな出会いがある。その中でも、来日して間もないころの彼らには、日本語を学ぶ教室で出会うクラスメートが重要な存在になる。クラスメートは同世代の人たちが多く、将来の目標に向かって努力する時間を共にする仲間である。身近に親しい友人や家族がいない状況では、このクラスメートと新たな友人関係を作ることが寂しさを感じないようにするための1つの手段になる。

しかし、クラスでの人間関係の構築がうまくいく学習者とそうではない学習者がいる。新しい友人を見つけられれば、クラスにうまく溶け込んでいくことができるが、友人を作ることができなければ、孤独感に悩まされることになる。楽しそうにしているクラスメートに囲まれながら、中国にいる友人や家族を思うことで寂しさがより一層強くなる。この孤独感は学習者の学習動機に大きな影響を与える。精神的に不安定な状態にあれば、学習に集中できなくなることは当然のことであろう。

この孤独感については、再履修者になる前の過渡期と再履修者になった後の再履修期の両方に関連するカテゴリーの1つとして挙げている。調査を行った日本語学校は4学期制となっており、早ければ入学して3か月後に始まる2学期目に再履修者になる。異文化適応のプロセスでは、来日後3か月から半年後に国が恋しくなり、学校では遅刻や欠席が増えると言われている（井上2005）。本研究の分析で得られた結果も、これとほぼ同じような結果を示していると言うことができる。ただ、井上（2005）の研究は、外国人留学生が日本人や日本文化をどの程度受容するのかという視点から行われたものであるため、日本で通う学校での人間関係について考慮されているとは言いがたい。しかし、本研究の結果のように、日本人ではなく、日本語学校にいるクラスメートとの関係が築けないという要素も、異文化適応のプロセスに影響を与える原因の1つとして挙げられるのではないかと考えられる。以上、異文化適応という視点からの議論も可能なように、本研究の分析によって明らかになった孤独感というものは、学習動機を考える上で無視することのできない学習者の心理的側面であると言うことができる。

「両親との関係の変化」と学習動機

中国人就学生は日本留学に将来の夢を託している。それは彼らの家族も同様で、「望子成竜」（子どもが出世するように願う）という思いを持っている。就学ビザを取得するのに必要とされる厳しい条件によって、両親や親戚などに経済的負担が強いられる中で実現した日本への留学である。そのため、両親が日本留学に大きな期待を寄せることは言うまでもない。

学習者は孤独感に悩まされることも、まだ慣れない日本での生活から不安を抱くこともある。精神的に不安定な状況にある彼らには、両親が彼らに寄せる留学の成功への期待が重くのしかかってくる。両親の期待は、学習者の受け止め方によって負担になりえるものであるが、留学費用の工面などに苦労している両親を見ている彼らには、その期待に応えることへの責任感ももたらす。この責任感から生じるプレッシャーは再履修者となった後ではさらに大きくなっていたはずである。それは、再履修者がインタビューで、再履修という両親の期待に反する結果になったことを悔やんでいると話していたことから想像できる。再履修者は両親の期待に応えるために頑張りたいがどうしたらいいのかが分からないため、心の中で葛藤し焦燥感に駆られる。初めて来た異国の地で孤独感や不安感などを抱えながら日常生活を送り、手探りでその解決方法を探し出そうとするからである。このような葛藤や焦燥感が安定した学習動機を形成するとは到底考えられないのである。

また、学習者は両親と離れて日本で生活を送るうちに両親からの自立を意識するようになる。苦労して日本に来させてくれた両親は日本での成功を切に願っている。クラスメートが自身で生計を立てて頑張っている姿を見ることで、両親の苦労や期待と両親に頼ってきた自分自身を振り返り、次は自分が両親の負担や心配をなくすようにしなければならないと思うようになるのである。そのため、学習者はアルバイトを始め、経済的な自立を目指そうとする。このアルバイトは彼らにとって初めての経験で、自分でお金を稼ぎ、自分のために使うという体験をする。そして、初めて両親に頼らずに自力で手にしたお金に喜びを感じる。中国人就学生への聞き取り調査（山田2008）では、日本に来て楽しかったことの1つに「アルバイトで給料をもらったこと」というのが挙げられている。その指摘にもあるように、学習者は両親からの自立と自由に使えるお金を自分自身で稼ぐことに関心を持つようになる。このように、来日して両親と離れることは、学習者の精神面での成長を促すことになるが、その一方で、子どもから自立した大人へと変わろうとすることが、来日の本来の目的であった日本語学習から彼らの関心を奪うことになってしまう。つまり、来日によって生じる精神面での変化が学習動機を左右するということである。

両親の管理下でのびのびと自由に育ってきたという「新・新人類」（範2004）にとって、両親と離れて暮らす日本の環境は母国の環境とは大きく異なっている。彼らは携帯電話やチャットなどを通して両親の思いを聞くことはできるが、物理的に離れているため、両親からのサポートを直接得ることはできない。また、両親の言葉があっても、彼らにとってはかえってプレッシャーとなってしまうこともある。両親の期待に応えるように努力はしたいが、その両親には頼ることができない。自由を求める一方で、依存をやめられないという新・新人類にとって、これは異常な状況であると言える。しかし、来日によって生じる自立心に加え、新たな自由に対する欲求が彼らを刺激し、精神面に変化をもたらす。彼らは経済的な自立だけではなく、両親の管理からの自由も得ようとするのである。つまり、彼らはそれまでの自分から脱皮し、子どもから大人へと成長していく過程にあるということである。このように、来日することで生じる両親との関係の変化は、彼らに精神的な変化をもたらすと同時に学習動機にも影響を及ぼしていると考えられる。

3.1.2 クラス内のインタラクションと学習動機

学習者が属するクラスにはクラスメートや教師がいる。そして、そのクラスメートや教師の間で行われるインタラクションがクラス独自の文脈を作り出し、学習動機の形成に影響を与える。次に、クラスという文脈が学習動機の形成にどのような影響を与えているのかについて述べる。

「学習者の面子」と学習動機

来日当初の学習者にとって、新たな友人との関係を築いていくことが孤独感を遠ざけるために必要となる。特に、クラスの中に友人を持つことが学習を続けていく上で、重要な要素であることは分析の結果明らかになっていることである。このクラスの友人というのは過渡期、再履修期にかかわらず、学習動機の形成に影響を及ぼすものであるが、再履修者となった後のクラスにおけるクラスメートとの関係の構築には、再履修者の心理的な要因が関わってくる。

その心理的な要因とは、彼らのプライドである。再履修することで、彼らのプライドに傷がつく、つまり、面子が保てなくなるのである。江(2004)は、中国人の視点から、中国ではよい方向にも悪い方向にも面子を重んじる行動文化が多いという指摘をしている。この面子を重視する志向は、調査協力者となった再履修者にも見られるものであろう。再履修者は、自分に対して恥ずかしい、許せないという気持ちを持つだけではなく、中国人以外のクラスメートの目が気になると述べている。中には、蔑視されているのではないかと話す再履修者もいる。そのため、彼らは、中国人以外のクラスメートとは関係を築いていない。これは、再履修することで揺らいでしまった面子を保とうとする強い意識が再履修者に生まれ、この意識が周囲の視線に対する過剰な反応をもたらしているためであると考えることができる。もし面子による影響がいい方向に作用すれば、学習の遅れを取り戻そうとするはずであるが、悪い影響をもたらしたことで、クラスメートを自ら遠ざけてしまっているのである。クラスメートが自分を蔑視しているのではないか、だからクラスメートとは関わりたくない、というのは、面子の悪影響がもたらした一種の自己防衛であると考えることもできる。日本語の誤用を指摘されたくないため、クラスメートの前では日本語を話したくないと思っていると言った再履修者がいたが、これも面子を保とうとすることによる悪影響なのかもしれない。さらに、インタビューで聞かれた、自分は日本語がうまく話せるという再履修者の発言は、クラスで発言しないことを正当化しようとする言い訳のようなものであり、これもまた、ミスを指摘されたくないという面子がもたらす悪い作用の結果である可能性が考えられる。以上のように、彼らの面子の文化は、学習動機の形成にとって重要な要素である学習者の心理面に負の影響を及ぼすこともあると言える。

「クラスでの居場所」と学習動機

再履修となってしまった学習者は面子を失ったことからクラスメートとの関係が築けず、クラスの中で疎外感を感じる。これは彼らが置かれている状況を考えると、確実に心理面で大きな打撃となっているだろう。分析の結果、疎外感を感じる教室の中に「居場所」を作らないということは、学習者の学習動機に悪影響を及ぼすことが分かった。しかし、クラスの飲み会の企画など、クラスで何らかの役割を果たすことで学習に意欲を見せる再履修者も見られている。また、教師に指示されたことがクラスメートの前でできる、隣の人に教えてあげるといった成功体験も疎外感を軽減させる。クラスで果たした役割や能力がクラスメートから認められることによって、自分の存在意義が確認できる。これは新たな文脈の中で孤独と奮闘する学習者にとって欠かせないことではないだろうか。日本語学習を継続するためには、どういう形であれ、自分という人を認めもらい、確立できる居場所を持つことが重要であると言える。

「教師の対応」と学習動機

教師は、彼らが見せる学習態度や学習状況をもとに評価を下し、それに基づいた対応を行う。姿勢が悪い、集中力がない彼らに対しては注意をするが効果がない。しかし、注意をする以外の対応策を取ることはなく、結局、彼らを放置する。また、教師にとってつかみどころがないという再履修者の側面から、対応の改善策を見つけることができず、学習状況がよくないことを認識しながらも他の学習者と同様の対応を取る。つまり、教師は注意をする以外、積極的な対応を試みていないということである。そして、教師は再履修者の問題が解決できないことについて学校側の責任を指摘する。再履修というシステムを作り出した学校側にも責任の一端はあると言える。しかし、学校側に責任を転嫁することによって、教師は再履修者への指導の改善について考えることをやめてしまっていることになる。ここに成績不振者は教師が作り出しているという所以がある。教師が下す再履修者への評価は、他の学習者との比較や教師が持つ学習者像に基づいている。つまり、教師は他者との比較によって評価を行っており、再履修者の能力の変化には目が向いていないということである。そして、この評価に基づく教師の対応が、彼らの学習動機の改善を妨げ、再び教師からネガティブな評価を受けることになるという悪循環を生んでいるのである。さらに、再履修者問題の解決を考える中で再履修者をポジティブに捉えようとする教師の姿勢は、理解ある教師でいるための弁明であると捉えることもできる。それは再履修者の問題が解決できない状況において、教師が自分自身を正当化する要素を持っているからである。このように、教師は学習者を成績不振者へと変え、学習動機を低迷させるというスパイラルを生み出しており、ここにも、学習動機の形成に大きな影響を与える教師の重要な役割を見出すことができる。

3.1.3 教室内外での学習経験と学習動機

学習者は日本語学校だけではなく、学校の外でも日本語を学ぶ機会を持っている。次に、日本での留学生活が彼らの日本語学習に与える影響について考える。

「日本語の学習観の形成」と学習動機

学習者は日本語学校でクラスメートや教師とともに日本語学習の経験を積み重ねていき、日本語に関する学習観を作り上げていく。その形成の過程において、先述の面子文化は影響を及ぼす要因の1つであると考えられる。再履修者は面子を保とうとすることでクラスメートとのコミュニケーションに弊害をもたらし、クラスメートの前では日本語を使わなくなるなど、1人で勉強するものだという学習観を形成していく。また、再履修者の日本語の学習観は教師によって形成されるところが大きい。教師によるインタラクションは、教師が持っている再履修者像から影響を受ける。教師は彼らを理解しがたい学習者であると捉えており、それが教師の受動的、消極的なインタラクションにつながっている。例えば、再履修者の態度や視線によって対応を決めるといったもの、対応方法が分からなくなり、そのまま放置するといったものである。また、叱責するといったような対応もある。これらの教師が実際に再履修者に対して取っている対応は、そのピグマリオン効果を考えると学習者にとって決して効果的とは言えない。このように、教師やクラスメートとのインタラクションは、学習者の日本語学習観の形成に過程において重要な要因であると考えることができる。この学習観は、学習者が取る学習方法を決定するだけではなく、学習動機を生み出す源となるものである。このように考えると、教室での経験次第で、学習者の日本語学習に対する動機が大きく変わってしまうということが言える。

「関心の転換」と学習動機

教師が進める文型積み上げ式に則った授業は学習者の関心を薄れさせることがある。その場合、アルバイトなどで日本人と接する機会がある学習者は、机上の日本語から実践を通じて学べる日本語の方に関心を移す。また、アニメなどの日本文化に関心を持っている学習者は、教室外で楽しく日本語に触れることができるため、教室で行われる授業への関心を低下させる。さらに、再履修者にとっては、前学期と同じ内容の授業が進められることから、授業から進学という目標達成のために必要な学習へと関心を移してしまう場合もある。こうして彼らは、教室の授業からアルバイトやアニメなどの学習が実感できるものへと関心を移し、教室での学習動機を低下させる。これは、本研究で行ったインタビューや授業観察によって明らかになったことである。しかし、授業観察の結果、このような学習者の関心の転換というのは別の面でも見られている。再履修期においては、関心を日本語の学習から教室に存在する自分の居場所へ移し、友人といる時間に重点を置く再履修者がいることも分かっている。これは、彼らの興味が学習には向いていないという点で、動機を低下させているものであると言える。また、大学の試験に必要となる科目の学習に目を向けることも彼らの関心が教室での授業には向けられていないことを表している。このように学習者の関心の転換は様々な面で起こっているのである。しかし、彼らは決して日本語学習に関する興味を失っているわけではない。彼らの関心を授業へと引き戻すためには、関心が持てる学習を授業に取り込んでいくことが重要な鍵となるだろう。

以上、クラスを学習動機を形成するシステムとして捉え考察を行った。本研究の調査校となった日本語学校のクラスが学習動機を形成する1つの複雑系理論であり、そこには学習者や教師、クラスメート、さらには学習経験や教授経験といったそれぞれが持つ過去の経験と置かれている状況といった背景などが要因となって学習動機を形成するシステムとなっているとみなすことができる。例えば、両親や母国の友人と離れていることが精神的に影響を与え、学習動機を低下させていくケースもあれば、日本語学校のクラスで自分の居場所が持てることで、学習動機の低下を防ぐというケースもある。また、クラスメートと言っても中国人同士との関係を重視する学習者もいれば、居場所があっても教師との関わり方によって学習動機を低下させる学習者もいる。さらに、教師が再履修者とどう関わるのかは、これまでどのように対応してきたかという過去の経験にもとづいて決定されるが、この経験そのものも多くの学習者と接する中で更新されていく。複雑系理論において、エージェントはそのものが変化しうるという点で多様性を持っており、その多様性が類似するエージェントとの相互作用を引き起こすことがある（Daveis & Sumara 2010）。つまり、学習動機は、ミクロレベルからマクロレベルまでの要因や経験が相互作用する中で作られるものであり、その形成過程は常に安定したものではなく、1つの変化が他の変化を引き起こすというダイナミックな変化の中で生み出されるものだということである。

しかし、このシステムが作り出す状況は、学習動機を低下させて再履修する学習者は学習動機を低下させたままであるという状況に陥る傾向にあり、これが学習動機形成の複雑系理論が持つアトラクターであると考えられる。特に、教師とのインタラクションによって作られる日本語の学習観や教師像が再履修者の日本語学習を方向づけており、教師が再履修者問題の解決から目をそむけることは、教師自身が再履修者を作り出すだけではなく、その再履修者を再生産することにつながっているからである。学習者も再履修をするとなれば面子などの問題から学習動機を低下させる状況に陥りやすいと考えられるが、教室内でその再履修者の対応をするのは教師であることを考えると、教師による影響はやはり大きいと考えざるをえない。教師は再履修者への過去の経験をもとに対応を決定しており、うまくいかないという経験が再履修者への対応についての改善という機会を奪うだけではなく、その対応が再履修者の学習動機の低迷を助長することになっている。したがって、本研究で示された複雑系理論はいったん再履修になると学習動機が低迷したままになってしまうというアトラクターを備えており、この状況に陥ることを自己組織化してしまっていると見ることができる。ただ、今回はクラスを1つのシステムとして捉えたが、学習者一人一人が学習動機形成に関する1つのシステムであり、個々の独立したシステムである学習者の総合体がクラス、さらには学校という組織を形成していると見ることもできる。日本に来ることで生じる孤独感にはクラスでの居場所を見つけることで対応するなど、様々な変化に適応した上で学習を進めていく学習者も存在しており、学習者そのものが学習動機形成の複雑系理論であるとみなすことができるからである。しかし本研究で採用したM-GTAという手法が個別の学習者ではなく教育現場を1つの組織として理論を構築するものであるため、今回は教育現場であるクラスや学校をシステムとして捉えるほうが妥当であると考えられる。

M-GTAで得られた理論図というのは、どのような学習者であっても必ず理論図の通りに学習動機が作り上げられることを示しているものではなく、学習者を取り巻くあらゆる要因を用いて示した学習動機形成の見取り図であり、学習動機を形成する1つの複雑系理論であるとみなすことができる。このように示された複雑系理論を参考にし、再履修者の学習動機の低迷というアトラクターを変えるべく、教師や学校が何らかの異なる影響を与える必要があるのだろう。複雑系理論では、新しいパターンや状況を創発し、システムに変化をもたらす相転移が起こる。つまり、教師や学校は再履修者の再生産というシステムを変えるために新しい状態を作り出す何らかの行動を起こす必要があるということである。この行動については考えられることについて、後に提言としてまとめ提案することにする。

3.2 動機づけ研究に求められるもの

本研究において学習動機に与える要因を明らかにし、その形成過程を示す複雑系理論としてのシステムを示すことができたのは、その分析方法にあると言える。再履修者のインタビューデータは再履修者の視点から捉えられた事象であり、これをM-GTAによって分析することで学習動機に影響を与える再履修者の内面を明らかにすることができた。また、教師の視点から捉えられた事象である教師のインタビューデータについても再履修者のインタビューデータと同様にM-GTAを用いて分析することで、教師が捉える再履修者像や教師が取る再履修者への対応方法を知ることができた。さらに、授業観察を行い、ケース・スタディによって分析することで、再履修者や教師の視点からでは捉えることができない事象を明らかにすることができた。それは、中国の文化的な要因や教室での教師の対応、再履修者が無自覚的に持っている学習観や教室で作られていく学習観といった要因が学習動機に影響を与えていることであり、その影響は再履修者と教師へのインタビューデータからでは明らかにすることができなかったものである。

最終的に、これらの要因をもとにして、学習動機の形成過程に関する理論の構築を行った。本研究で得られた理論は、常に変化する学習動機を動的に示しているものである。学習動機というものは、学習者の個人差や時間的な流れ、また、学習者が属する社会的状況によって影響され変化する（Dörnyei 2001a）。そのため、学習動機は様々な文脈の一側面だけでは理解しえないものであり、また、時間の流れから切り取って考えることもできない。したがって、因子分析のように動機づけに関連する要因を示すだけでは動機づけを解明するには不十分であり、それらの要因同士の関連性や要因が複雑に絡み合うことで作り出される影響が学習動機をどのように変化させるのかを示すことも必要となると考えられる。しかし、学習動機は学習者の背景にある文脈や彼らと関わる人々が持つ文脈と密接に、かつ、恒常的に関わりを持つ非常にローカルでセンシティブなものであるため、一切の文脈を排除した一般化された研究結果では、学習に関わる人々にとって味気のない実感しにくいものとなり、その応用の実現性が低くなってしまうだろう。

これまで心理学や第二言語習得の分野で様々な動機づけ研究が行われ、数多くの理論が提示されてきた。しかし、Dörnyei（2001a）は、動機づけ要因を特定し、それを用いて提唱された理論は、学習動機の一側面を示しているにすぎず、学習動機の全体像を鳥瞰的に示したものではなかったと述べている。さらに、提唱されてきた多くの理論は他の理論を認めず、統合を目指そうとしたものではなかった上、研究の成果としての性質を重視するがゆえ、教育現場との隔たりがあり実践に直結する性質のものではなかったとも指摘している。この指摘を解決するのが、本研究でも採用した現場に密着した理論が生成できるM-GTAによる学習動機の分析であろう。そして、本研究の結果は、学習者を取り巻く文脈の個別性とその文脈の関連性に着目した上で、その影響によって生じる学習動機の形成や変化を包括的に示したものであり、これまで提唱されてきた動機づけ理論の統合を可能にするものであったと言える。教育現場という領域に密着した形で行った動機づけの複雑な形成過程の理論化は、知見の統合が求められる動機づけ研究の発展に寄与するだけではなく、教育実践が行われている現場で日々学習動機を変化させる学習者と向き合っている教師にとって、より多くの示唆が得られるものになる。

4 提言

次に、これまで述べてきた学習動機の形成に関する理論やそれに対する考察を踏まえ、現場で学習者を指導する教師や日本語学校が留意すべき点について得られた示唆を挙げる。

4.1 教師や日本語学校への提言

・学習者を成長過程にある青年として捉える

第2章から第4章までの分析の結果を見ると、学習者の変化に関する要因が多く取り出されている。まず、来日に伴う人間関係の変化によって生じる学習者の精神面への影響である。この影響は自立心と孤独感という2つの形で表出する。彼らは、来日して両親から離れることで経済的な自立を求め、その結果、アルバイトに多くの時間を割くようになる。また、中国の家族や友人と離れたこと、日本でうまく人間関係が築けないことによって孤独感を持つようになる。この疲労感や孤独感は彼らの学習への意欲を低下させることも分かっている。さらに、両親からの影響は彼らに自立心をもたらすだけではく、両親による過剰な期待が学習者に葛藤を生むこともある。

こういった状況にある学習者は、教室でよく寝ている、あまり話さない、元気がないなどの様子を見せる。また、「自己がはっきりと形成されておらず、本人は日本語学習動機を持っているのだが、無気力に見」(羅2005)えることもある。しかし、教師は学習者がこのような人間的な成長過程にあるということを認識すれば、その捉え方が変わるのではないだろうか。つまり、中国人就学生の精神面における変化の可能性を知っておくことで、彼らを個々に捉えようとする姿勢が教師に生まれ、それによって、教師は再履修者に対して、再履修者のステレオタイプから離れた見方ができるようになるということである。

中国人就学生に関する先行研究では、教師には彼らをクラスにいる学習者の1人としてではなく、個人として理解することが求められると指摘されている(嶋本2004)。彼らを理解するということは、学習態度や言動といった表面的な特徴だけではなく、彼らが置かれている状況について理解することも含まれる。教師は学習者を成長過程にある青年と捉えることで、学習者の態度の悪化の背景には精神的な成長による影響があることを考えるようになる。このような学習者の背景について考える機会が教師に生まれることで、教師が下す再履修者への評価も変わっていくのではないかと思われる。

・再履修者問題の原因を教師自身に帰属する

やる気がない、根性がないといった学習者像を作り上げている教師が再履修者を成績不振者へと変えているということについては、考察において述べたとおりである。教師は自ら学習者を成績不振者と決めつけ、それをもとに再履修者のステレオタイプを築き上げている。また、これまでの経験から、再履修者の学習動機の改善は難しいと考えている。つまり、再履修者は成績不振者であり学習動機が低く、その回復が困難な学習者であると認識しているということである。教師が学習者に対して持つこのような先入観は、教師の行動に表れ学習者に影響する。これがピグマリオン効果である。したがって、教師はこの先入観を捨て、再履修者を見直す必要があると言える。そのためには、学習状況が悪化した学習者に対して、教師が持っているステレオタイプから評価や判断するのではなく、彼らの現状からその理由を探ろうとする姿勢が求められる。その姿勢は、中国人就学生の場合であれば、彼らは人間的に成長している時期にあるということを認識しておくことから生まれると考えられる。

しかし、実際には、教師は再履修者問題が解決できない原因を学校の方針などに帰属させ、問題は教師自身にはないとみなしている。また、教師はこの学校側の方針などをすぐには変えることのできないものとして捉えることで、問題に対する危機感を薄れさせてしまっている。さらに、教師は再履修者を肯定的に捉えようとすることで、原因帰属は問題の解決を避けるだけではなく、理解ある教師であることを見せようとする。教師は彼らの問題を真正面から捉えることをしないで、その問題解決から回避する自分を正当化しようとするのである。確かに、学校側にも問題はあるかもしれない。しかし、ここで教師には、自分自身の努力不足という内的で不安定な要因に帰属させることが求められる。この帰属は教師の内省をもたらし、その内省が再履修者問題の改善を進めることにつながるからである。

日本語教師が学習者の教育にどう関わるのか。これは、それぞれの教師が持つ理念や教師となった経緯、背景などに依存する。しかし、固定化された学習者への偏見や問題の原因の所在を外的な要因にあると考えることは、内省をすることが必要とされる教師にとって大きな問題となる。教師は学習者に対する先入観を壊し、学習者を成績不振者とカテゴライズしているのは教師自身であることに気づかなければならない。教師には、たとえ成績不振者であっても、彼らの学習活動を支える義務がある。したがって、再履修者と対峙する中で、彼らへの指導方法のあり方を模索し続けていくことが現場の教師には求められると言える。

・教授活動を見直すこと

教師は進学を主な目的とする学習者が集まるクラスで、進学を意識したカリキュラムをもとに授業を進めているが、その授業の進め方を見直す必要があると言えよう。

齋藤（1996）はRichards & Lockharts（1994）を引用して次のように指摘している。教師が教室活動を決定するとき、その「根底にあるのがビリーフスや思考プロセスであり、それを明らかにすることによって、その教師が指導の各プロセスをどのように扱うかという点を明らかにできる」。このビリーフスは、岡崎（1999）によると、「言語学習の方法・効果などについて人々が自覚的あるいは無自覚的に持っている信念や確信」のことであり、教師の教授活動を支配するものである。そのため、教授活動を見直すためには、教師自身が持っている言語学習に関するビリーフスを明らかにしなければならないということになる。

しかし、自分自身が持っている言語学習のビリーフスを見つめ直すということは容易なことではないだろう。ビリーフスは無自覚的なものでもあるがゆえ、教師が自分の持つビリーフスを知るには、継続的に探索する必要があるからである。このようなビリーフスを解明する方法については、教師同士が自分の実践における問題を共有し語り合うことが有用であると言われている。それは、教師は自分自身の教育実践や問題意識を説明しようとすることで、自分の教授活動を内省し、再検討することを余儀なくされるためである（金田2006）。

調査を行った学校では、教師たちは授業が始まる前、講師室でその日の授業内容や連絡事項などを確認する。また、授業が終わった後は、講師室に戻り、その日の授業で起こった出来事や学習者の様子などについて話す。筆者が講師室でよく耳にしたのは、教授活動の進め方についてではなく、学習者に関することであった。確かに、学習者の反応や様子など、彼らに関する情報も重要ではある。しかし、この講師室で語り合う時間を、その日の実践方法やその問題点などについて話し合う時間に変えれば、教師の内省活動が活性化されるのではないかと考えられる。この内省活動については教師同士の語り合いが有効であることが示されている。例えば、「失敗」経験について語り合うことで、教師自身の学習や教育に関するビリーフスやそれが生まれた背景を知る機会がもたらされ、失敗の捉え直しと教授経験の再度の意味づけが行われる。そして、それによって教師としての自身への認識が再構築され、現状や将来への新たな視点がもたらされることが分かっている（中井2015, Nakai 2015）。しかし、そのためには、実践に関する疑問点や問題点について気軽に話せる相手が必要であるし、また、そのような土壌を作ることも必要となる。この土壌作りには、伊能（2004）が述べているように、学校側が教師研修として教育実践の問題について話し合う機会を設け、改善の取り組みに積極的な姿勢を見せていくことも有効な手段の1つとなるだろう。

・学習者の学習観を変えるために教師の学習観を変える

本研究の分析の結果、学習に関する認識を変えることが学習動機の向上をもたらす可能性があることが分かった。例えば、第3章に出てくる再履修者愛さんは、自宅でアニメを見て日本語に触れていたが、日本語を学んでいるという認識はなかった。しかし、愛さんは、アニメを見ながら音声を聞いているだけではなく、辞書を使って理解しようとしており、それも学習の進め方の1つであるということを認識してもらうことができていれば、愛さんの日本語学習は違った方向に進んでいたのではないかと思われる。

また、瑩さんは教師の前では指名されない限り話してはいけないという学習観を持っていることが分かった。これは彼女が受けてきた教育を通して作られたものであるが、言語学習を進める彼女にとっては、学習を阻害する可能性を孕んだ学習観であると言える。隣の学習者と問題に取り組んでいるとき、教師が近くを通りかかっただけで、瑩さんは話すのをやめてしまっていた。それは決して私語ではなく、問題を考えるための相談であったが、教師がいる前では話してはいけないという学習観がその行動を止めてしまったのである。有効な学習活動にも悪影響を及ぼしてしまう学習観は変える方が望ましいと言える。

学習者の学習観を変えるということは、学習者により効果的な学習方法を身につけてもらうためにも必要なことである。学習観を変えることで、誤った学習方法が改善されたり、新たな学習方法を知ることで日本語学習への関心を引き寄せたりすることができるからである。しかし、学習者の学習観を変えるためには、教師自身の学習観も変える必要がある（要2005）。分析の結果を概観すると、教師は、学習者は教師の指示を聞き、クラスの中では積極的に発言しながら学習を進めるものだという学習観を持っていることが窺える。この教師の学習観に合わない学習を進める学習者は教師によって否定的な評価を受ける。例えば、教師の前では話さないようにしている瑩さんは、積極的に話すべきであると考えている教師にとって、評価できない学習者となってしまうのである。

学習者に関して言えば、学習に関するビリーフスは学習活動を左右し、教師に関して言えば、指導方法を決定づけると言われている（齋藤1996）。教室内は教師と学習者のビリーフスや実践が複雑に絡み合った状態にある。ここで必要とされるのは学習者を支える立場である教師が教師自身のビリーフスを変えることではないだろうか。教師が教授経験を経て作り上げた積極的で従順であるという学習者観と、教師への歩み寄りを求める教授活動というこの2つの側面が再履修者の持つ可能性を奪い、再履修者を問題のある学習者へと変えていると言えるからである。

・クラスルームマネジメント

考察では、中国文化における面子の作用が中国人就学生のクラス内での関係に影響を及ぼしている可能性について述べた。分析結果においても、彼らは中国人同士の関係の有無と中国以外のクラスメートとの関係の有無によって、学習を続けようとする意欲に影響が出ることが分かっている。クラス活動に参加しない再履修者が見られたが、蔑視されているという認識を持っている場合、面子を保たなければならない再履修者にとって、大勢いるクラスメートの前で話すことは大きな負担になる。こういった学習者のためには、教師はクラスへの帰属意識が持てるような条件を整えることが必要である。帰属意識を持つことは、学習者の積極的な発言を促進する（Leaver et al. 2005）だけではなく、自分の「居場所」（範2004）を見つけることにもつながるからである。これは「心の居場所」（水本1999）に類似するもので、その場にいることによって心理的に居心地がいいと感じられる場所のことである。その場所を持つことで自分の存在を自覚し、自信のある言動が表出すると言われている。それでは、この居場所を作るためには教師はどうすればいいのだろうか。

まず、動機づけを高めるためのストラテジー（Dörnyei 2001c）として次のようなものが紹介されている。それは、教室に支持的な雰囲気を作り、集団の結束化を促進するというものである。具体的には、間違いを恐れずにやることを勧め、間違いは学習の自然な一部であると思わせる、決まった座席に固定しない、定期的に小集団活動を実施してうまく溶け込めるようにする、全体で取り組む課題を成功させたり、小集団対抗の競技を伴う活動を取り入れたりするといったものである。そして、教師による授業開始時のアイスブレーキングや学習者の好みに応じて教室の環境を変えるなど、教師が学習者の心理的な緊張を解きほぐすことも重要となる。実際の教室の環境を変えることは大掛かりなことである。しかし、教室の貼り紙を学習者自身に作ってもらったり、好きなポスターを貼ってもらったりすることでも変えることができる。実際に教室の壁に文字を書いたカードを貼ったり、備品であるキャビネットを自由に使えるようにすることで、教室への帰属意識が高まり、自律的な学習活動が活発になるという事例が報告されている（Nakai 2016, 中井 2016）。また、授業では、席替えをすることや、小集団での活動を増やし、その小集団での対抗意識が持てるようなゲーム性の高い活動を取り入れるなど、これらを授業活動に取り入れることはそれほど大きな負担にはならないと考えられる。

このような活動はグループダイナミクスという観点からもクラス環境を整えるのに必要なことである。クラス内の結束が弱い場合、そのクラスは小さなグループに分裂し互いに疎外感を生む関係になる。グループの対立は学習者に不安をもたらし、スケープゴートを作り出す（Ehrman & Dörnyei 1998）。しかし、結束のあるクラスでは「学習者のほとんどが発言に伴うリスクを積極的に背負い、クラスメートとの関係をクラスの内外で楽しむのである」（Leaver et al. 2005: 135）。このクラスの結束については〈クラスの役割〉という概念の具体例が示しているように、結束が強いクラスにいる再履修者は自ら積極的な発言を行い、クラスメートとの関係を楽しんでいることが分かっている。再履修者がクラス内での役割を得ることで、自信を持つようになる。そして、その役割を果たす学習者を尊重することで、クラスの分裂も防ぐことができるという効果である。この点については、本研究の第3章で明らかになった瑩さんの経験に当てはめることができる。瑩さんは、偶然話しかけられた隣にいる学習者に教えるということで達成感を感じることができた。これは教えるという1つの役割を果たしたからである。

教師は小集団での活動を奨励し、その小集団に何らかの役割を持ってもらうことで、クラス内の結束を高めることにつながるのではないだろうか。そして、この小集団のメンバーを席替えなどによって定期的に変更し、クラスにいる全ての学習者と学習する機会を持てば、「心の居場所」となる場所を見つけることができるようになるかもしれない。このように段階を経てクラスという集団に溶け込んでもらうこと、また、クラス内での役割を持たせてあげることでクラスへの帰属意識が高まり、それによって、学習動機の向上がもたらされることになるのである。

・進学のための日本語と彼らの文脈の中で生きる日本語

教師が教授活動の改善を模索するためには、教師自身が持っているビリーフスを知る必要があることについては先に述べたとおりである。しかし、教師の教授活動の改善とともに、授業で扱う日本語に関しても改善する余地があると言える。調査を行った学校では、進学に重点を置いた日本語教育を進めているが、その授業に関して興味が持てない学習者が見られており、学習動機の形成に悪影響を及ぼしていること分かっている。ここで、その授業の内容についての見直しを考える。

分析結果においては、アルバイト先の日本人との交流を通じた日本語学習やアニメを用いた日本語学習といったように学校の授業から関心を移している学習者が見られた。このような教室外の日本語学習については、坂本（2001）が調査を行っている。中国人学習者が日本語を使うのは教室以外にアルバイト先が多いこと、また、そこで学ぶのはアルバイト先で使う言葉や口語、若者言葉だということを明らかにしている。アルバイトは中国人就学生にとって、生活費などの補填のために必要不可欠なものであるが、学校外での人的交流の機会を提供してくれる場でもある。しかし、このアルバイト先は日本語を学ぶチャンスであるのと同時に、トラブルに巻き込まれる原因にもなりうる。それは、異文化摩擦もさることながら、日本語が駆使できないことが原因として発生する。そのため、伊能（2004）も指摘しているように、日本語学校ではアルバイトを含め生活に即した日本語教育が必要になると考えられる。

教師はカリキュラムに即して授業を進める。このカリキュラムを再考する必要ももちろんあるが、学習者に関わる一教師としてできることは、進学に重点を置いた授業の中に、学習者たちの生活の文脈の中で生きる日本語を取り入れていくことではないだろうか。例えば、山田（2008）は、中国人就学生にとって生活の現実感が持てるような聴解指導を行う必要があると指摘している。生活場面での会話や本研究の分析結果に見られたアニメなどを聴解指導の教材として用いれば、聴解能力の向上はもちろん、彼らが必要とする生活日本語の習得が期待できるだけではなく、彼らの学習への関心を高めることも可能になるであろう。

教師は第二言語を学ぶという原点に戻って、進学のための道具ではなくコミュニケーションの道具としての生きた日本語を提供することを意識する。これが、学習者が興味を持つaction knowledge（Barnes 1976）を提供することになり、彼らの関心を学校の授業につなぎとめることにつながるだろう。

・日本人の規範を捨てる

再履修者が自分から発信することが少ないこともあって、教師は彼らを［つかみどころがない］と捉えている。教師は再履修者の率直な気持ちを聞きたいのであるが、再履修者はそのようなことを口にすることがなく、また、たわいもない世間話をすることもあまりない。ここには教師と学習者のすれ違いが存在しているが、この原因として、両者の信頼関係の欠如ということが考えられるのではないだろうか。

加賀美（2004）は日本語教師と中国出身の外国人学生との間に起こる葛藤の原因帰属とその解決策について調査している。調査では、日本語教師へのインタビューから得た葛藤経験をもとに作った2つのシナリオを用いて、葛藤原因の帰属と学生の解決行動について評定してもらっている。そのシナリオは、教師が授業方法に固執して学生の自尊心を低下させた場面と、学生の教師に対する好意的発言を教師が否定的に解釈した場面である。分析の結果、中国人学習者が取るのは服従や回避などの宥和的方略が主であるが、特に、葛藤を文化的要素に帰属させる場合は回避を用いる傾向が強いことが分かった。つまり、中国人留学生は教師の指導に問題があると考えた場合であっても、そのまま授業に参加し続け、何も言わない。そして、教師への好意的発言が受け入れられないのは日中の文化差が原因であると考える場合は、何もなかったかのように振る舞うということである。この加賀美（2004）の研究結果を踏まえると、本研究の分析で見られた教師と再履修者の間のすれ違いは次のように考えられる。

再履修者は日本語の授業で葛藤が生じた場合、その解決方略として服従や回避というストラテジーを用いる。授業に参加するが、文句も言わず何もなかったかのように振る舞う。再履修者が質問をしない、自分の気持ちを言わないといった消極的な態度を取るのは、彼らの対応が教師から回避するという方向に進んでいるからではないかと考えられる。

また、教師はそのような彼らの態度を教師への反発として捉える。教師には従順であるという日本の教室規範から判断すると、彼らの回避という方略が教師にはある種の反発であるかのように映り、教師は学習者への対処に困惑する。教師側は教師が日本的な対人規範にとらわれているということ、それによって中国人学習者を判断しているということに気づいていないと考えられる。

このような葛藤から生じるすれ違いを避けるためには、教師は学習者を見るとき、教師が持っている学習観や日本人の規範というものを捨てなければならないと言える。再履修者のステレオタイプを壊すということは先に述べたとおりであるが、再履修者という限定されたステレオタイプだけではなく、教師が持つ規範意識も壊す必要がある。そうすることで、[つかみどころがない]という教師の再履修者に対する見方を変えることができるからである。したがって、教師が自身が持っている学習観や日本人の規範というステレオタイプを壊すことは、教師と学習者の間に信頼関係を生み出す要因になると考えることができる。

・学習者を育てるための指導と教師の教育観の転換

第3章の調査では、筆者自身が教室に入って授業を観察し、教師の指導方法や再履修者への対応について分析を行っている。次に、この教師の指導方法について提言を行う。

この学校の教師は学習者の日本語習得、とりわけ大学進学という目標達成のために日本語指導を行っているが、この指導における教師の指示に改善できる点があると思われる。それは次のようなものである。

ケース・スタディの分析結果や教師のインタビューの分析結果に見られているように、教師は「指示」や「注意」をよくしているが、特に、この「指示」は、学習者が持つ可能性をつぶしてしまう可能性があると考えられる。教師の指示は、これをしなさい、あれをしなさいという命令の機能を持ったメッセージであり、指示をするということは、つまり、教師が学習者に命令するということである。この「しなさい」という命令によって、学習者は、自分が「できること」と「できないこと」の判断ができなくなると言われている（平井1995）。それは、教師は学習者にできそうなことについてしか「しなさい」と指示しないためである。教師がすでに「学習者にできること」と「学習者にできないこと」を決めた上で指示をすることは、学習者に「できること」と「できないこと」を決めさせないことになる。そうすれば、学習者はそれらの区別ができなくなるだけではなく、できることしかしない学習者に育つ。また、学習者が「できない」ことを教師が「しなさい」ということで、学習者は「できない」体験を積み、自分は「できない」と思い込む。この「しなさい」という指示は、学習者にとって成長の豊かさを制限するものであり、教師自身が学習者に学習性無力感を持たせるように導いていることにもなる。

権威的な教師による教師主導型の教育は、この指示をする教育にあたるだろう。確かに、教師主導で厳しく教育を行えば、学習者の能力の向上は実現できると思われる。しかし、それは学習者が「できること」を伸ばしただけであって、「できないこと」があるということに気づいているかどうかは分からない。また、学習者は与えられることだけをしてきたため、自ら何かをするということができない。このような学習者は、教師の手から離れた後、「できること」だけをするため、様々な能力が求められるような場面では応用が利かず、その実力が発揮できなくなる。これを日本語学校に当てはめて考えると、日本語学校の教師がこういった指導を進めていけば、学習者は大学などに進学した後、行き詰まることになるということである。学習者が自分の学習を管理し、主体的に学習に取り組むことが求められる大学では、「できること」しかせず、自分自身の学習の弱点が分からない学習者は何をしたらよいのか分からなくなるのである。

ここで岩佐（2007）の指摘を引用する。大学の中国人留学生の多くは、高校卒業後に来日し、日本語教育機関で1年から2年の間日本語を学んだ後、大学に進学している。日本語教育機関では、大学合格を目的とし直接法による演繹的な教育がなされている。しかし、大学においては日本語教育機関のように技術的に優れた教授法が重要なのではなく、彼らの価値観や思考形式を理解しなければ教育的な成果は生まれないという視点から、岩佐（2007）は大学の中国人留学生を対象とした有効的な日本語教授法を模索した。その中で、大学に在籍する中国人留学生への日本語教育について、次のような指摘をしている。中国は漢族とそれ以外の55の民族によって構成されており、言語、文化、宗教など多くの違いを持つ集団の集合体である。そのため、中国人留学生をひとくくりに捉えるのは不可能であるが、学習者中心主義に則った教育を行ってもその効果は期待できない。特に、自信のない教師のイニシアチブ、明確な指導指針に基づかない指導により学習者が混乱するためである。この岩佐（2007）の指摘の背景には、大学には日本語学校を修了してから来る人たちが多く、日本語学校での「しなさい」という教育による影響が大学での授業運営にまで及んでいるということがあるのではないだろうか。

このように、大学に行きたいというニーズを持った学習者に日本語を教える教師には、教師自身が持つ教育観の転換が迫られていると言える。「しなさい」という教育から「できない」ことにも気づいてもらう教育に変えるのである。「できない」という自覚は「できる」ようになるための出発点だからである。しかし、これまで持ち続けてきた教育観をすぐに変えることは困難なことである。そこで、ファンズロー（1992）の『逆をやってみよう』という著書を引用する。ファンズローは「万華鏡」という言葉を使って次のように述べている。万華鏡を回転させながらのぞきこむと、色や形が様々に変化する。回転させた万華鏡が新たな色と模様のパターンを見せるように、教師も新しい眼鏡を通して世界を見ることが大切である。それによってこれまで気づかなかった授業の側面が明らかになる。万華鏡が正反対の色や模様を作り出すように、教師も日々の実践を逆に捉えることで、変革がもたらされるのではないかということである。そうすれば、教師は指示をするだけではなく、とにかくやってもらい、できることとできないことを学習者に分かってもらう、その上で、できないことについて支援を行うという教育を実践することができるようになるだろう。

・日本語学校の教育・支援の転換

以上、教師が日々の実践の中でできることを提言として挙げてきた。しかし、教師だけではなく、その教育の方針を定める学校側にも転換が求められる側面がある。

筆者はすでに、教師に対して中国人就学生を成長過程にある青年として捉える必要があるという提言を行った。この提言は日本語学校にも示唆するところを持っている。来日後日本という異文化で生活を送る彼らには様々な問題が生じる。この問題に対して教師が取り組むことができる部分もあるが、やはり、学校が組織的に取り組んでいかなければならない部分が大きい。ここで、日本語学校の学校としてのサポートの取り組みに関する伊能（2004）と邱（2007）の提言を以下に示す。

まず、支援に対する日本語学校の認識に関するものである。学校側が認識している支援は、管理や指導といった権威的な側面が強いため、その認識を学習者の問題を理解し解決を図るための支援に変えなければならないという提言である。次に、日本語学校は、学習者の生活領域におけるサポートに関して、制度的にも保証された専門的なサービスを提供する必要があるという提言である。これら2つの提言は、本研究でも見られたように学習者の出席管理を強化しようとする学校が、厳しい環境に置かれている中国人就学生の支援を考える上でも重要な課題であると言える。

また、範（2008）は、教会に通う中国人留学生の研究の中で、中国人留学生の閉ざされた生活環境は、牧師によって提供された個と個をつなぐ場所で生まれた人とのつながりによって改善されていることを明らかにし、その結果から、日本語学校もこの教会が持つような機能を備えるべきであると提言している。また、日本語学校は学習者への「保護網意識」を強化し、協働的な学習を推し進める中で、「真・善・美」が理解できるような道徳教育につながる指導を行っていくべきであるとも述べている。さらに、「積極的に豊かな他者や物語を提供」することで、彼らは「生活知（経験知）を増やし、社会とのつながりも実感でき、生きる意欲を見せ」るようになったという分析結果から、日本語学校の学習観の転換についても提言している。その提言は、文脈から切り離された個人の機械的な行為としての学習を行うのではなく、学習者同士の関わりを生む共同的な学びを提供する場に変わらなければならないというものである。

本研究の分析結果では、教師と再履修者の間における問題が大きく取り上げられているが、その両者が対峙する学校という舞台が持っている問題については、あまり触れられなかった。それは、調査の対象が教師や再履修者であったという理由もあるが、教師が再履修者問題の原因として学校の方針を挙げているように、彼らは学校が決めた方針という枠の中で学習を進めているからである。そのため、本研究の目的となった学習者の学習動機の形成に関しては、学校側の要素も影響を及ぼす要因として捉えておくべきであろう。日本語学校は中国人就学生を学習者として扱い、彼らへの日本語教育と勉学領域におけるサポートにとどまるのではなく、成長過程にある青年として捉え、彼らを育てていくという人間教育とそれに関わる支援を組織的に行うことが求められているのだと言える。

4.2 教師への提言のまとめ

以上、本研究の分析結果や考察をもとに日本語学校や教師への提言を行ったが、教師への提言について、本研究の結果から得られた理論が示す学習動機の形成の過程に沿って再度まとめておく。まずは、過渡期である。

過渡期において、教師が教授活動の中に取り入れることができるものは、日本語学習に関する不安や学習性無力感、授業への関心の低下といった学習動機の減退を招く要因から考えることができる。日本語学習に関する不安の解消を考える場合、学習者にとって必要なことは教師からの励まし、将来のビジョン、クラスメートとの競争という3つが大きな役割を果たすと思われる。まず、教師からの励ましであるが、これは学習性無力感に関する分析でも明らかになっているように、教師から褒められるということは学習動機を改善する上で効果的な側面を持っている。そして、授業で聞かれる学習者の発言や宿題・テストなど、学習者ができたことについて、肯定的な評価やコメントをするように心がけることも必要であろう。この教師からの賞賛が学習意欲を高めることは坂本（2004）も述べていることである。また、この学習者へのコメントも単にその場限りの賞賛の言葉ではなく、次のステップへとつながるようなアドバイスが含まれていることがより効果的であると思われる。これは、将来に漠然と不安を感じていること、また、両親からの期待にどのようにすれば応えられるのか分からない彼らの状態を見れば、学習に関する建設的な意見が効果的であると考えられるためである。また、将来と言っても、大学進学という大きな目標だけではなく、宿題、小テスト、学期末のテスト、日本語能力試験など、短期的なものから長期的なものまで様々な目標がある。これらの機会をうまく利用し、その目標達成のために必要なことも学習者を褒める際に触れることができれば、将来への不安の解消につながるのではないだろうか。さらに、クラスメートとの競争は、常に他の学習者との比較を行うのではなく、グループ同士の競争を積極的に取り入れ、共に学習が進められるクラスメートやよきライバルを持ってもらうようにすれば、彼らの学習動機を活性化できる可能性がある。他のクラスメートが自分を蔑視しているのではないかというネガティブな見方から、大学進学という大きな目標に向かって一緒に努力しているというポジティブな見方へと変え、仲間意識を生むことが、彼らの孤独感の解消という面からも必要なことであると考えられる。

成績、授業、教師、友人という要素は再履修期においても重要なものとなっており、過渡期、再履修期の区別には関係なく、学習動機の維持に影響を与える。しかし、特に再履修期に関しては、教師の持つ再履修者像からの影響力が大きい。教師が持つ再履修者像は教師の行動に影響を与える。この行動は学習動機を改善させるものではないため、一向に彼らの問題は解決されないが、教師はこの原因を学校側に帰属させることで、教授活動に工夫を凝らすことを断念する。教師の持つ再履修者像はこのような悪循環を作っており、この悪循環は再履修期における特徴の1つであると言える。

また、再履修者には日本語学校での学習の進め方が浸透しており、彼らなりの学習スタイルやストラテジーが身についている。そのため、彼らは授業への関心が低くなると、自分が関心を持っている学習を進めるようになる。そうなると、教室において行われるべき学習者と教師の交渉がなくなってしまうのである。教師は常に学習者が教師に何を期待しているのかということを意識的に考え（青木2001）、それを教室活動に反映させていく必要があるということである。

さらに、教師は再履修者が実践している学習方法を知り、それをより有効な学習方法に変えるように指導を進めなければならない。それは、彼らが持っている学習観や再履修という経験を通して得た学習方法には改善の余地があるからである。そして、再履修者の学習方法は過渡期における学習経験からも影響を受けていると考えられるため、学習方法に関する指導は、再履修者だけではなく、過渡期にある学習者に対しても行う必要があると言える。また、学習者が進める学習方法が彼らの学習観に基づいたものであれば、その学習観を変えるように働きかける必要もある。これらを行うためには、教師自身も学習観の変容が求められる。さらに、学習観だけではなく、教師が持っている教育観も変えていかなければならない。それは、「できないこと」を「できること」へ変えるための学習が進められるような学習者を育てていくことが、教師による学習者への支援となるからである。

> 「教育の限界」
> あなたは教育に何を期待しているのですか。
> 教育を施せば、それで人が育つと本当に思っているのですか。
> それならば、あなたは自分で自分を無限に育てることができるはずです。
> しかし、多くの人は自分に対して教育することをあきらめています。
> 自分にはこれ以上教育を施しても無駄だと思っているのでしょうか。
> それとも、今の自分で十分に満足だと思っているのでしょうか。
> それは断じて違うと思うのです。
> 自分の意識の中で理解している教育、今まで体験してきた教育をこれ以上施しても、それで自分の可能性が開いていくとはもはやだれも思っていないのです。
> これこそが、「教育の限界」です。
> だからこそ、「教育の限界」が見えれば、これと違う教育があることが見えてきます。
> 「教育の限界」を自覚することで、教育の可能性が誰にでも見えてくるようになるのです。　（平井 1995: 158）

学習者の日本語学習を効果的に進めるためには、教師が持っている先入観を捨てること、そして、学習者や教師自身に対する感受性を高めていくことが鍵になると言える。

5　今後の課題

本研究では、再履修者や教師へのインタビューデータと授業観察のフィールドノーツという3つのデータを、M-GTAとケース・スタディという2つの方法を用いて分析し、学習動機の変遷に関する理論を構築した。理論の構成はM-GTAの手法に基づいている。このM-GTAによって導かれる理論は、研究者が着目した問題の解決を図るためにある。したがって、本研究で得られた理論は、現場で応用すれば再履修者問題の解決の助けとなるだろう。また、現場へ応用したことで得られる結果を全て理論に反映させることで、理論のさらなる精製が行われ、現場への貢献に対する期待が高まる。よって、本研究の理論を用い、現場の再履修者問題の解決を図ることが、今後の最も大きな責務であり、課題であると言える。

しかし、この理論を導く過程において、再度考慮すべき点もいくつか含まれている。それは、データの量、つまり、インフォーマントの数の問題である。M-GTAでは、あらかじめ収集しておいたデータをもとに分析を始め、そのデータの中でこれ以上分析することができないという理論的飽和に達する。理論の精製のために新たなインフォーマントからデータを収集することももちろんあるが、M-GTAにおける理論的飽和は先に得られているデータによって、その飽和状態が異なるということになる。理論的飽和は、必ずしもデータの数によってのみ保証されるわけではなく、具体例や概念同士の関係からも保証されるものである。したがって、本研究のようにそれぞれの学習者で異なる文脈から形成される学習動機を扱う場合、継続してインタビュー調査を行い、1人でも多くの学習者からデータを収集することが、より精密な理論を得るためには必要であると考えられる。これは、単に量的な保証を求めるためではなく、質的に保証され、かつ学習者の状況が反映された概念を抽出する必要があるためである。

また、M-GTAの分析だけではなく、ケース・スタディの分析においても同様のことが言える。ケース・スタディの分析に用いたのは3人の再履修者からのデータであり、この3人のデータから概念やカテゴリーを形成した。そして、このケース・スタディの分析結果である概念をM-GTAの手法にしたがって理論の中に取り込んだ。つまり、M-GTAの理論に組み込まれたこれらの概念は3人の再履修者から得られた概念となり、M-GTAの理論的飽和の側面から見ると、飽和状態が質的に担保されていなければならないということになる。しかし、現状では飽和状態に達しているとは言えない部分があるため、ケース・スタディの分析から得られた概念の量的な担保か質的な担保を行っていかなければならない。それには、やはりM-GTAでの分析における調査協力者への新たなデータ収集が必要となるだろう。しかし、調査協力者はすでに調査校を卒業して数年過ぎており、その方法は現実的ではない。さらに、本書で示した理論図は作成されてから5年以上経過している。そのため、得られた結果の現場への応用と授業観察やインタビューを継続して行い、現在の日本語学校の状況に沿ったものへと修正を加えていかなければならない。特に、学習者が持っている将来像といった自己イメージについても探っていくことで理論がより豊かなものになると考えられる。M-GTAで得られる理論は、本研究と同様の分析焦点者、つまり再履修者が在籍する日本語教育機関で応用できるという性質を持っている。したがって、本書で示した理論を同様の悩みを抱える現場の方々に日々の実践の参考としていただくことで、現場の改善だけではなく、それぞれの現場にあった理論へと発展していく可能性が期待できる。

そして最後に、この本研究を通して得られた教師への示唆は筆者自身への示唆であると厳粛に受け止めたい。教師としての筆者自身を壊し、新たに組み立てることで、教師としての成長を遂げること、また、さらなる研究を進め、それを発信することで、学習者が置かれている環境の改善のために貢献することが教師としての筆者に与えられた使命であると考える。

おわりに

本書は日本国内で日本語を学ぶ学習者の経験をM-GTAという質的研究の手法を用いてまとめたものである。多くの課題が残されてはいるものの研究結果をまとめることができたのは、インタビューや授業観察を引き受けてくださった学習者や日本語教師の方々、またその許可をくださった日本語学校のご協力があってのことである。ここに改めて感謝を申し上げたい。本書で記した協力者の方々の経験が学習者の理解と教育実践の一助となることを願うばかりである。

現在では多くの質的研究が行われるようになり、恣意的である、主観的であるという批判を聞くことが少なくなってきたように思われる。しかし、統計処理ができないから質的分析を選んだという研究動機や「構築主義」は分析手法の一つであるといった誤解を耳にすることがあり、いまだに人文科学の世界においても自然科学が依拠する実証主義的な認識が根底に流れていることを実感している。何を明らかにしたいのか、これによって事象の捉え方や明らかにする手段などが決まるはずであるが、質的研究の成り立ちや根拠とする認識論などを含め研究そのものが持つ多様性を広めるのは、質的研究に携わる私たちの発信にかかっているのだろうと考えている。本書では、筆者が執筆した修士論文をもとに新たな調査を加え分析をやり直した過程について触れている。また、理論の構築についても、概念の統合や削除の過程を記している。これは、読者の方々に筆者の思考の過程をたどることができるようにすることで、研究の再現可能性を担保しようという意図があったためである。読者の方々に筆者の解釈の過程を知っていただくことは、本研究の、ひいては、質的研究の信頼性や妥当性の担保につながるのではないかと考えている。

いずれにしても、本書の研究を行った当時、言語教育の分野においても自然科学の分野で広く行われる量的研究が盛んで、筆者自身も自然科学が依拠する実証的な認識論に染まっていた。筆者はそもそも理科系の大学で学んでいたこともあり、研究というものは実証的であって再現性を有しているものであると考えていた。さらに教育に関しては、教師はより楽しく分かりやすい効果的な授業をするだけではなく、学習者の質問には的確に答えを出すべきであるというように、教師は効率的に確実に知識を伝授する存在であるという教育観に囚われていたと思われる。しかし、筆者自身が研究や教育に関して、こういった認識を持っているということに気づかせてくれたのが大阪大学文学研究科の青木直子先生との出会いであった。学習者オートノミーという概念に基づいた学習者論の授業や日本語教育実習に加え、質的研究に関連した講義や演習を受講することで、教師の存在や教育というものを根本から捉え直し、学習者と改めて向き合う機会に恵まれた。特にM-GTAを含め、質的研究は研究を進める者に自己と向き合い対話することを要求する。ある現象に対してどう感じ、どう対応してきたかといった他者の経験の理解は、自己の経験を振り返ることを通して行われる。そしてこの自己との向き合いは、自己の捉え直しとそれによる自己の再構築をもたらす。大学院に入学した当時、筆者はより実証的な研究を進めることを目指していたが、自己を振り返ることで、学習者の置かれている状況に問題意識を持っていたことを改めて認識することができた。そして、質的研究の手法を用いることで、その問題意識をテーマとした研究を行うことができるということを知り、本書の出発点となる修士論文を完成させることができたのである。筆者は、現在も自己の再解釈を伴う質的研究を進めているが、研究を進める中で出会ったある研究協力者の方が「出会い」の偶然性とその人の人生における必然性について語ってくださった。恩師である青木直子先生を失ってしまった今、その方の語りの持つ意味の重さをひしひしと実感している。筆者の人生において大きな転機をもたらしてくれることとなった数多くの出会いにここに改めて感謝を記したいと思う。

中井好男

付録1　ワークシートの例

ワークシート1	概念〈私はもう大人〉
定義：来日し両親と離れたこと、また来日にかかる費用を両親や家族が負担してくれたということを再認識することで精神的な面や経済的な面での自立を意識するようになる。さらに、この自立という意識は、日本での生活やクラスメートが生活のためにアルバイトなどをする姿を見ることで更に拍車がかけられる。	
具体例 「大学へ行きたいですが、私はもう大人だから両親には学費や生活費など払ってほしくないです。」（哲050623） 「両親は私が日本へ来るとき、たくさんお金を使いました。これ以上両親に頼ることはできません。」（岩050623） 「クラスの友達も頑張っています。私も頑張らなければ両親が心配します。もう子どもじゃありませんし、自分の生活も大学も自分のことだから自分でなんとかしなければならないと思います。」（暁060621） 「勉強も分からないから嫌になったり、アルバイトに行くのも疲れるので嫌になったりすることがあります。国に帰りたいと思うときがありますが、日本へ来た以上、私は負けないで頑張ろうと思います。両親と電話で話をしても、体に気をつけて勉強頑張りなさいと言われます。だから、私はここで頑張るしかないんです。」（林060621） 「みんな成人だから、いつまでも両親から送金をしてもらうわけにはいかない。日本語学校を卒業したら、もらえない。今は6万ぐらいのお金と両親の送金で頑張れば8万は貯金できる。」（義050614）	
理論的メモ こういった意識は来日したことで生じたのか。 彼らの年齢的な要素は関係ないのか。 アルバイトをして初めて自立心が芽生えるということはないか。 他の学習者が頑張っている姿を模倣しているだけで自立心とは言えないのでは。 ただ遊びたい、お金がほしいという理由だけなのではないか。	

付録Ⅱ-①（中国人就学生への依頼書：日本語）

インタビューの依頼について

大阪大学大学院言語文化研究科
中井好男

私は現在日本語教育に関する研究を進めており、修士論文では中国人就学生について取り上げたいと考えております。

そこで、中国人就学生について広い範囲での調査が必要なので、中国人の学生の方へのインタビューをお願いしたいと思っております。ぜひご協力いただけますようお願い致します。調査方法はインタビューを中心に進めていきたいと思っております。ご協力いただける場合、以下のことを保証いたします。

①インタビュー中の録音は、すぐに中止できること。
②インタビューで取ったデータは修士論文以外で扱わないこと。
③修士論文で扱わせていただくインタビューは同意を得たうえであること。
④データに関わる方のお名前などの個人情報を一切出さないこと。
⑤データをとってから、やはりデータを使用されたくないと思われたら、そのデータはすぐに消去し取り上げないこと。

以上です。
お忙しいとは思いますが、ぜひご協力いただきたいと思っております。

日付：

連絡先
＊＊＊＊＊＊＊＊＊＊＊
中井好男
電話番号　＊＊＊＊＊＊＊＊＊＊＊＊＊＊
メールアドレス　＊＊＊＊＊＊＊＊＊＊＊＊＊＊

付録Ⅱ-②（中国人就学生への依頼書：日本語）

インタビューの依頼について

大阪大学大学院文学研究科
中井好男

私は現在日本語教育に関する研究を進めており、博士論文では中国人就学生について取り上げたいと考えております。

そこで、中国人就学生について広い範囲での調査が必要なので、中国人の学生の方へのインタビューをお願いしたいと思っております。ぜひご協力いただけますようお願い致します。調査方法はインタビューを中心に進めていきたいと思っております。ご協力いただける場合、以下のことを保証いたします。

①インタビュー中の録音は、すぐに中止できること。
②インタビューで取ったデータは博士論文以外で扱わないこと。
③博士論文で扱わせていただくインタビューは同意を得たうえであること。
④データに関わる方のお名前などの個人情報を一切出さないこと。
⑤データをとってから、やはりデータを使用されたくないと思われたら、そのデータはすぐに消去し取り上げないこと。

以上です。
お忙しいとは思いますが、ぜひご協力いただきたいと思っております。

日付：

連絡先
＊＊＊＊＊＊＊＊＊＊＊
中井好男
電話番号　＊＊＊＊＊＊＊＊＊＊＊＊＊＊
メールアドレス　＊＊＊＊＊＊＊＊＊＊＊＊＊＊

付録Ⅱ-③（中国人就学生への依頼書：中国語）

有关采访的依赖

大阪大学言語文化研究科
中井好男

我现在在做有关日本语教育的研究，我准备在我的修士论文中以中国人就学生作为主题来研究。因此，需要大范围地对中国人就学生进行调查，所以想采访中国人就学生，请务必配合我的采访。

调查方法主要以采访为主，如果可以获得贵方的合作，我保证以下几点：

①采访过程中的录音可以随时停止。
②采访中得到的所有资料只用于我的修士论文。
③修士论文中所写到的采访内容全部都是获得被采访人同意的内容。
④所有资料中的（例如名字等）个人资料绝不外泄。
⑤采访后所得到的资料，如果被采访人还是不想被使用的话，其资料可以随时消去。

以上，谢谢。
在您百忙中、务必请您合作。谢谢。

日付：

住址：
＊＊＊＊＊＊＊＊＊＊＊
中井好男
电话号码：
＊＊＊＊＊＊＊＊＊＊＊
＊＊＊＊＊＊＊＊＊＊
Email：
＊＊＊＊＊＊＊＊＊＊＊＊＊＊

付録Ⅱ-④（中国人就学生への依頼書：中国語）

有关采访的依赖

大阪大学大学院文学研究科
中井好男

我现在在做有关日本语教育的研究，我准备在我的博士论文中以中国人就学生作为主题来研究。因此，需要大范围地对中国人就学生进行调查，所以想采访中国人就学生，请务必配合我的采访。

调查方法主要以采访为主，如果可以获得贵方的合作，我保证以下几点：

①采访过程中的录音可以随时停止。
②采访中得到的所有资料只用于我的博士论文。
③博士论文中所写到的采访内容全部都是获得被采访人同意的内容。
④所有资料中的（例如名字等）个人资料绝不外泄。
⑤采访后所得到的资料，如果被采访人还是不想被使用的话，其资料可以随时消去。

以上，谢谢。
在您百忙中、务必请您合作。谢谢。

日付：

住址：
＊＊＊＊＊＊＊＊＊＊＊
中井好男
电话号码：
＊＊＊＊＊＊＊＊＊＊＊
＊＊＊＊＊＊＊＊＊＊
Email：
＊＊＊＊＊＊＊＊＊＊＊＊＊＊＊

付録Ⅲ-①（日本語教師への依頼書）

インタビューの依頼について

大阪大学大学院言語文化研究科
中井好男

私は現在日本語教育に関する研究を進めており、修士論文では中国人就学生について取り上げたいと考えております。

そこで、中国人就学生について広い範囲での調査が必要なので、日本語教師の先生方へのインタビューをお願いしたいと思っております。ぜひご協力いただけますようお願い致します。調査方法はインタビューを中心に進めていきたいと思っております。ご協力いただける先生方には以下のことを保証いたします。

①インタビュー中の録音は、すぐに中止できること。
②インタビューで取ったデータは修士論文以外で扱わないこと。
③修士論文で扱わせていただくインタビューは先生方の同意を得たうえであること。
④データに関わる先生方のお名前などの個人情報を一切出さないこと。
⑤データをとってから、もし先生方がやはりデータを使用されたくないと思われた場合、そのデータはすぐに消去し取り上げないこと。

以上です。
お忙しいとは思いますが、ぜひご協力いただきたいと思っております。

日付：

連絡先
＊＊＊＊＊＊＊＊＊＊＊
中井好男
電話番号　＊＊＊＊＊＊＊＊＊＊＊＊＊＊
メールアドレス　＊＊＊＊＊＊＊＊＊＊＊＊＊＊

付録Ⅲ-②（日本語教師への依頼書）

インタビューの依頼について

大阪大学大学院言語文化研究科
中井好男

私は現在日本語教育に関する研究を進めており、博士論文では中国人就学生について取り上げたいと考えております。

そこで、中国人就学生について広い範囲での調査が必要なので、日本語教師の先生方へのインタビューをお願いしたいと思っております。ぜひご協力いただけますようお願い致します。調査方法はインタビューを中心に進めていきたいと思っております。ご協力いただける先生方には以下のことを保証いたします。

①インタビュー中の録音は、すぐに中止できること。
②インタビューで取ったデータは博士論文以外で扱わないこと。
③博士論文で扱わせていただくインタビューは先生方の同意を得たうえであること。
④データに関わる先生方のお名前などの個人情報を一切出さないこと。
⑤データをとってから、もし先生方がやはりデータを使用されたくないと思われた場合、そのデータはすぐに消去し取り上げないこと。

以上です。
お忙しいとは思いますが、ぜひご協力いただきたいと思っております。

日付：

連絡先
＊＊＊＊＊＊＊＊＊＊＊
中井好男
電話番号　＊＊＊＊＊＊＊＊＊＊＊＊＊＊
メールアドレス　＊＊＊＊＊＊＊＊＊＊＊＊＊＊

参考文献

青木直子（2001）「教師の役割」青木直子・尾﨑明人・土岐哲（編）『日本語教育学を学ぶ人のために』pp.182–197. 世界思想社

青木直子（2006）「教師オートノミー」春原憲一郎・横溝紳一郎（編）『日本語教師の成長と自己研修―新たな教師研修ストラテジーの可能性をめざして』pp.138–157. 凡人社

浅野慎一（1997）『日本で学ぶアジア系外国人―研修生・留学生・就学生の生活と文化変容』大学教育出版

浅野慎一（2004）『中国人留学生・就学生の実態と受け入れ政策の転換』大学教育出版

伊能裕晃（2004）「日本語学校における就学生支援―必要となる認識、活動、組織についての提言」『留学生教育』9, pp.169–180.

井上孝代（2001）『留学生の異文化間心理学―文化受容と援助の視点から』玉川大学出版部

井上孝代（2005）「「日本語学校における危機管理の問題」―マクロ・カウンセリングの視点から」財団法人日本語教育振興協会新任主任教員研修口頭発表資料

岩佐靖夫（2007）「現今中国人留学生の視点・論点―より有効な日本語教授法の確立への模索」『國士舘大學教養論集』61, pp.63–74.

エイ・アイ・ケイ出版部（2004）『2004　日本語学校全調査』

遠藤誉（2008）『中国動漫新人類　日本のアニメと漫画が中国を動かす』日経BP社

王秋華・李紅俠・比嘉佑典（2008）「中国人の日本語学習に関する学習動機の研究」『東洋大学文学部紀要』教育学科編, 34, pp.111–149.

大阪国際交流財団（2002）『留学生の生活実態に関する調査結果』〈概要〉

太田浩・白石勝己（2008）「留学生30万人計画　達成の条件は？　太田浩・一橋大学国際戦略本部准教授に聞く」『月刊アジアの友』2008年4月10号

岡崎眸（1999）「学習者と教師の持つ言語学習についての確信」宮崎里司・J. V. ネウストプニー（編）『日本語教育と日本語学習―学習ストラテジー論にむけて』pp.147–158. くろしお出版

加賀美常美代（1994）「異文化接触による不満の決定因―中国人就学生の場合」『異文化間教育』8, pp.117–126.

加賀美常美代（1997）「日本語教育場面における異文化間コンフリクトの原因帰属―日本語教師とアジア系留学生との認知差」『異文化間教育』11, pp.91–109.

加賀美常美代（2004）「教育価値観の異文化間比較―日本人教師、日本人学生、中国人、韓国人学生の違い」『異文化間教育』19,

pp.67–84.
加賀美常美代・大渕憲一（2004）「日本語教育場面における日本人教師と中国人、韓国人学生の葛藤の原因帰属と解決方略」『心理学研究』74(6), pp.531–539.
郭俊海・大北葉子（2001）「シンガポール華人大学生の日本語学習の動機づけについて」『日本語教育』110, pp.130–139.
郭俊海・全京姫（2006）「中国人大学生の日本語学習の動機づけについて」『新潟大学国際センター紀要』2, pp.118–128.
要弥由美（2005）「社会的位置付けを持った日本語教師のビリーフ・システム—構造方程式モデリング（SEM）によるモデル化とその考察」『日本語教育』127, pp.11–20.
金田智子（2006）「教師の成長過程」春原憲一郎・横溝紳一郎（編著）『日本語教師の成長と自己研修—新たな教師研修ストラテジーの可能性をめざして』pp.26–43　凡人社
北尾倫彦（編著）（2002）『子どもをとりまく問題と教育　第13巻　学習不適応の心理と指導』開隆堂出版
木下康仁（2003）『グラウンデッド・セオリー・アプローチの実践』弘文堂
木下康仁（2007）『ライブ講義M-GTA—実践的質的研究法　修正版グラウンデッド・セオリー・アプローチのすべて』弘文堂
邱焱（2007）「中国人就学生が必要とする日本語学校のサポート尺度の作成」『留学生教育』12, pp.37–46.
久米昭元（1996）『異文化コミュニケーション』有斐閣
倉八順子（1992）「日本語学習者の動機に関する調査—動機と文化的背景の関連」『日本語教育』77, pp.129–141.
倉八順子（1993）「プロジェクトワークが学習者の学習意欲及び学習者の意識・態度に及ぼす効果（1）— 一般化のための探索的調査」『日本語教育』80, pp.49–61.
倉八順子（1994）「プロジェクトワークが学習成果に及ぼす効果と学習者の適性との関連」『日本語教育』83, pp.136–47.
クローザーズ，C.（1993）『マートンの社会学』（中野正大・金子雅彦訳）世界思想社（C. Crothers (1987). *Robert K. Merton*. London: Tavistock）
グレーザー，B. G.・ストラウス，A. L.（1999）『データ対話型理論の発見—調査からいかに理論を生み出すか』（後藤隆・大出春江・水野節夫訳）新曜社（B. G. Glaser & A. L. Strauss (1967). *The discovery of grounded theory: Strategies for qualitative research*. Chicago: Aldine Publishing Company）
江河海・佐藤嘉江子（2004）『こんなに違う中国人の面子』祥伝社

小島裕子（2003）「学習リソースとしてのアルバイト―就学生を対象として」『Magis／桜美林国際学論集』8, pp.199–213.
小西正恵（1998）「3. 動機・態度」林さと子（研究代表者）『第二言語としての日本語学習および英語学習の個別性要因に関する基礎的研究』平成8年～9年度文部省科学研究費補助金基礎研究（C）研究成果報告書, pp.37–43.
齋藤ひろみ（1996）「日本語学習者と教師のビリーフス―自律学習に関するビリーフスの調査を通して」『言語文化と日本語教育』12, pp.58–69.
蔡鳳香・松見法男（2009）「中国語を母語とする上級日本語学習者における日本語漢字単語の処理過程―同根語と非同根語を用いた言語間プライミング法による検討」『日本語教育』141, pp.14–24.
坂本ひろみ（2001）「中国人学習者の教室外日本語習得」『Magis／桜美林国際学論集』6, pp.55–70.
坂本裕子（2004）「第二言語習得における学習動機付けと学習意欲―中国人日本語学習者の事例」『言語コミュニケーション研究』4, pp.60–76.
佐藤郁哉（2002）『フィールドワークの技法―問いを育てる、仮説をきたえる』新曜社
澤田英三・南博文（2001）「第2章　質的調査―観察・面接・フィールドワーク」南風原朝和・市川伸一・下山晴彦（編）『心理学研究法入門―調査・実験から実践まで』pp.19–62.　東京大学出版会
嶋本圭子（2004）「中国人就学生が語る日本での経験―日本語学校における「問題」を理解するために」大阪大学大学院文学研究科修士論文
周萍（2009）「地域の日本語教室をやめた中国人学習者のケース・スタディ」『阪大日本語研究』21, pp.130–150.
徐利佳（2004）「在日中国人日本語学校生のアルバイト生活に関する一考察」大阪大学文学研究科修士論文
白石勝己（2007）「日本留学の魅力を高めるべく動き出した「アジア人財資金構想」経産省＋文科省＋大学＋産業界共同留学生育成プロジェクト」『月刊アジアの友』2007年7・8月号, pp.2–8.　財団法人アジア学生文化協会
鈴木淳子（2002）『調査的面接の技法』ナカニシヤ出版
ストラウス，A. L.・コービン，J.（1999）『質的研究の基礎―グラウンデッド・セオリーの技法と手順』（南裕子監訳，操華子・森岡崇・志自岐康子・竹崎久美子訳）医学書院（A. Strauss & J. Corbin (1990). *Basics of qualitative research: Grounded theory procedures*

and techniques. London: Sage)
曹延麗（2000）「台湾の中等教育における第二外国語としての日本語教育―学習者の動機を中心に」『教育学研究紀要』46(2), pp.349–354.
孫愛維・劉娜・野々口ちとせ他（2009）「日本人と中国人のビジネス・コミュニケーション及び習慣に関する意識調査―在中日系企業を対象に（第37回お茶の水女子大学日本言語文化学研究会発表要旨）」『言語文化と日本語教育』37, pp.55–58.
孫長虹（2004）「中国人留学生の日本観」『多元文化』4, pp.217–229.
高岸雅子（2000）「留学経験が日本語学習動機におよぼす影響―米国人短期留学生の場合」『日本語教育』105, pp.101–110.
田中共子（2000）『留学生のソーシャル・ネットワークとソーシャル・スキル』ナカニシヤ出版
段躍中（2009）『中国への日本人の貢献』日本僑報社
デシ, E. L.・フラスト, R.（1999）『人を伸ばす力―内発と自律のすすめ』（櫻井茂男監訳）新曜社（E. L. Deci & R. Flaste (1995). *Why we do what we do: The dynamics of personal autonomy*. New York: Penguin Books）
中井好男（2006）「日本語学校での「再履修」が日本語学習者に及ぼす影響―「再履修者」の学習環境という観点から」大阪大学言語文化研究科修士論文
中井好男（2009）「中国人就学生の学習動機の変化のプロセスとそれに関わる要因」『阪大日本語研究』21, pp.151–181.
中井好男（2011）「現場の日本語教師の葛藤と原因帰属―「やる気のない」中国人就学生への教師の対応」『異文化間教育』34, pp.106–119.
中井好男（2015）「失敗の捉え直しから生じる日本語教師の成長の可能性―中堅日本語教師とのナラティブ・インクワイアリーを通して」『待兼山論叢　日本学篇』49, pp.17–36.
中井好男（2016）「日本語学習と学習者の世界をつなぐFacebook―フィリピン人介護福祉士候補者による自律的な学習の取り組みから」『ことばと文字』6, pp.73–80.　日本のローマ字社
縫部義憲・狩野不二夫・伊藤克浩（1995）「大学生の日本語学習動機に関する国際調査―ニュージーランドの場合」『日本語教育』86, pp.162–72.
莫邦富（1992）『独生子女―爆発する中国人最新レポート』河出書房新社
範玉梅（2004）『日本語学校における一人っ子の中国人留学生の増加現象―背景・問題・対応策の提案』大阪大学大学院文学研究科修

士論文
範玉梅（2008）『新世代中国人の日本留学―なぜ彼らは神様の子になったのか』大阪大学大学院文学研究科博士論文
平井雷太（1995）『「しなさい」と言わない教育』日本評論社
ファンズロー，J. F.（1992）『逆をやってみよう―Dr.ファンズローの英語教授法』（青木直子訳）サイマル出版会
ブロフィ，J. E.・グッド，T. L.（1985）『教師と生徒との人間関係―新しい教育指導の原点』（浜名外喜男・蘭千壽・天根哲治訳）北大路書房（J. E. Brophy & T. L. Good (1974). *Teacher-student relationships: Causes and consequences*. New York: Holt, Rinehart and Winston）
水本徳明・笠井喜世・浅尾三吉（1999）「学級崩壊の徴候―どこにどう現れるか（特集 新学期の危機管理―徴候発見と対策27）」『学校運営研究』38(7), pp.36–41.　明治図書出版
三矢真由美（1999）「能動的な教室活動は学習動機を高めるか」『日本語教育』103, pp.1–10.
宮崎里司（2005）「日本語教科書の会話ディスコースと明示的（explicit）、暗示的（implicit）な調整行動―教科書談話から学べること・学べないこと」『早稲田大学日本語教育研究』7, pp.1–25.
メリアム, S. B.（2005）『質的調査法入門―教育における調査法とケース・スタディ』（堀薫夫・久保真人・成島美弥訳）ミネルヴァ書房
守谷智美（2002）「第二言語教育における動機づけの研究動向―第二言語としての日本語の動機付け研究を焦点として」『言語文化と日本語教育』2002年5月特集号, pp.315–329.
守谷智美（2004）「日本語学習の動機づけに関する探索的研究―学習成果の原因帰属を手がかりとして」『日本語教育』120, pp.73–82.
山田陽子（2008）「中国人就学生の生活世界と日本語教育―名古屋市の就学生を事例に」『名古屋市立大学大学院人間文化研究科人間文化研究』10, pp.263–275.
羅曉勤（2005）「ライフストーリー・インタビューによる外国語学習動機に関する一考察―台湾における日本語学習者を対象に」西口光一（編）『文化と歴史の中の学習と学習者―日本語教育における社会文化的パースペクティブ』pp.189–211.　凡人社

Barnes, D. (1976). *From communication to curriculum*. Harmondsworth: Penguin Books.
Brophy, J. E. (1985). Teacher-student interaction. In J. B. Dusek (Ed.), *Teacher expectancies* (pp.303–328). Hillsdale, NJ: Lowrence Erbaum.
Clandinin, D. J. & Connelly, F. M. (1996). Teachers' professional

knowledge landscapes: Teacher stories-stories of teachers-school stories-stories of school. *Educational Researcher, 25*(3), pp.2–14.

Clément, R., Dörnyei, Z., & Noels, K. A. (1994). Motivation, self-confidence and group cohesion in the foreign language classroom. *Language Learning, 44*, pp.417–448.

Crookes, G. & Schmidt, R. W. (1991). Motivation: Reopening the research agenda. *Language Learning, 41*, pp.469–512.

Denzin, N. K. (1978). *The Research Act: A theoretical introduction to sociological methods* (2nd ed.). New York: McGraw-Hill.

Dörnyei, Z. (1994). Motivation and motivating in the foreign language classroom. *Modern Language Journal, 78*, pp.273–284.

Dörnyei, Z. (1999). Motivation. In B. Spolsky (Ed.), *Concise encyclopedia of educational linguistics* (pp.525–532). Oxford: Pergamon Press.

Dörnyei, Z. (2001a). *Teaching and researching motivation*. Harlow: Longman.

Dörnyei, Z. (2001b). New themes and approaches in second language motivation research. *Annual Review of Applied Linguistics, 21*, pp.43–59.

Dörnyei, Z. (2001c). *Motivational strategies in the language classroom*. Cambridge: Cambridge University Press.

Dörnyei, Z. (2009). The L2 motivational self system. In Z. Dornyei & E. Ushioda (Eds.). *Motivation, language identity and the L2 self* (pp.9–42). Clevedon: Multilingual Matters.

Ehrman, M. & Dörnyei, Z. (1998). *Interpersonal Dynamics in Second Language Education*. Thousand Oaks, CA: Sage.

Ellis, N. C. & Larsen-Freeman, D. (Eds.) (2009). *Language as a complex adaptive system*. Malden, Mass: Wiley-Blackwell.

Gardner. R. C. & Lambert, W. E. (1972). *Attitudes and motivation in second language learning*. Rowley, MA: Newbury House.

Gardner, R. C. (1979). Social psychological aspects of second language acquisition. In H. Giles & R. St. Clair (Eds.), *Language and social psychology* (pp.193–220). Oxford: Blackwell.

Gardner, R. C., Lalonde, R. N., Moorcroft, R., & Evers, F. T. (1987). Second language attrition: The role of motivation and use. *Journal of Language and Social Psychology, 6*, pp.29–47.

Gardner, R. C. (2001). Integrative motivation and second language acquisition. In Z. Dörnyei & R. W. Schmidt (Eds.), *Motivation and second language acquisition* (pp.1–19). Honolulu, HI: University of Hawaii Press.

Glaser, B. G. (1978). *The Theoretical Sensitivity: Advances in the methodology of grounded theory*. Mill Valley: The Sociology Press.

Green, J. M. (1993). Student attitudes toward communicative and non-communicative activities: Do enjoyment and effective-ness go together? *Modern Language Journal, 77*, pp.1–10.

Gullahorn, J. T. & Gullahorn, J. E. (1963). An extension of the U-curve hypothesis. *Journal of Social Issues, 19*(3), pp.33–47.

Kuzel, A. J. (1992). Sampling in qualitative inquiry. In B. F. Crabtree & W. L. Miller (Eds.), *Doing qualitative research (Vol.3)* (pp.31–44). Newbury Park, CA: Sage.

Larsen-Freeman, D. & Cameron, L. (2008). *Complex systems and applied linguistics*. Oxford: Oxford University Press.

Leaver, B. L., Ehrman, M., & Shekhtman, B. (2005). *Achieving success in second language acquisition*. Cambridge: Cambridge University Press.

Lysgaard, S. (1955). Adjustment in a foreign society: Norwegian Fulbright grantees visiting the United States. *International Social Science Bulletin, 7*, pp.45–51.

Maier, S. F. & Seligman, M. E. P. (1976). Learned Helplessness: Theory and evidence. *Journal of Experimental Psychology: General, 105*, pp.3–46.

Markus, H. & Nurius, P. (1986). Possible selves. *American Psychologist, 41*(9), pp.954–969.

Maxwell, J. A. (2005). *Qualitative research design: An interactive approach* (2nd ed.). Thousand Oaks CA: Sage.

Miles, M. B. & Huberman, A. M. (1994). *Qualitative Data Analysis: An Expanded Sourcebook* (2nd ed.). Thousand Oaks, CA: Sage.

Nakai, Y. (2015). Understanding Japanese Language Teachers' Experiences of Failure Through Narrative Inquiry. *The 2015 PanSIG Journal Narratives: Raising the Happiness Quotient*, pp.120–125.

Nakai, Y. (2016). How do learners make use of a space for self-directed learning?: Translating the past, understanding the present, and strategizing for the future. *Studies in Self-Access Learning Journal, 7*(2), pp.168–181.

Nakai, Y. (2017). How Can I Be Myself?: The Life Story of a Language Learner from Korea. *Learning Learning, 24*(2), pp.1–9.

Noels, K. A. (2003). Learning Spanish as a Second Language: Learners' Orientations and Perceptions of Their Teachers' Communication Style. *Language Learning, 53*, pp.97–136.

Oxford, R. L. & Shearin, J. (1994). Language learning motivation: Expanding the theoretical framework. *Modern Language Journal, 78*, pp.12–28.

Pavlenko, A. (2002). Poststructuralist approaches to the study of social factors in second language learning and use. In V. Cook (Ed.), *Portraits of the L2 user* (pp.277–302). Clevedon: Multilingual Matters.

Richards, J. C. & Lockhart. C. (1994). *Reflecting Teaching in Second Language Classrooms*. New York, NY: Cambridge University Press.

Rosenthal, R. & Jacobson, L. F. (1968). *Pygmalion in the classroom*. New York: Holt, Rinehart & Winston.

Sade, L. A. (2009). Complexity and identity reconstruction in second language acquisition. *Revista Brasileira de Linguística Aplicada, 9*(2), pp.515–537.

Sampson, R. J. (2016). *Complexity in classroom foreign language learning motivation: A practitioner perspective from Japan*. Bristol: Multilingual Matters.

Skehan, P. (1989). *Individual differences in second-language learning*. London: Edward Arnold.

Stake, R. E. (1995). *The Art of Case Study Research*. Thousand Oaks, CA: Sage.

Strauss, A. L. (1987). *Qualitative analysis for social scientists*. Cambridge: Cambridge University Press.

Strauss, A. L. & Corbin, J. (1998). *Basics of Qualitative Research: Techniques and procedures for developing grounded theory* (2nd ed.). California: Sage.

Ushioda, E. (1996). *Learner autonomy 5: The role of motivation*. Dublin: Authentik.

Ushioda, E. (2001). Language learning at university: Exploring the role of motivational thinking. In Z. Dörnyei & R. W. Schmidt (Eds.), *Motivation and second language acquisition* (pp.93–125). Honolulu, HI: University of Hawaii Press.

Ushioda, E. (2009). A Person-in-Context Relational View of Emergent Motivation, Self and Identity. In Z. Dörnyei & E. Ushioda (Eds.), *Motivation, Language Identity and the L2 Self* (pp.215–228). Bristol: Multilingual Matters.

van Geert, P. (2008). The dynamic systems approach in the study of L1 and L2 acquisition: An introduction. *The Modern Language Journal, 92*(2), pp.179–199.

van Lier, L. (2004). The ecology and semiotics of language learning: A sociocultural perspective. Boston, MA: Springer.

Weiner, B. (1974). *Achievement motivation and attribution theory*. Morristown, NJ: General Learning Press.

Weiner, B. (1979). A theory of motivation for some classroom experiences.

Journal of Educational Psychology, 71, pp.3–25.

参考資料及びウェブサイト

『朝日新聞』2004年4月22日朝刊
『外国人留学生に対するアンケート調査』(大阪国際交流財団2002)
「日本語学校のビザ申請手続きに見る入国管理施策」『月刊アジアの友』(2005年1月号) 財団法人アジア学生文化協会
http://www.abk.or.jp/asia/pdf/0501b.pdf (2009/9/10)
「平成18年度留学生数は昨年比4000人減少—留学生数の変遷と入管施策から見る留学生10万人計画」財団法人アジア学生文化協会教育交流事業部長 白石勝己『ABK留学生メールニュース』(2006年12月号, 第61号) 財団法人アジア学生文化協会
http://www.abk.or.jp/asia/pdf/20061225.pdf (2009/8/19)
「日本語教育機関の概況 (機関数・学生数の推移、進学者の内訳等)」財団法人日本語教育振興協会
http://www.nisshinkyo.org/article/pdf/20160209s.gaikyo.pdf (2016/2/1)
「在留資格一覧表」法務省
http://www.moj.go.jp/NYUKAN/NYUKANHO/ ho12.html#dai-1 (2009/9/10)
『「「留学生30万人計画」の骨子」取りまとめの考え方に基づく具体的方策の検証』p.16. 中央教育審議会 大学分科会 留学生特別委員会 第9回 (平成20年6月23日 配布資料2) 文部科学省
http://www.mext.go.jp/b_menu/shingi/chukyo/chukyo4/020/gijiroku/08062407/001.pdf (2009/11/16)
「留学生生活案内」Japan Study Support
http://www.jpss.jp/life/index.html (2009/8/19)
「平成26年度外国人留学生在籍状況調査結果」独立行政法人日本学生支援機構 (JASSO)
http://www.jasso.go.jp/about/statistics/intl_student_e/2014/__icsFiles/afieldfile/2015/10/20/data14.pdf (2016/2/1)

索引

概念索引

［著者］ 中井好男（なかい よしお）
同志社大学助教。大阪大学大学院文学研究科博士課程修了。博士（文学）。大阪大学文学研究科助教などを経て、2016年より現職。専門は、学習者オートノミーとアイデンティティ。

主な論文に、「ニコニコ動画が持つバーチャルなセルフアクセスラーニングスペースとしての機能に関する考察—香港出身の日本語学習者の言語学習史をもとに」（2018年、*Studies in Self-Access Learning Journal, 9*(2), pp.179–195）、「社会的文脈から日本語学習と学習者オートノミーを捉える試み—日本で働く中国出身者の学習経験についてのライフストーリーをもとに」（2018年、『阪大日本語研究』30, pp.93–110）、「滞日中国人のライフストーリーから見る自我アイデンティティの交渉と構築—なぜ永住権を目指して働き続けるのか」（2017年、『質的心理学研究』16, pp.116–134）、「日本語学習と学習者の世界をつなぐFacebook」（2017年、『ことばと文字』6, pp.73–80）などがある。

日本語教育学の新潮流 22

中国人日本語学習者の学習動機はどのように形成されるのか
*M-GTA*による学習動機形成プロセスの構築を通して見る日本語学校での再履修という経験

2018年11月24日　初版第1刷発行

著者……………………中井好男
発行者…………………吉峰晃一朗・田中哲哉
発行所…………………株式会社ココ出版
〒162-0828
東京都新宿区袋町25-30-107
電話　03-3269-5438
ファックス　03-3269-5438
装丁・組版設計………長田年伸
印刷・製本……………モリモト印刷株式会社

ISBN 978-4-86676-009-4

ココ出版の書籍

日本語教育のための質的研究 入門
学習・教師・教室をいかに描くか

舘岡洋子 編　定価 2,400 円＋税　ISBN 978-4-904595-68-8

日本語教育学研究 4

実践研究は何をめざすか
日本語教育における実践研究の意味と可能性　【新装版】

細川英雄・三代純平 編　定価 3,600 円＋税　ISBN 978-4-86676-003-2

日本語教育学研究 6

未来を創ることばの教育をめざして
内容重視の批判的言語教育
(Critical Content-Based Instruction) の理論と実践　【新装版】

佐藤慎司・高見智子・神吉宇一・熊谷由理 編
定価 3,600 円＋税　ISBN 978-4-86676-007-0

日本語教育学の新潮流 16

「日本語を話す私」と自分らしさ
韓国人留学生のライフストーリー

中山亜紀子 著　定価 3,600 円＋税　ISBN 978-4-904595-86-2